撕下標籤與人設
人生原來真的有
捷徑

破圈

顧及——著

台灣版序

透過破圈，活出夢想，擁抱自由

很多人好奇，爲什麼一本講認知的書會取《破圈》這個名字？其實有三重含義：

1 我們很多人的固定慣性思維和舊有行爲模式讓我們畫地爲牢，所以打破這些模式，就是破除慣性之圈。

2 一家公司的天花板是執行長的認知圈層，一個人的天花板是他的認知圈層，所以破除你原來的認知圈層，你才能看到更多元的世界，活出更豐富的人生。

3 我的職場生涯五次轉行，五次破圈，終於才活出了如今精神自由，隱居北五環的生活。

前兩點大家讀完這本書，自然會有相關的感受，在這篇序言裡，我就聊聊第三重含義，我如何透過五次破圈經歷，活出一個「當軍師」的夢想。

我雖然是個女孩，但小時候非常喜歡科幻、玄幻和歷史小說，對裡面戰爭戰術的描述尤其癡迷。一直覺得自己如果早生個一千年，在古代必定能成爲一個很好的軍師，給君王大將出謀畫策，這也成爲了我小時候的職業夢想。

遺憾的是，我出生的年代不對，在沒有金戈鐵馬、烽煙戰火的現代社會，顯然我的「軍師夢」很難達成。怎麼辦呢？

方法1　參考他人路徑

在不知道自己想要什麼的時候，找到一些模範榜樣，學習別人走的路是一個好的起點。在新加坡高中公費留學時，我讀了李光耀的自傳。他在艱難時刻力挽狂瀾，把新加坡從第三世界變爲第一世界成員的故事讓我折服。他也讓我明白現代生活中即便不需要軍師，許多時候會需要睿智的戰略家，於是李光耀成爲了我的第一個榜樣。

我雖然是女兒身，但中國也有像吳怡這樣傑出的女政治家，性別並不是問題。於是我決定向同是萊佛士學院畢業的李光耀學習，做頂尖的學生，去最好的大學，加入熱門的公司，最後從政。

但事情往往不能如人所願。高中時，儘管我功課全優，課外滿分，但申請牛津、耶魯和哈佛都未能如願，同時父親又診斷出晚期肺癌。於是我只得修改了原先的打算，把獎學金和高收入的工作設定爲生活的重心。用兩年半從康乃爾大學運籌資訊工程學院畢業後，我進入了當時大學畢業生起薪最高的華爾街投資銀行工作。以理工科背景進入金融界，是我第一次破圈。

很遺憾，父親在我畢業那年就去世了，但家裡還欠了不少借款。那些年裡，我經歷金融危機爆發的黑暗時期，從賣方轉到買方公司，每天從九點忙到凌晨，三百六十五天裡只休息過兩天。但是爲了家裡，我覺得這一切都是值得的。

經過幾年的努力，當我還清借款的那一刻，心頭的大石終於落地。與此同時，我清晰地意識到，一份高收入但並不感興趣的工作並非我的歸宿。那麼，我該做什麼呢？

方法2　挖掘自我閃光點

只有清楚認識自己有哪些長處和短處，喜歡什麼和不喜歡什麼，才有可能找到屬於自己的職業道路。藉由準備史丹佛商學院的經典面試題「對你來說什麼是最重要的？爲什麼？」（What matters most to you and why?），我認識到自己在職業上的喜好和特長：解決專案執行相關問題，喜歡幫助別人，擅長戰略性地看待並分析問題。

於是，我在進史丹佛大學之前先去一家留學仲介實習，希望幫助青少年選擇最適合自己的人生道路這樣的戰略性問題，之後在MBA的暑期實習中也選擇了戰略顧問。現在回頭看來，其實這兩個選擇分別從個人和公司角度圓了一把軍師的夢想，從戰略的角度幫助他人。

然而，不論留學仲介還是戰略顧問的經驗都讓我意識到，只有對一件事物了解並形成自我判斷後，我才能胸有成竹地談論它。在沒有打下深度基礎的情況下，這兩次看似進入新行業的所謂破圈經歷都只是紙上談兵。於是從MBA畢業後我成爲了遊戲公司的產品經理，想要在一個產業深耕一番。

當產品經理期間，我在一個月內讓一個人心不穩、產品表現不佳的團隊士氣大振，營收增長四〇%。我發現這次成功，得益於自己戰略性地分析出核心問題，以及專案管理和協調溝通方面的長處，才能快速達成目標。這讓我對於藉由認識自我，走出符合自己的道路這一思路有了更多的信心。我後續又接手了兩次類似的專案並取得不錯的成績，也因爲如此，在短短三年內就從產品經理升級爲兩個遊戲工作室的負責人，並兼任加拿大分公司的主管。

在遊戲產業幾年後，我的內心又開始掙扎了——我一直以來的愛好：教書和寫作，和遊戲的作用是相反的。一個是幫人打發時間，另外兩者則是助人成長，不浪費有限的時間。我似乎在做著互相矛盾的事情。是否需要再次改變職業軌跡呢？

方法3　梳理內在愛好

當職業道路和內心愛好出現衝突的時候，梳理過去的經歷和做出相關選擇的原因，找出其中的共同點就變得尤爲重要。

我的寫作愛好源於高中畢業後在新加坡報業控股當記者的實習經歷。當時發表了一百五十多篇文章，也採訪了包括倫敦申奧等重要事件，後來陸續在《金融時報》《華爾街日報》《富比世》和領英上開設專欄，樂此不倦。

教書的實踐經歷則比較曲折，經歷了從歪打誤撞到四處開花的育人生涯。高一寒假在一家公司的人事部實習時撰寫的一份四十多頁的培訓資料，成爲我輔導、培訓別人的起點。在大學裡，我和幾個同學創立了一個給世界各國青少年提供留學和職業輔導的免費培訓機構。進入投資銀行工作後，我也經常利用週末時間在美國一個非盈利教育機構當導師。

即便MBA畢業後，我也沒有停下，透過在國內網站上發布關於面試和申請的心得，我獲得了給想申請商學院的學生遠端授課的機會。我當時身在非洲，交通和網路的不便都沒能阻擋我。從二〇一三年起，無論多忙，我都會抽出週末時間爲大家上課。班級雖小，但過去四年裡，有四個學生成功進入史丹佛商學研究所和哈佛商學院，也讓我頗有成就感。

回國後，我教書的內容又有了拓展。我參加史丹佛商學院最著名的「人際動力學」課程講師的培訓，成爲該學科在國內的第一個導師，擔任北京大學史丹佛中心「人際動力學」專案的主任。同時，我也在線上開設專欄，幫助大家解答是否要去留學，或者如何轉入網路產業的問題，獲得了不錯的評價。

當我把過去這些都寫下來後，我意識到，當一個人的興趣愛好與職業發展重疊時，你取得的成績會像滾雪球一樣，帶來其他機遇。而我內心的矛盾源自於刻意把工作和愛好切分開來的執念。那麼我能否找到一個能夠滿足兩方面的工作呢？

其實，無論是寫作、諮詢，還是當老師，都只是形式，背後是有共同點的：依然是樂意幫助他人解決問題。而新東方聯合創始人王強老師的一席話幫助我做出下一步的決定。他說：無論是對讀書、教書，還是寫作的熱愛，都說明你是一個喜歡智力挑戰的人，那麼你就應該去做有思維難度的事情。

於是，我選擇了一個當時發展前景未明、很有智力挑戰的方向：人工智慧的私人助理，加入來也科技，當了聯合創始人和營運長。這讓我既能幫助他人節約時間，也能在創業中接觸不同挑戰，解決各種問題。我也由此完成了職涯的第四次破圈，從遊戲產業進入人工智慧產業。

我充滿熱情地投入新的歷程，直到突然經歷了一連串生活上的打擊，陷入了中重度抑鬱。當時的我在外人看來事業成功、經歷光鮮，但我自己卻覺得在生活上走了不少彎路，陷入低谷。

我不願意接受自己受了這麼多教育，有過這麼多經驗和經歷，卻還不知道對自己重要的是什麼，人生的終極追求又是什麼？過去這些不同國家的經歷、不同產業的歷練、不同生活的選擇，似乎都在把我往不同方向拉扯，沒有一個聚焦點。我的人生到底希望達到什麼呢？有很長時間我是沒有任何結論的。

方法4　看到不完美中的完美

我在短短兩年內從中重度抑鬱中走了出來，關鍵點在於我開始接受自己的一切，包括好的和不好的、走過的捷徑和彎路、正確和錯誤的決定。最後你會發現，自己是一個整體，自己過去所有的一切都有其特殊含義。

無論事物表面看上去多麼不相關，它們都是在一條主線上。

我和史丹佛商學院教授喬爾．彼得森（也是美國第六大航空公司捷藍航空董事長）的一席談話點醒了我，他說：你應該是一個很好的 turn around expert（解決棘手問題的專家）。

我突然想到自己過去無論是做投資銀行、顧問、遊戲還是創業，甚至是教「人際動力學」或認知突破，最讓自己自豪的是臨危受命，解決一個又一個危機或棘手問題。同樣的，我的生活也是解決一個又一個棘手問題的過程，包括自己的、家人的、朋友的。

我就是幫人解決人生重大問題的人，如果對方的人生重大問題是他的公司，那麼我就解決他公司的問題，投資銀行、資產管理、戰略顧問、產品營運等經歷均在此類；如果對方的人生重大問題是個人的，那麼我就解決他個人的問題，留學諮詢、職涯規畫、人際互動、認知提升等經歷都在此類。

而我當下深耕的自我認知領域，幫助他人挖掘並打破慣性思維模式、錯誤信念和假設，以及認知盲點對其人生的局限和束縛，其實就是以一個軍師的角度，幫助人們戰略性地提升認知。

仔細想想，古代的軍師如果放到現實社會中，能做的也不過如此。突然，過去的一切都有了意義——職業的選擇、生活的經歷、興趣和愛好，很多看似不相關的事情被這一條主線有機地組合在一起。

人生中第一次，我可以平靜地說，原來我一直活在我童年的夢想裡，人生並沒有遺憾。心裡突然有種久違的平靜和喜悅。我終於與自己和解。

和解之後，放下很多和夢想無關的事情，但也更重視另一些事情，於是有了《破圈》這本書。書裡面的案例涵蓋職場、情感、公司管理、創業等各個方面，但這些都只是認知顯化出來的表面事件，背後主線體現出來的個人認知的問題，才是我們需要去參悟的。

祝願大家都能獲得最終的自由。

顧及

第3章

破圈法則1：擺脫你的情緒體

總結

升級心智，終身成長

前言

從失敗走向成功，關鍵在於看清這三種阻礙

研究了幾百名失敗者，我學到了什麼？

「顧老師，我上個月剛結束了我的公司，解散了一百多人的團隊。」

「顧老師，我把公司資產賣了，沒想到辛辛苦苦打拚了這麼多年，最後也沒賺到錢。」

「顧老師，其實我個人負債有一．四億，我抑鬱很久了。」

這本書是我過去幾年教學的結晶。如果一定要問我這幾年研究的課題是什麼，其實就是兩個字——失敗。

幾年前，我在知名天使投資機構真格基金徐小平老師的支持下，創辦了「失敗研究院」。能來這裡學習的創業者，需要滿足的條件之一是虧掉至少三百萬。我們第一期共有十三位學員，這些學員總共虧掉一．五億。過去兩年，我親自輔導了兩百多名

創業者，這些創業者合計起來虧了二十多億，有位創業者虧損最多，達四．九億。在這個過程中，我看到了很多創業者對於失敗的認知誤區。

因此，我首先要幫大家釐清失敗和成功的定義。

成功的定義有很多種，在這裡我們對「成功」先做一個非常功利和狹隘的定義。簡單來說，你開了家公司，之後你成功把公司賣掉賺了一大筆錢，或者你的公司上市了，這都是成功。

影響成功的因素有很多，天時、地利、人和等，因此研究成功是一個很複雜的議題。不然那些標榜成功學的大師，爲何也沒有教出很多成功的案例？

當然失敗的定義也有很多種，這裡我們先將它定義爲前文所講的成功的反面。比如公司關閉，或者創始人雖然賣掉公司，但投資人虧錢了等等。

雖然研究失敗並不能保證你一定能成功，但是它有一個好處，就是我們可以比較精準地看到自己或他人失敗的地方在哪裡，然後避免去踩那些導致失敗的陷阱，從而提高你事業和人生的成功率。

人們是如何從失敗走向成功的呢？我想先和大家分享一張圖。

這是達克效應（Dunning-Kruger effect）認知曲線。這張圖的核心觀點是，整體程度比較差的人反而會認爲自己很厲害，這個錯誤的認知源於程度差的人無法辨別自身的不足。當人提高到一定的程度，對自己有了更清晰的認知時，反而看到了自身各方面的欠缺與不足，自信會不斷降低，而那個最低點就是「絕望之谷」，也是最難熬的一段時光。

人生也是一樣。職場春風得意時，我們很容易疏忽大意，這時往往已經埋下了失敗的隱患。而遭遇失敗時，我們會懊悔、自責並從中總結經驗，然後做下一次嘗試。

但是，並不是所有人都能從「絕望之谷」走到「開悟之坡」，這是因爲當我們面對失敗時，會遇到兩種阻礙，因而無法從失敗中獲得有用的經驗和教訓。

阻礙1　失敗帶來的痛苦

有個創業失敗者一聽到我說「裁員」就開始掉眼淚，因爲他上個月剛親手裁掉自己一個個招

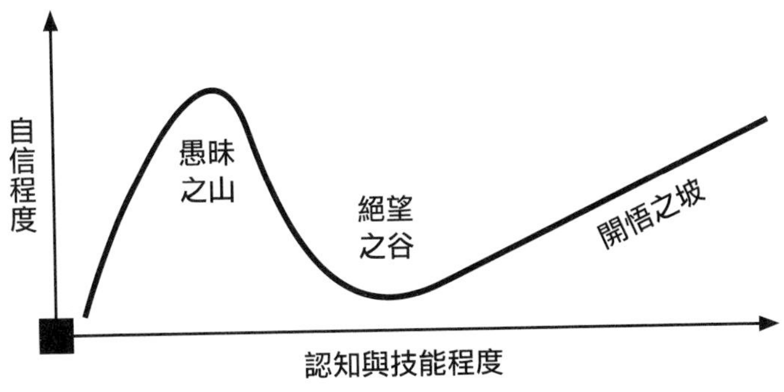

▲ 達克效應認知曲線

募的一百多名員工。而這些人在他看來，都是他最親的人。

另一個創業者一聽到「上海」情緒就會很低落，因爲他一年前關閉的公司就是在上海創立的。

當一個人特別痛苦時，他很難面對造成痛苦的眞實原因。不是因爲他不願意，而是因爲情緒阻礙了他，所以很多人在反省時會避重就輕。

阻礙2　個體慣性模式

我面試過一個創業者，他失敗了七次。於是我問他：「這七次失敗的原因分別是什麼？」

他告訴我：「第一次失敗是因爲融資不利，第二次是合夥人騙他，第三次是市場環境變化，第四次是市場需求沒有那麼大……」

每一個理由聽起來似乎都挺有道理，似乎失敗不怪他，都是天不時、地不利、人不和。但是我們仔細思考，融資不利是創業失敗的根本原因嗎？不是，融資不利只是結果。

我繼續追問：「是什麼造成了融資不利？」

他回答：「因爲商業模式不被投資人看好。」

我認爲這並不是失敗的根本原因，商業模式一開始不被投資人看好，後來做出成果的公司也很多，比如社交電商「拼多多」。

我再繼續挖掘才發現，他每次創業的動機，都是聽信某個親戚、熟人或朋友說有個賺錢的機會，希望他一起加入，但他自己並沒有做深入的調查，思考這個機會到底是否適合他，他是否有相應的能力和資源做好這件事。

這就是他認知上一個很明顯的「習慣性模式」——不驗證資訊眞僞，不考慮新機會適不適合自己，盲信他人。這個認知模式導致他創業失敗的機率很高。

人具備充分合理化一切事物的能力。只要一個人願意，他可以想出很多聽起來很合理的理由去掩蓋讓他痛苦的深層問題。這種行爲在發生連續性失誤的情況下更爲常見，由此也就有了這個人最初告訴我的，導致他創業失敗的七個完全不同的原因。

在生活中也是一樣，我們可能沒有能力深度挖掘自我失敗的眞相：因爲我長得不好看，所以一直找不到對象；因爲我學歷不夠高，所以找不到工作。從統計學角度看，五〇%的人外貌低於平均水準，難道全世界有三十五億人都是一輩子單身？中國絕大多數人沒上過大學，難道這絕大多數人都沒有工作嗎？

這些都是藉口。人往往會下意識地渴望躲避痛苦和艱辛，因此需要外界推動，才能剖析出失敗的眞實原因。

很多媒體喜歡總結失敗原因，但這些結論的準確性，其實是建立在每個個體數據的準確性上。這樣的失敗歸因通常更著重數據分析方法論的嚴謹性，而不會花大量時間研究創業失敗背後的眞正原因，比如上述兩種阻礙，因而容易出現結論偏差。而外界所謂的失敗經驗分享，表面的結論居多，我們聽聽就好。

舉個例子，「沒有合適的團隊」在一些研究裡被認爲是導致公司失敗的重大原因。

多問幾個爲什麼，你會發現造成這一點的原因有很多：可能是團隊的信任基礎不穩定，團隊成員的觀點不一樣，團隊成員的判斷不一致，團隊成員的融資理念不同等等。再問幾個爲什麼，你會發現很多糾紛是源於團隊成員行事風格、決策風格的不同。

舉個例子，你是一個喜歡立即行動的人，我是一個喜歡仔細規畫的人，我們一起做事肯定就會有摩擦。時間久了，這些摩擦就會慢慢從觀點和風格上的不一致，上升到「這個人有問題」，最後就變成嚴重針對個體的糾紛。

雖然很多團隊的糾紛是源於成員風格上的不同，但是更多深層的隱患其實可能在創業之前就埋下了。一般人在找創業合夥人或組建核心團隊時會談夢想、創業方向，確定大家對這個點子感興趣，卻往往不會聊創業的三觀。

所謂創業的三觀，第一個是**金錢觀**。商業合作的基礎是經濟利益，因此金錢觀是否相符，會很大程度決定在後續利益分配上會起多大的糾紛。當公司有了一大筆融資，可能A更在意的是團隊：我們有了一筆新的資金，我們要給夥伴們改善生活，提高薪資。而B更在意的是長遠的結果，所以會希望大家繼續以原來較低的薪資工作，把錢全部投入於拓展業務。這兩種金錢觀可能就會引發明顯的衝突。

第二個是**事業觀**。有的人爲了達到目的會不擇手段，有的人則不願意爲事業犧牲其他東西，這兩種人在一起就容易起衝突。有的人喜歡小而美的事業，有的人中意大而全的事業，那麼公司在發生轉型，比如從生產小而美的產品變爲生產規模化的產品時，就會失去一些事業觀不一樣的人。

第三個是**世界觀**，指的是你對世界如何運作的看法。有的人覺得外界是極度凶險或者充滿了爾虞我詐的競爭，因此他的處世方式也容易充斥著濃濃的不信任感。有的人覺得好人還是比較多，因此處世方式可能會更樂觀或充滿希望。

了解彼此的世界觀之後，雙方會更容易理解對方處理事情的出發點，避免無端的猜忌。

阻礙3　人們自帶的濾鏡

從上面這些分析可以看出，失敗的眞實原因遠比失敗的表象要複雜得多。但是，通常很多底層原因都會回歸到自我認知所包含的概念上，包括個人風格和價值觀。

所以，其實還有第三種阻礙，致使人們無法從失敗中獲得有用的經驗和教訓，那就是人們自帶的濾鏡。

一種常見的濾鏡是**光環效應**，它是指在人際相互作用過程中形成的一種誇大的社會印象，有時最初印象就決定了一個人對另一個人（或事物）的總體看法，形成一種好的或壞的「成見」。舉個例子，有人看到我是史丹佛大學畢業的，就覺得我說出來的話肯定有道理，這就是名校的光環效應。有的人會覺得，只要是某某專家說的肯定就有道理，這就是名人的光環效應。

還有些人對「光環」反感，一看你是史丹佛畢業的，就覺得你肯定特別高冷，不容易接近，這其實就是一種偏見。

因此，即便訊息是準確的，如果我們不清楚自己在接受訊息過程中的偏好，那我們接收到的訊息就會出現偏差。

透過研究失敗，你最終發掘的是對於自我的了解，對自己了解得越深，就可能從失敗中汲取到越多的教訓。

基於這三種常見的阻礙，我在講授失敗的時候，並不會請經歷失敗的人來分享，也不會自己去研究各種關於失敗的案例，而是把一群有過慘痛失敗經驗的人聚集在一起，讓他們成爲彼此的鏡子，看看自己身上有哪些偏見、誤差和蒐集訊息的濾鏡，看看自己在創業、職場和人際關係中有哪些習慣性的思維模式和行爲模式，會導致自己重複踏入表面看起來可能不一樣、實質上是一樣的陷阱。這些方法論最後總結成了「什麼是認知破圈」的內容。

成功的定義應該很廣泛

雖然寫書的起因和動力是源自對狹隘定義的「失敗」的研究，但我並不想把讀者的視野也局限於我對成功的定義和感受。我支持多元化的成功定義，人短短一生，要做的事情太多，沒有哪一種追求會優於另一種。

當我告訴一些人我在某個影音平台上有兩百多萬粉絲時，對方通常會露出羨慕的神情，然後問我：「你賺了多少錢？」

當我告訴他們我這個影音帳號並未商業化時，他們都非常吃驚地說：「這麼好的帳號不商業化太可惜了。」

當我告訴他們，我經營這個帳號純粹是因爲興趣，我最大的收穫來自我透過私訊幫助兩個想自殺的人打消自殺的念頭時，他們突然沉默了，不知道如何回應。

在很多人眼中，賺錢、求名、爭權，就應該是人活著的唯一追求。他們不能理解什麼是爲了興趣而做事，不能理解人生如果沒有對財富、權力的追求會怎麼樣。

可是，如果你運用這本書裡的方法，仔細思辨世界上常見的事物後，你會發現，其實很多種生活模式和價值體系都值得存在。

在上課和寫這本書的過程中，我試著呈現各式各樣的價值觀體系，而不去評判其高下。畢竟，我希望展現的是認知破圈，如果只拘泥於一種價值觀體系、一種觀察世界的視角或一種思維方式，那怎麼能叫破圈呢？

什麼是你的理想人生？這個問題的答案因人而異。我個人的理想生活，是一種「悠然見南山」的心境。所以，書裡很多自我分析的案例可能會以這種心境來展現背後自由、平等的價值觀，但這不代表我要把這種生活方式和價值體系推薦給每一個人。

路是自己走的，你的生活方式和人生哲學，也需要你自己來制定。同樣，書中一些標題和內容也會具體展現存在主義、達爾文主義、虛無主義、現實主義、享樂主義等思潮，這是爲了包容度而做的嘗試。我是一個極度感性和極度理性的複合體，所以我寫作的文風也會在理性和感性之間搖擺，這也是一種多元化視角的呈現。如果你在閱讀中發現自己有時候對書裡的說法感到不適，那麼這種不適就是一個很好的契機，能幫助你去發掘自己在意什麼、認同什麼。這種有意識、有觀照的讀書方式，也是認知破圈的有效方法之一。

另外，我在書中也會透過不同的方式具體展現認知破圈的法則，分別對應了打破認知限制的不同步驟。比如，使用更多圖表和完整的諮詢案例來幫助記憶和體驗（應用的是「深刻的體驗」這個步驟），使用抽絲剝繭的問答幫助爬梳思路（應用「透徹的思考」這個步驟），使用工具化的自助表格來幫助練習（應用「持續的實踐」這個步驟），等等。

我相信知行合一。也就是說，這本書本身的形式也需要具體展現它包含的內容，無論是在對價值觀的包容上，還是對法則和方法論的應用上，都應該要有破舊立新的感覺。

希望你能在這本書裡感受到價值空間上的自由，自在地去打破認知局限，活出眞實的自我。

第 1 章

什麼是認知破圈

人生原來眞的有捷徑

「顧老師，別人看我好像很成功，年紀輕輕就年薪百萬，可是我依然很焦慮，不太知道下一階段該怎麼走。」

「顧老師，我在國營企業做了七、八年，突然發現我好像走錯路了，這根本不是我想要的。」

無論是對於失敗的研究，還是對於時間觀念的調整，其實都只是戰術問題。眞正的戰略問題，是你想如何活這一生，獲得你想要的成功。這裡的成功是個性化的，每個人都不一樣。

在沒搞清戰略問題時盲目地研究戰術，最後不僅浪費時間，還獲取不了你想要的成功。戰術是無法彌補戰略的失敗的。

如果你能釐清人生的戰略，弄清楚你適合做什麼、對你來說最重要的是什麼、你的人生目標是什麼，那你就踏上了人生的捷徑。

我來分享三個案例。

案例1

有個女孩很擅長用意志力來獲得自己想要的東西。她不是一個很聰明的人，如果書裡字太多她就會打瞌睡，所以上大學之前她經常站著讀書，練成了站著也能睡著的絕技。她把所有空閒時間都用來學習：如果別人要花一小時，她就花一天來學習。因爲學習結果等於學習時間乘以學習效率，當她學習效率低，她就只能增加學習時間。

當她靠著長時間的努力，好不容易考上大學後，才發現自己超越了周圍聰明的朋友，去了更好的學校。所以在潛意識裡，她認定了堅持就會有好結果，無論是感情問題、工作問題，還是生活問題，她就只用這一個邏輯來解決。結果，她在工作上一直都很順利，而在感情上屢屢受挫。

其實，一個人的優點和缺點就像硬幣的正反面，即便是最大的優勢，如果應用不當，也可能變成最大的劣勢。在工作場景下，意志力是這個女孩的助力；在感情上，意志力則無用武之地。

女孩沒有去反思自己對於意志力的依賴模式是否通用，因此花了很多時間才學會一些簡單的道理。比如，她花了十年才明白，工作可以拚意志力，但感情不能拚，不是死纏爛打就能追到男生的。她花了五年才明白，工作光拚意志力也不行，還需要注重工作方法和戰術，方向錯了要及時掉頭，某些時候堅持不一定有結果，要學會接受改變，而不是一味地堅持己見。

如果她能早點認識到任何特質都有其適合和不適合的場景，學會分析意志力用在哪些場景會帶來好結果，用在哪些場景會帶來壞結果，那麼只要用幾分鐘做些推理，就能知曉她花費那麼多時間、經歷了很多次失敗才學會的道理。

對於自己優缺點的分析是認清自己適合什麼的重要步驟，因此我在書中會講述打破認知限制的三個步驟，幫助大家釐清自己的現況。

案例2

我有個學員，他並不是失敗者，他在國外有過非常成功的事業，賺了很多錢，然後回到國內從事另一個產業。但在開拓新公司的業務時，他碰到了各種問題，所以來上我的課。

如果是一般的商學院或創業課程，可能只會分析公司在管理上出了什麼問題、OKR（Objectives and Key Results，目標與關鍵結果）怎麼應用、有哪些業務拓展或管理方式能帶來銷售佳績。但我不做這些，我只是幫助他挖掘深層的自我認知盲點。

最後發現，他進這一行，開這家公司的一個重大原因，是他希望完成母親很早以前對他的期望。但是，當這個期望被挖掘出來以後，他發現這個期望可以透過其他方式，而不只是藉由開公司來實現。比如，長年累月在外面奔波的他可以回家多陪陪母親，或者做這個產業的投資者，或者成立一個公益基金會幫助這個領域的人。

實現目標通常有不同的路徑，而一般人很有可能會把路徑當成最終目標。很多人來問我是否要留學時，其實說不出留學的明確目的，他們只是把留學當作對當前學習工作現狀不滿的逃避。留學只是一個手段，不是最終的目的。

當這個學員了解到這一點時，在課程中間休息的幾天裡，他回去就裁掉了公司的一半員工，課程結束後他就把公司關了。他幫一些員工找到新的工作，另選了幾個比較合適的人，投資做了一件他眞正想做的事情。然後他的狀態就好了許多，不再像以前那麼焦慮，變得開心多了。他也意識到和母親的關係的重要性，兩人有了更多的溝通，關係好轉，他的幸福指數大大提升。

如果單從經營公司的角度來看，來上我的課對他來說是個巨大損失。但是從整個人生的幸福感和滿足感來看，我覺得他絕對是走了捷徑，因爲他找到了自己眞正想要的東西。

當你想問人生是否有捷徑時，問題的核心是，你怎麼定義捷徑。首先，這條捷徑應該是你自己定義的，而不是別人告訴你的。我有個朋友就吃了這個虧。他帶著一個創業想法，充滿熱情地請教一個他很尊敬的前輩。前輩很忙，沒有太多時間聽他說，在並不了解情況的前提下就說了一句：「你太年輕了，不適合創業。」這句話對他來說是非常大的打擊，讓他直接給自己貼上了「不適合創業」的標籤。但在同齡人的眼裡，他是一個非常有執行力、有勇氣、意志堅定的人，還擁有相關領域的知識和必備能力，具備創業者需要的很多優秀特質。但是在他的心裡，那位前輩對他的評價遠遠重於他對自己的認知，從而影響了他對自我的判斷和做出的決策。

其次，在定義這條捷徑時，你需要確保自己的視角沒有受到限制。我有一個學員，長得眉清目秀，很有個人魅力，能力又強，很受大家的歡迎。但是，他在人際互動上卻缺乏自信，不敢從事任何需要大量人際溝通的工作。

透過深入的自我挖掘，我們才了解到，原來十幾年前他有段時間特別胖，在那段期間，他經常被人瞧不起，甚至被欺負，從而形成了他對自我外型的定義。雖然後來他成功減肥，成了一個帥哥，但是他對自我的認知依然停留在十幾年前那個胖子的身分，這種外型定義也阻礙了他去接收當下的自己其實很受歡迎的回饋。在這樣受限的視角下，他可能只看到了極少的選擇，無法找到眞正的捷徑。

人的視角都是由自己過往的經歷和外在的影響塑造的，所以打破你認知局限的關鍵步驟，就是把這些錯誤的認知和信念發掘出來。我會在「你以爲的自我其實是被操縱的傀儡」這一節裡進一步描述這些局限。我也會在認知破圈的三個法則裡提供方法和案例，幫助你發掘自己的錯誤認知，拓寬視野，找到屬於你的人生捷徑。

案例3

有個學員有著億萬身家，但不開心，他說他窮得只剩下錢。他最初覺得財富自由後就能擁有一切，後來發現並不是這樣。他上完我的課才發現，幫助他人實現心靈上的成長，才是最能帶給他快樂的事情。

我們對於萬事萬物的理解，就好像剝洋蔥的過程，你想像的是一個情況，但是一層一層剝開以後，你會發現自己眞正想要的，其實和你最初想像的不一樣。

比如，有個學員說：「我賺到兩千萬就能實現財富自由了。」

我問：「爲什麼要實現財富自由呢？」

他說：「因爲實現財富自由後，我就可以做我想做的事情。」

我問：「那麼你想做什麼？」

他猶豫了一下說：「我想天天看電視。」

我問：「那你現在不能天天看電視嗎？」

他說不出話了。

柏拉圖說：「我們一直尋找的，卻是原本自己早已擁有的。我們總是東張西望，唯獨漏了自己想要的，這就是我們至今難以如願以償的原因。」

案例中的學員至少還有一個清晰的目標——實現財富自由，現實中很多人其實是認不清自我的。

你在生活中是否遇過這樣的人？他們很少具體表述自我，當你問他想吃什麼時，他要嘛說隨便，要嘛說聽大家的。當你問他喜歡什麼，他會說不知道。當你問他想做什麼樣的工作，他會跟你講其他人的例子，根本不清楚自己想要什麼。

我有個學員就是這樣。他的語言體系裡很少有「我」，只有「我們」「他們」「大家」，也許是不敢表達自己的意願，也許是不清楚自己的意願，無論是什麼原因，都讓別人都很難了解他到底想要什麼。他的自我概念是缺失的，因爲不知道自己想要什麼，所以會過分討好他人來獲得自我價值感，經常陷入「濫好人」或「牆頭草」的尷尬，或者在決策時搖擺不定。

台灣知名漫畫家蔡志忠，在三歲半時花了一年多時間找到了自己人生的方向，那就是畫畫。他在訪談節目裡說，人生最重要的就是知道自己的目標，了解自己的籌碼，但是大多數人就像在高速公路上開車，只後悔自己沒有比別人開得快，卻連自己要去的方向也不知道，然後不知不覺就到了生命的終點。如果能找到一個目標，把它做到極致，那就無敵了。

透過對自我認知的不斷剖析、反思，並實踐新的思維、情緒和行爲模式，不需要刻意獲取外在的認可，或者盲目追逐外界定義的成功，你可以專心致志做好自己眞正在意的事情，踏上人生的捷徑。這才是認知破圈的核心價值。

從認知菜鳥到認知高手的四個境界

什麼是認知？

經驗是對於過往經歷的總結歸納，當把這種經驗傳授給別人時，這種經驗對別人來說就是知識。所以，知識是人腦對客觀事物的訊息沉澱。

技能是人們透過練習而獲得的動作方式和系統，例如操作技能中的修圖技術、木工技術、水電技術等，而能力是內化的知識和技能。

「認知」這個詞就比較不容易定義，很多人都談過認知，但是仔細看，每個人對於認知的定義都不一樣。爲了方便闡述，在本書中，我把「認知」定義爲經過處理並內化後的知識及應用。自我認知，就是已經內化的關於自己的知識和應用。而自我認知上的局限性，就是已經內化、但帶有局限性的知識，比如下意識覺得自己不夠好的信念、遇到小事容易發怒的情緒，或是忽略前提條件的經驗主義。我們可以把上述三者分別歸類到慣性的假設模式（信念體）、慣性的情緒模式（情緒體）和慣性的經驗模式（記憶體）。

知識和應用的內化是怎麼做到的？我們可以透過下面四個階段的學習過程來理解。

第一階段是「無意識、無能力」，指沒有意識到自己不具備某一方面的能力。比如，人際關係中有個核心能力「共感力」，很多人可能沒聽說過，也沒有意識到這種能力。很多人成長的家庭也不具備培養、鍛鍊共感力的環境，那麼這些人就會處於無意識、無能力的狀態。

第二階段是「有意識、無能力」，指意識到自己不具備某方面的能力。繼續以共感力爲例，一個人聽說了共感力這個概念並學習了相關技巧以後，他對共感力會有一定的了解，但是在他透過不斷的練習，把共感力相關的知識和技巧內化之前，他就處於有意識、無能力的狀態。爲什麼說沒有能力呢？因爲能力是指知識和技巧經過內化以後，可以妥善應用的狀態，如果不能自然而然地應用它，就不能算是具備這種能力。

第三階段是「有意識、有能力」，指意識到自己具備某種能力。比如，雖然你具備共感力，但是你需要有意識地提醒自己去應用這種能力，或者有意識地去分辨哪些情形下適合應用它。

第四階段是「無意識、有能力」，指不需要刻意思考，能夠自然而然地運用某種能力。比如，你不僅具備共感力，還能夠自然而然、無意識地在合適的情形裡應用它。很多時候，我們說某個人情商很高，特別容易讓人感覺到被理解，其實就是指這些人處於無須刻意爲之就能自如地應用共感力的狀態。

根據上述定義，一個人的自我認知是已經內化

▲ 學習的四個階段

了的關於自我的知識和應用，也就是說，已經處於第四階段。所以，如果要改變自己的認知，我們需要從頭來一遍，把新的知識或技能從第一階段一步步走到最後內化的階段，這樣就能突破原有的認知局限，達到認知破圈，甚至重塑自我認知的效果。

從第一階段走到第四階段，我們需要了解基本的原理。第一步是在心態上做好準備，就像前述案例中的失敗者，其實他們並不是沒有分析失敗原因的能力，但是過去的失敗及帶來的痛苦讓他們缺乏對自己誠實的勇氣，因而沒能分析出導致失敗的根本原因。所以接下來我會著重講解認知破圈的基本心態，只有心態對了，才能在後續應用技能時如魚得水。

爲什麼有些人始終無法從失敗中吸取教訓？

無論是找出自己的慣性思維模式、情緒模式和行爲模式，還是制定屬於自己的成功目標，要清楚了解對自己來說最重要的是什麼，都需要具備極度坦誠、眞實的態度，我稱之爲「極度的誠實」，這是認知破圈的基本心態。

爲什麼極度的誠實是認知破圈的基本心態？因爲沒有這種心態，你將無法發現或者眞正解決自己的問題。我教過很多經歷了失敗的學員，其中失敗次數越多的人，往往越不願意承認自己犯的錯誤，而習慣性地將失敗歸咎於外在原因，而這種對於誠實的缺乏，恰恰是導致他們無法再次成功的核心原因。即便外在環境再順利、條件再好，如果自己內在的核心問題沒有解決，依然會面臨不如預期的結果。

不願意承認自己的不足，並不能幫助你彌補不足，國王的新衣終究會有被拆穿的一天。

極度的誠實包括兩個部分：對他人誠實和對自己誠實。

對他人誠實，是指你在和對方溝通時，有勇氣把自己的眞實想法在合適的條件下，用恰當的方式表達出來，因此它有三個前提：

1 對自己誠實，才能知道自己的眞實情況和想法

2 知道什麼是合適的條件

3 知道什麼是恰當的方式

因爲本書主題是自我認知，而第二點和第三點與外部環境及他人喜好相關，我在此簡單介紹有助於掌握第二點和第三點的幾種方法：

1 透過親身經歷去總結什麼是恰當的條件和方式，這和刻意練習的方法是一致的，這種方法的前提是，你要有勇氣不斷嘗試。要培養出不斷嘗試的勇氣，你可以針對自己的心態做調整。卡蘿．杜維克在《心態致勝》中提到的成長思維是很好的基礎，可供參考。安德斯．艾瑞克森的《刻意練習》提供了成爲天才的祕訣，告訴我們一個人如何透過刻意練習取得非凡成就，這也有助於培養出不斷嘗試的勇氣。

2 閱讀關於溝通方法論的書籍，藉由學習困難情境中的溝通技巧來培養表達眞實想法的勇氣和自信。凱利．派特森、喬瑟夫．葛瑞尼、朗恩．麥米倫、艾爾．史威茨勒合著的《開口就說對話》就是一本講述相關技巧的佳作。

3 找到一個具備眞實回饋條件的環境做加速練習。在一個大家能夠坦誠、眞實地及時給予回饋，並且不斷調整回饋方式的環境裡，人們通常可以更快地感知人際互動分寸，並掌握判斷人際互動分寸的方法。這就是史丹佛大學商學院「人際動力學」和我的「認知突破班」等相關課程致力於做到的。

本書會著重在和自我認知息息相關的第一點。要做到第一點，需要對眞實的自我做出精準的分析和如實的判斷，包括：對於「知識」的誠實、對於「訊息」的誠實、對於「自己經歷」的誠實、對於「自己能力」的誠實、對於「自己需求」的誠實，以及對於「自己情緒」的誠實。

對於「知識」的誠實

能夠做到知之為知之、不知為不知，坦然承認自己不懂是很困難的。我雖然在很多領域裡承認自己不懂，但若是在自我認知這個我自認為精通的領域裡受到挑戰，我依然會有一些情緒反應，需要加以控制才能平和地接受別人的回饋。很多專家型人才通常都會有這樣的弱點：精通一個領域的時間越長，越會認為自己的觀點準確無誤，越難承認自己不知道，越難放下面子承認自己錯了。但是，做不到這些，就很難繼續提升自己。

追問法可以幫助你放下面子。這種方法的核心是不斷追問自己：如果我承認自己不懂會有什麼後果？他人不再那麼尊重我？降低對我的評價？不再找我合作？每一種後果都是一種假設，因此需要進行驗證。

可以先找後果比較輕微的情況去驗證。比如和朋友聊到一個話題時，誠實地承認自己不懂，然後問朋友是否會因此覺得自己不行。如果你怕對方不夠坦誠，就和願意坦誠待你的人交流，這樣你才能破除各種假設。

爲什麼破除假設有助於放下面子？因爲很多時候，令我們擔憂的不僅僅是表達負面觀點本身，還包括在表達負面觀點過程中表露的情緒。在表達觀點之前、之中和之後，我們會有各種各樣的擔心，我稱爲「情緒的三座山峰」。

第一座山峰，是由於錯誤的假設而不敢表達負面觀點。比如，朋友新買了一件外套，問你好不好看，你覺得這件衣服和他的氣質實在不搭，但你擔心告訴他你的眞實看法會讓他難過，所以產生了擔憂、焦慮的情緒。「告訴他我的眞實看法會讓他難過」這個想法，就是一個假設。

其實，要跨過情緒的第一座山峰並不難，我們可以直接表達出內心的感受，等對方回應之後再決定是否表達負面觀點。比如，你可以說：「關於這件衣服，我想跟你說說內心的眞實想法，但怕你感覺不舒服，所以心裡有點擔憂。」如果對方的回應是沒關係，那麼情緒的第一座山峰便可以跨過，你的焦慮和擔憂就化解了。

第二座山峰，是表達負面觀點時可能表露的情緒。你可能稍帶惋惜地說：「我覺得這件衣服和你眞的不太搭，衣服太正經了，和你隨興的氣質不一致。」表達過後，這座「惋惜」的情緒小山峰便跨過了。

第三座山峰，是說出負面觀點後擔心對方有不好的回應。說完上面那些話，你擔心朋友會不會因此不開心。即便對方表現得無所謂，你依然不確定他心裡是不是會對你有意見。要跨過這座山峰，我們只需要做一件事，那就是詢問對方的感受，讓所有的情緒安全落地。這時，你可以問：「剛剛我說的，會不會讓你感覺不舒服？」這對方可能會說：「沒有啊，我很高興你告訴我，因爲我自己也有點擔心。」這時，你可能就跨過第三座情緒山峰了。當然，有時候這過程會經歷好幾個來回，我們可能需要透過各種共感技巧來讓自己和對方進入一個平靜的狀態。在對方說出他的情緒及感受，且確保雙方都沒有情緒殘留的情況下，我們就順利翻越了情緒的三座山峰，能夠安全、恰當地表達負面觀點和情緒。通常這時候，你反而會覺得和對方的關係更親近了，因爲雙方都跨過了一個難關。

這個原理不只能幫助你放下面子，還可以應用在表達各類負面觀點和拒絕的時候。只有理解了自己爲什麼不願意說的障礙，你才能誠實地表達自己的想法。當你知道如何跨過情緒的三座山峰之後，你會發現，表達負面觀點和感受，甚至拒絕別人都變得不再那麼困難，你也就不需要再做濫好人了。

更有意思的是，通常經歷了這些之後，周圍的人可能會跟你更加親近。畢竟，好的關係並不是一成不變，而是起起伏伏。因此，能夠真實、坦率地表達彼此的想法，即便對話有困難也能順利解決問題，經歷了不好的事卻依然在一起，這才是牢固關係的標誌。也就是說，學會處理情緒的三座山峰，是加強人際關係的重要手段。

一味地維持表面的和諧反而會讓人覺得虛假，這就是爲什麼有些看起來八面玲瓏的人並沒有那麼多親密的朋友，而那些因說話過於直率、常常得罪人的人反而會有一群死黨。這背後的道理都是相似的。

對於「訊息」的誠實

我們經常會被自己接收到的訊息誤導。比如有的人以爲要是考不上好的學校，人生就沒有希望了。可是在中國，只有不到一〇%的人擁有大學學歷，剩下的人即便沒有大學學歷，也依然能夠好好地工作和生活。

要把自己接收訊息的濾鏡理清楚，就需要了解自己可能會忽略什麼，可能會輕視什麼，可能會過分看重什麼。

一方面，你可以閱讀描述常見盲點的書籍，德國作家魯爾夫·杜伯里的《思考的藝術》就是一本很好的入門書。

但是，別人的盲點不一定是你的盲點，所以你也可以透過以下幾個問題來發掘自己的訊息濾鏡：

1 我平時最喜歡和什麼樣的人聊天？爲什麼？和不同的人聊天，看待事物的視角會很不一樣，一方面會影響你看待事物的角度，另一方面也反映出你對哪些視角接納度更高。

2 我平時喜歡聊什麼樣的話題？爲什麼？你是習慣聊人際關係、商業變遷，還是興趣愛好？這些都能反映出你不同的關注點。人們通常對自己熟悉的東西比較感興趣，也較容易接納，這也意味著人容易忽略不熟悉的東西，這就是一種潛在的盲點。

3 我平時最討厭和什麼樣的人聊天？爲什麼？事實上，最討厭的人說出來的話可能反而是有用的。不時看看你受不了的言論，想想這些言論在哪些情況下是合理的、可信的，也能幫助你拓寬視野。

4 我對哪些話題特別不感興趣？爲什麼？這能幫你找到那些因爲不感興趣而被忽

略的訊息。

5 我最容易被哪類人說服？我最容易對哪類人產生好感？

6 我最討厭父母說我什麼？父母通常是比較了解你的人，你最討厭他們說的東西，可能就是你不願意面對的缺點或不足。

你會注意到很多問題是和人相關的，我們有很多訊息都是來自他人，因此，我們對於他人的喜好也會影響我們對訊息的接受程度。以我為例，我不喜歡任何涉及高低貴賤的言論。這就意味著，如果我和一個有架子的人聊天，我就會先入為主地很難接受他的論點，因而有可能錯過重要的訊息。

當你整理完這些問題，就會有一個自我訊息濾鏡的簡單列表。有了這個列表，你就可以時時提醒自己，誠實地對待接收到的訊息。

對於「自己經歷」的誠實

我曾經收到一張名片，上面用極小的字密密麻麻地列出四十多個職務和職稱。老實說，我看到的時候挺反感的。

有的人習慣在履歷上包裝自己，有的人則喜歡在聊天時吹噓自己的經歷，時間久了，他們內在的自我就會變相地被放大，造成認知上的失調。能夠誠實地面對自己的經歷，不因為少了一個學歷而自卑，也不因為擁有一些成就而沾沾自喜，反而是一種自信的具體展現。

我曾經和《原則》的作者瑞．達利歐有過一次一對一的深度溝通。他聽完我做的事情後給了一個回饋：「你並沒有打造出非常成功的企業的經歷。」

我的第一反應是啓動防禦機制，我不希望別人因為這個而否定我在認知領域上的研究，於是我說：「你說得對，有些人會有這樣的觀點。」

而他立刻敏銳地捕捉到了我的抗拒，告訴我說：「這就是事實，而不是一個觀點。」我雖然內心很不情願，但是基於極度的誠實，不得不承認這的確是事實。在我的經歷裡，並不曾把一家企業做到上市或利潤破億，我應該對自己誠實。

對於自己某些經歷的不誠實，背後是比較複雜的心理機制，如果想更深入地認知自我，我們需要對這些不誠實進行深刻的剖析。我見過事業做得不錯的人，因為沒有讀過好學校，特別不願意承認自己的學歷，甚至會花很多力氣遮掩這個事實，而忽略當下的成功。其中有位女士就因為對自己的學歷沒自信，幾次拒絕了升遷的機會。

如果我們能夠解開這一心結，在後續的人生旅途中就不需要白費很多力氣來掩蓋事實，可以投入更多精力在值得的事情上。

對於自己經歷的誠實，需要尊重事實，不亂添各種假設、框架和包裝。後面我會透過認知的三重限制，深度探究我們基於不誠實而加入的假設、限制和條條框框。

對於「自己能力」的誠實

有些人喜歡誇大自己的能力，有些人喜歡低估自己的能力，有些人則不清楚自己的能力，這三種情況都是對自己能力的不誠實。

曾經有個人興奮地和我說，他特別善於改變別人的人生，曾經幫助一個人改掉了長期以來咬指甲的習慣。我很好奇，問他具體是如何做到的。他說他和這個人聊了好久。我問：「就這樣嗎？她就這樣改掉了二十多年改不掉的習慣嗎？」

他遲疑了一會兒，不好意思地告訴我，他還發起了一個習慣改變群組：每個人需要繳交一千元押金，每天要打卡，還要求家庭成員輔助監督，改不掉習慣就不退押金。這個人加入了群組，還請她男友監督她。

我問道：「爲什麼你會認爲這全是你的功勞？如果這個人不想改變，你可以幫助她改變嗎？另外，幫她完成改變的全部功勞都能歸於你嗎？或許是加入這個群組讓她感受到外部壓力，所以她改變了？或許是押金過高，她很在意這筆錢，所以堅持下來了？又或許是她特別在意男友對她的看法，在他的幫助下完成了這項改變？爲什麼你這麼篤定這全是你的能力帶來的呢？」

他回答不出來。於是我們做了進一步分析，然後發現，原來他的一個核心價值觀是成就感，而他的成就感只來自於好的結果。在潛意識裡，他不太願意接納一種情況，那就是自己付出很多努力後，功勞卻不屬於自己。因此，他會在那件事情上盲目地誇大自己的能力。同樣的模式也在其他情況下出現過，甚至導致他在一家公司工作時被很多人討厭，因爲大家覺得他喜歡搶功勞。他之前一直不理解爲什麼大家會這麼說，因爲當時他還沒有意識到自己誇大能力的行爲模式。

所以，如果你能客觀地審視自己的各項能力，找到那些你不太願意誠實面對的部分，也許就能發現一些底層認知盲點。

對於「自己需求」的誠實

有時我們會看到，一個男生明明很喜歡一個女生，卻不停說她的壞話，最終失去了她的好感。

很多時候，人際關係的變質，源於對自我需求的不誠實。這種不誠實表現在兩個方面：一是不了解自己的需求到底是什麼；二是知道自己的需求，但是不表達出來，或是用其他需求去替代。

我們通常會把自己的不愉快歸因於他人。比如，有的人會對父母說：「我無法擁有親密關係，都是因爲你們以前不讓我談戀愛。」而家長可能對小孩說：「你成績不好，我很難過。」在這兩種情況裡，第一種是我們將錯誤歸因於他人，而不直接面對自己的問題；第二種情況是我們希望透過讓對方內疚來改變對方。

無論是哪一種情形，這樣的舉動既會對另一方造成負面影響，也無助於我們提升自我的認知或增進雙方的關係。

《非暴力溝通》的作者馬歇爾・盧森堡指出，在學習平衡自我需求和他人需求的過程中，一個人通常會經歷三個階段：第一階段是「他人的奴隸」，認爲自己需要滿足他人的需求，而把自己的需求放到最後。第二階段是「自己的皇帝」，此時，我們優先考慮自己，不去考慮他人的感受和需要。第三階段是「平衡的生活」，我們會了解到，對別人負責不應該是我們的義務，我們的義務是對自己的行爲、感受和情緒負責，但我們也不能藉由傷害別人或犧牲別人來滿足自己的需求。

在這幾個階段，我們的自我認知不一樣，因此在別人指責我們時，我們的反應也會不一樣。當有人和你說「我從沒見過像你這麼自私的人」時，如果我們處在第一階段，就會責怪自己。如果在第二階段，我們就會習慣性地指責別人。

當我們處在第三階段，就會有以下兩種選擇。一種是我們能夠仔細體會自己的感受和需要：我之所以傷心，是因爲我不希望被你認爲是自私的，這其實代表我特別在乎你的看法。另一種是我們能夠換位思考，去體會他人的感受和需要：你會採用這麼激烈的表達方式，肯定是因爲你很憤怒和難過吧，這可能說明你對我有一定的期望。

無論是哪種方式，都比怪罪自己、指責別人更容易解決當下面臨的問題。我們也可以看到，這兩種方式都需要我們分析自己內心眞實的需求，或是能夠感同身受地分析別人的需求。當你把自己的需求分析出來，就可以避免用情緒綁架別人，強迫別人按照你的要求去做，從而找到其他解決問題的方法，不需要拘泥於責備自己或別人。

舉例來說，下屬遲到了，你很生氣，對他說：「這麼重要的會議，你居然遲到，太讓我失望了。」這句話並沒有表明你眞實的內在需求。你的需求可能是：這種重要會議，下屬應該比我更早到會議室，把一切安排妥當，而不是我來了以後自己動手安排。我之所以對你有這種期待，是因爲你給我的印象是一個準時、可靠的人，會做出額外的努力來幫上司解決問題。

當你能夠說清楚自己的需求，下屬就知道該如何改進。同時，你也可以反省自己的期待是否合理，甚至是否有其他的解決方法來滿足你的期待。比如，與其讓下屬來處理這些事情，不如找一個助理專門處理相關事務。當你有更多的選擇去解決當下的問題，就不容易產生情緒，你和別人的關係也會相對融洽許多。

把自己的訴求表達清楚，還有另一個好處，就是對方更可能給出你想要的，如果你連自己想要什麼都表達不清楚，怎麼能指望對方給你呢？

但是，把自己想要的表達清楚並不容易，很多時候需要遵循SMART原則，在溝通中針對某一具體事物提出非常具體的要求，別人才能知道你的期望值在哪裡。

SMART原則指的是：

1 目標必須是**具體的**（Specific）。我們可能會經常從老闆那裡聽到「我希望你更有自信」，這就是一種不明確的需求表達——什麼樣的表現在老闆看來才算自信，是抬頭挺胸地走路、大聲說話，還是以更加堅定的語氣說話？你可以和對方溝通自信的具體表現，這樣才知道怎麼改進。猜測是容易出錯的。

2 目標必須是**可衡量的**（Measurable）。比如，你希望老公經常回家吃飯，就需要溝通清楚什麼樣的頻率算「經常」。你可能覺得「經常」是每週一次，而你老公則覺得每個月一次就很頻繁了，因爲他需要出差。不溝通清楚，大家的期待可能不同，導致後續出現更多糾紛。

3 目標必須是**可達到的**（Attainable）。有人在潛意識裡期望自己可以一夜暴富，所以沉迷於買彩券、賭博等，但是會編出類似於小賭怡情的藉口來欺騙自己。這時候就需要對自己的需求做誠實的揭露，才有機會去修正它。

4 目標必須和其他目標**有相關性**（Relevant）。有些時候，我們的需求可能會被情緒綁架，於是製造出沒有相關性的目標。比如，因爲可能會有外國客人來訪，老闆期望接待人員要會英文，那麼這樣的要求是合理的。但如果老闆因爲看到公司其他人學歷比較高，就要求接待人員需要具備碩士學歷，而其實這份工作並不需要這樣的學歷，那麼這個目標的相關性就比較弱了。

5 目標需要具備**明確的截止日期**（Time-bound）。有時候我們的內在需求是有時效性的，比如，母親希望孩子在考試前不要玩遊戲，但是如果不明確說出來，那麼孩子可能沒法理解母親的要求，以爲考試前只要完成作業就可以玩遊戲。

即便有了SMART原則，很多人依然不習慣清晰地和別人溝通自身需求。在親密關係裡，有些女生不會主動告知伴侶自己的需求到底是什麼，而是希望對方能猜出來。如果猜不到，她就會覺得對方不懂她。拋開導致這些女生有這種行爲的外在影響和內在信念，這也可能是她們對自己的需求並不了解。也許她想要的，並不是對方能夠猜到自己的需求，而是找到靈魂伴侶的獨特感，或是被人完全理解的溫暖，好擺脫孤獨。如果是這種情況，那麼更能夠直接解決長期問題的方法，不是要求對方成為讀心術大師，而是深度挖掘自己的孤獨感，探究自己對於溫暖和獨特性的需求源自何處，有沒有其他方法可以滿足。這樣才不會因為把內在匱乏帶入到親密關係中，引發更多的糾紛和不快。

換句話說，你自己需要對自己的成長負責，而不是把責任推卸給別人。在後續章節，我會解說有助於消除內在匱乏感的方法。

對於「自己情緒」的誠實

有情緒時，能夠去深究情緒產生的原因，而不是一味地逃避，是一種誠實。有情緒時，不把情緒作為不處理問題的藉口，也是一種誠實。

我會在第二章「認知破圈三步驟」和第三章「破圈法則1：擺脫你的情緒體」對第一種誠實做更多的分析。

經歷過極度痛苦和負面情緒的人，很容易把情緒作為不處理問題的藉口。我當年抑鬱時，也有一陣子對自己的情緒不誠實。我遲遲沒有從抑鬱中恢復，背後有一個原因是我不想走出來，我沒有勇氣走出來。

因爲沉迷於負面情緒的時間長了，這種負面情緒就變成了一種舒適區，抑鬱成爲我不用做任何事，也不用管任何事的最佳藉口。周圍的人也很難戳穿這種藉口，因爲他們擔心這會造成更嚴重的後果。所以在這種情況下，你更需要對自己誠實，狠下心來把自己推出舒適區去解決問題，而不是讓情緒成爲你的代罪羔羊。我當時就強迫自己回到了可能會誘發抑鬱情緒的場景裡，逐步提升自己對那些場景的心理承受能力，慢慢弱化負面情緒，最終從抑鬱中走了出來。

極度的誠實是接下來要講述的認知突破的三個步驟和三個原則背後的驅動力。沒有它，一個人很難在日常生活中不斷地提升自己的認知層次，因爲如果你無法對自己誠實、對他人誠實，那麼對這些虛假的現象進行再多的分析，得出來的依然是不可信的結論。

極度的誠實其實是一種對自己負責的態度，只有對自己持續抱持這種態度，才能不斷地做到自我認知的破圈。

你以爲的自我其實是被操縱的傀儡

從極度誠實的角度來看待我們日常生活的種種行爲，那麼很多人在絕大多數情況下都是傀儡，並沒有眞正活出自我。我也不能倖免。

之所以這麼說，是因爲我們無時無刻不受到以下三方面的操縱：情緒、記憶和錯誤的信念。在它們的操控下，我們的眞實自我被埋沒在海平面下，露出來的只是一座被塗上不同顏色的冰山。

比如，我一個朋友有「路怒症」，每次有人超他的車，他就會很不開心，甚至做出追撞的舉動。如果你只看到他開車時的樣子，會認爲他是一個情緒暴躁的人。可是他其實是個開朗大方、特別容易親近的人，文化素養也很高。但是遇到別人超車，他就變成了另一個人，這是因爲他的情緒完全控制了他，好像跟他成了一體。這就是情緒體的具體展現。

同樣，我的老師曾經輔導過一位中年女性，她年輕時失去了愛人，從此對新的親密關係失去興趣，陷入對已故愛人的狂熱追憶之中，直到參加家族系統排列的心理治療後，她才解開對過去回憶的心結。這就是一個人被自己的記憶掌控的案例。

有一位身高一百五十公分的女孩，認為只有自己身高達到一百六十公分以上才會被人喜歡，因此陷入了極度的自卑和苦惱，即便有男生向她表達愛意，她也認為對方只是同情她。在這個案例中，女孩對自己的錯誤信念牢牢抓住了她的心，讓她再也看不到其他可能性。

在上述幾個案例裡，每個人都在特定情況下分別被激烈的情緒、難忘的記憶和錯誤的信念控制，好像這些情緒、記憶和信念反而成為自己身體和思想的主人，所以我分別稱之為情緒體、記憶體和信念體，合稱為「認知限制三兄弟」，來代表它們掌控了我們心智的狀態，如下頁圖所示。

當我們被「認知限制三兄弟」操縱時，就很難認識到眞實自我的需求，或者活出眞實的自我。讓我們具體看看關於這三種認知限制的描述吧。

情緒體（慣性情緒模式）

春秋時期，宋國大將華元在迎戰鄭國的前一晚分羊肉湯給衆位將士，唯獨忘了自己的車夫，車夫懷恨在心。第二天，華元在打仗時，車夫卻駕車載著華元往鄭軍那裡走，結果宋國大將就這麼被鄭軍俘獲了。這名車夫就是典型的被情緒體操控的對象，從而背上了不忠不義的罪名。

當你發火時，你的身體就充滿了憤怒的情緒，成爲憤怒的情緒體，當你擔憂、害怕、激動、欣喜時也一樣。不妨回憶，我們曾經後悔自己在衝動之下做出的行爲或決定，這些衝動就是我們被情緒支配所導致的。這裡的情緒不分好壞，即便是看起來正向的情緒也可能令人做出衝動之舉。當年因爲愛而盲目追星，導致父親被迫跳海的劉德華狂粉楊麗娟就是一個典型的案例。

怎麼了解自己的情緒體呢？不妨

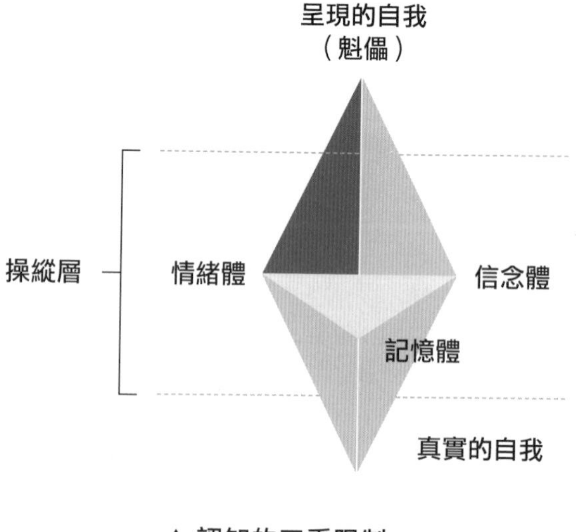

▲ 認知的三重限制

問問自己：**我最容易表達的是什麼情緒？我最不擅長表達的是什麼情緒？**

你最容易表達的情緒通常也是你最常出現的情緒。從另一個角度來說，這個情緒也最容易操控你。很多人在這時會更關注負面情緒，因爲大家都知道負面情緒容易給人帶來不好的影響，但是正向情緒同樣也有可能造成不好的結果。我有個朋友在北京好不容易抽中了車牌，興匆匆地離開家就去辦理執照，卻忘記檢查房門是否關好，結果回到家發現家裡遭竊。任何事物都有正反面：負向情緒容易讓人變得更加謹慎，而正向情緒則更容易讓人麻痺大意。

你最不擅長表達的情緒也有可能操縱你。比如，有的人即便自己做錯了，還是不願意表達歉意。在這種情況下，他們通常會透過找藉口等方式來逃避，反而容易造成人際關係的進一步惡化。而這些行爲，其實是爲了逃避表達自己不善於流露的情緒。

要做到不被情緒體操控，我們需要從以下四個方面來提升：

1 情緒覺察：時刻觀察情緒的變化，能夠識別某種情緒出現。

2 情緒調控：調控自己的情緒，使它能在恰當的時機以恰當的程度表現出來。

3 情緒感知：能夠透過細微的訊號，敏感地感受到他人的需求、欲望和情緒，這是與他人正常互動、順利溝通的基礎。在這方面比較高階的能力，就是我們現在經常聽到的「共感力」。

4 情緒處理：處理他人情緒反應的技巧。

前面兩類和自我認知相關，後面兩類則是和他人認知相關。在現實中，很多人在前三方面會遇到不同程度的困難。有的人無法識別內心的情緒和感受，有的人是能識別但無法表達，還有的人是能表達但無法有效控制。

如果人體是一部電腦，有的人是內在的CPU（中央處理器）無法處理相關訊息，因此無法識別內心的情緒和感受；有的人是把情緒感受儲存在RAM（記憶體）裡，但是無法調動它們顯示在螢幕上，因此無法表達情緒；還有的人能夠處理訊息，也能夠將其顯示在螢幕上，但只能顯示全黑或全白的畫面（極度的情緒），這種極端的表達方式會讓外人不知道如何處理。即便是能夠感受不同情緒，甚至能夠充分表達出來的人，也很容易在情緒的主導下失控，或者陷入低迷的情緒走不出來。

因此，在第三章「破圈法則1：擺脫你的情緒體」裡，我會分享這四種情況的解決方法。

記憶體（慣性經驗模式）

投資家華倫・巴菲特在其著名演講〈葛拉漢與陶德投資園地的超級投資人〉（The Superinvestors of Graham-and-Doddsville）中舉過一例：請各位假想一場全國性的拋硬幣大賽。讓我們假定，全美國的二・二五億人，在明天早晨起床時都擲一枚硬幣，猜硬幣是正面向上還是反面向上。猜對者將從猜錯者的手中贏得一美元，猜錯者則被淘汰。

每天都會有人遭到淘汰，獎金則不斷累積。經過十個早晨的十次投擲之後，全美國大約有二十二萬人會連續十次猜對拋硬幣的結果，每人贏得的獎金有一千多美元。

現在，這群人可能會開始炫耀自己的戰績，這是人的天性使然。即使他們仍能保持謙虛，但在雞尾酒會中，他們偶爾會用這個故事來吸引異性的注意，並炫耀他們對拋硬幣的奇特洞察力。

遊戲繼續進行，再經過十天，大約會有兩百一十五人連續二十次猜對拋硬幣的結果，每人贏得大約一百萬美元的獎金。輸家總共付出二・二五億美元，贏家則得到二・二五億美元。

這時候，這群贏家會完全沉迷在自己的成就中——他們可能開始著書立說：「我如何每天早晨工作三十秒，並在二十天之內將一美元變成一百萬美元。」更糟的是，他們可能會在全國各地辦培訓班，宣傳如何有效地拋硬幣。

對那些持懷疑態度的人，他們會反駁：「如果你認為這是巧合，該如何解釋我們這兩百一十五個人的成績呢？」

但是，某些商學院的教授可能會指出一個事實——假如讓二．二五億隻猩猩參加這場比賽，結果可能也是一樣的——會有兩百一十五隻猩猩連續贏二十次。

這個故事說明了什麼？

我們對於過往事件的解讀帶有極強的主觀性。我們甚至可能會扭曲因果關係，形成錯誤的結論，並把這種錯誤結論記在腦海裡。當新的情況出現時，我們繼續調動這些記憶來重複驗證自己，就好像那些開班教授如何拋擲硬幣的人一樣，每一次講課都是對過往記憶的進一步疊加。慢慢地，這些記憶變成了我們經驗的一部分，讓我們習慣於在特定的外在刺激下，調動同樣的記憶來尋找處理事情的方法，很多人就習慣於從過往的經驗中尋找答案。如果我們對當下的情形不加分辨地按照固定模式去做，我們就會受到記憶體的操控，可能犯下經驗主義的錯誤。

我曾經聽到這樣的廣告詞：我們找的是這個領域非常成功的專家，他們的經驗和認知在該領域必定是最好的，因此聽他們的課能讓你的認知能力得到提升。

我覺得這個說法很有誤導性。

一是沒有考慮時間的流動性，過去在該領域最好的經驗和認知，不代表在今天和未來仍然是最好的。過去軍隊使用弓箭就能與其他國家的軍隊作戰，而現在只有用核武和航空母艦才能達到限制和制約其他國家的作用。

二是，成功很多時候具有偶然性，一個人能夠成功，不代表他的經驗和認知就是這個領域裡最好的。他的成功可能得益於很多外在因素，比如搭上了趨勢、得到了別人的幫助等。倘若我們沒有去分析當時成功背後的條件是什麼，不區別前提條件地應用過去經驗，就容易遭遇失敗。

三是，經驗論具備非普遍性，在某幾個案例上成立，不代表就是普遍眞理。舉個例子，如果請你說出《寄生上流》得奥斯卡獎的原因，很多人會舉出諸如展現了社會矛盾、製作精良、剪輯厲害等，但是同樣具有這些特質的亞洲電影並不少，爲什麼只有《寄生上流》得獎？

通俗點說，經驗主義容易以偏概全，一個男人是渣男，不表示所有男人都是渣男。我曾在一個問答網站看到有人問：小學老師、護士和律師這三種人是不是不應該談戀愛？很多人都是舉自己的個人案例，但是有人和護士談戀愛的結局不好，不表示所有人和護士談戀愛的結局都不好。

那麼，爲什麼大家還是非常推崇經驗論？

第一個原因可能是便利性。這是一種極其直觀、容易上手的思維方式，很多人都能透過自己親身經歷的少數事件得出某些結論。雖然樣本有局限性，但是有結論總比沒有結論好。而其他思維模式可能就要求較高的思考能力，比如與歸納法對應的演繹法。很多人想學習多元化的思維方式，但覺得很困難，於是又回到了以經驗論辦事的模式。

如何提升你的思考能力呢？我會在第二章「如何做到透徹的思考，直擊問題本質？」一節裡進一步探討。

經驗論盛行的第二個原因是倖存者偏差。舉例來說，大衆媒體的報導會加深經驗論有用的印象，你很容易看到媒體報導採用過往經驗而成功的人士，但基本上不會看到採用過往經驗卻未獲成功的人的報導。在這種情況下，很多人就會認爲經驗論是有用的。

所以，記憶體透過經驗主義來操控我們，這是對過往事件不準確或片面的解讀和存檔，在第四章「破圈法則2：扭轉你的記憶體」裡，我會解說突破記憶體的方法。

信念體（慣性假設模式）

美國心理學家珍妮佛．費福爾（Jennifer Pfeifer）曾經對一些青少年做過研究，要求他們彙報對自己類似於「我認爲自己很聰明」這樣的直接評價，以及別人給予他們的回饋，類似於「我的朋友們認爲我很聰明」的評價。

她的研究結果證實，不管是青少年還是成年人，要求回饋性評價都能夠啓發當事人的心智解讀系統。心智解讀系統通常與他人表達的看法直接相關。也就是說，即便你問一個青少年他怎麼看待自己，他也會不由自主地聯想到別人對他的看法，在回答問題的過程中不知不覺引入他人的看法。

這項研究支持了一個論點：外部訊息在自我意識和自我認知的建構過程中發揮了至關重要的作用。在這項研究中，無論是彙報自己對自己的評價，還是別人對自己的評價，都會啓動內側前額葉皮質。而在其他科學家所做的一系列關於自我反省的實驗中，九四%的實驗都觀察到了這個情況，這也是當我們思考「我是誰」這個問題時，大腦中唯一出現密切相關反應的區域。也就是說，內側前額葉皮質和心智解讀系統是一致的，都把他人對自己的評價當成了自己對自己的看法。而這些看法日久累積，就會形成我們對自己的信念。

當我們成長了，但是沒有接收到外界新的回饋去改變我們的信念，我們就會受到這些舊有信念體的限制。「我不善於社交」「我不夠聰明」「這種事我做不來」「我學不好」等很多人經常說的話，就是一種自我限制的信念體的具體展現。不善於社交可以練習，不夠聰明可以勤能補拙，以前做不來不代表現在也做不來，學不好可以去尋找更恰當的學習方式。很多人沒有成長，是因爲這些信念體已經牢牢控制了他們的心智，成爲逃避的藉口。

北京某大學一名大三學生在朋友圈留下一紙遺書後，選擇了跳樓。他在遺書裡說：「二十年來，我堅信考試是出人頭地的唯一途徑，我因此放棄了其他的方向，使得考試成爲我唯一而且是最爲突出的優勢，並且相信這是唯一的正途。」

他已經將「考試」視爲人生信念，當他發現社會遠比考試複雜時，他的信念體導致內心崩塌，最後選擇了輕生。

還有一種常見的信念體是把假設和猜測當作事實來看。你看到同事從身邊走過，但是沒有跟你打招呼，你的第一反應是他不尊重你，然後聯想到上週你和他對一個議題意見不合還起了點小糾紛，現在他又表現出這種不尊重的態度，也許他以後還會惹事。你的信念是先下手爲強，於是決定在下週的會議上先打擊他。

在這裡，你認爲別人沒和你打招呼就代表不尊重。這其實是一個假設，而基於這個假設，記憶體也來插了一手，讓你迅速回憶起過去不愉快的經歷，隨後你就做出了一系列針對對方的行動。但是，別人沒和你打招呼，可能是因為他忘記戴隱形眼鏡而看不清周圍的環境，也可能是他忙著想事情沒注意周圍的情況。事情發生的原因有很多，而信念體會讓你以一種慣性模式很自然地跳到一種假設上，雖然這簡化了大腦的處理工作，但是在很多情況下反而會導致不好的結果。

因此，我們會在第五章「破圈法則3：擊穿你的信念體」裡，透過對整體切分法的應用，幫助你破除內在錯誤的信念和假設，從而避免過度激烈的反應和因此帶來的不良後果。

三種認知限制之間的關係

娟娟早上出門忘記帶傘，結果被大雨淋濕了，她很不開心。這時同事開了個玩笑，她不開心的情緒讓她把這個玩笑當眞，認爲同事不尊重她。於是，大腦就儲存了同事不尊重她的印象，並且可能在未來不斷地回憶。

每當發生令人不快的事情，我們都有可能產生情緒，而這些情緒很有可能導致我們從片面的角度去解讀這件事，從而形成錯誤的記憶存入大腦。也就是說，情緒體可能會導致記憶體的形成。

如果說記憶體是基於對過去一件又一件事情和一段又一段經歷的片面解讀，以及對這種故事解讀的存檔而形成的慣性經驗模式，那麼信念體很多時候就是對各種體驗（記憶體）做了高度抽象概括而形成的信念和假設。

比如「我不夠聰明」這個信念，可能之前在多起事件中，我認爲導致這些不好結果的原因是我不夠聰明，或者別人直接給予了這樣的評價後，我把它當成了對自我的正確評價，從而得出「我不夠聰明」這個結論。當我們得到這樣的結論，也沒有再去挑戰它，就會放任它來主導我們的思維模式。

情緒體可以塑造記憶體，記憶體抽象概括形成信念體，而信念體也可能會誘發情緒體。如果一個孩子形成了「我就是學不會數學」的信念體，那麼他遇到數學難題就容易產生沮喪、哭鬧甚至放棄等情緒，次數多了，他就可能形成一遇到難題就哭的習慣性情緒模式。

因此，這三種認知限制之間的關係可以用左頁圖表示。

在這三種認知限制的相互作用之下，我們會越來越受到情緒、記憶（經驗）、信念（假設）的脅迫，很難呈現出眞實的自我。而「認知限制三兄弟」也分別對應了我們的三類習慣性模式：慣性情緒模式、慣性經驗模式和慣性假設模式。

如果我們希望真正地了解自我、提升認知，就必須突破「認知限制三兄弟」的掌控。下一章，我會講解打破認知限制的三個步驟——深刻的體驗、透徹的思考和持續的實踐。

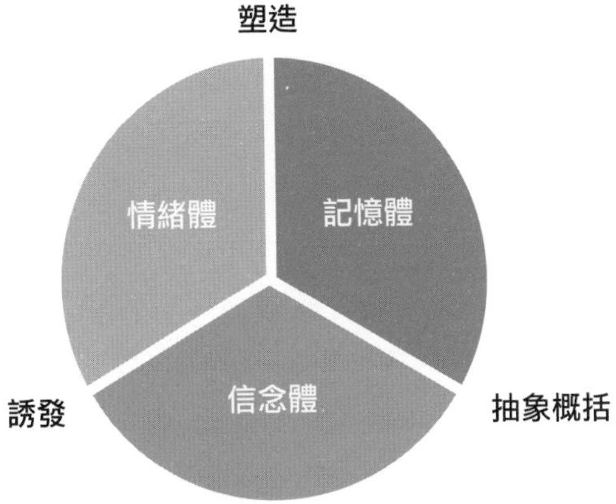

▲ 三種認知限制之間的關係

第1章重點整理

❶認知的相關定義：

經驗是對於過往經歷的總結歸納，但如果你把經驗傳給別人，經驗對別人來說就是知識。所以，知識是人腦對客觀事物的訊息沉澱。

技能是人們透過練習而獲得的動作方式和系統，而能力是內化的知識和技能。

認知是經過處理並內化後的知識及應用。自我認知，就是已經內化的關於自己的知識。

❷認知提升的四個階段：

第一階段「無意識、無能力」；第二階段「有意識、無能力」；第三階段「有意識、有能力」；第四階段「無意識、有能力」。

❸何謂極度的誠實：

對於「知識」的誠實；對於「訊息」的誠實；對於「自己經歷」的誠實；對於「自己能力」的誠實；對於「自己需求」的誠實；對於「自己情緒」的誠實。

❹情緒的三座山峰：

表達觀點前的情緒；表達觀點時的情緒；表達觀點後的情緒。

❺SMART原則：

遵從ＳＭＡＲＴ原則，在溝通中提出針對某一具體事情的具體要求，這樣別人才知道你的期望是什麼。

❻認知的三重限制：

情緒體（慣性情緒模式）；記憶體（慣性經驗模式）；信念體（慣性假設模式）。

情緒體可以塑造記憶體，記憶體抽象概括形成信念體，而信念體也可能會誘發情緒體。

❼經驗主義的問題：

經驗主義具備非普遍性，容易以偏概全，比如在個體層面上能成立的，在集體層面上不一定能成立，或者在另一個體上可能就不成立。

經驗主義沒有考慮到時間的流動性，過去是這樣，未來不一定也會這樣。

第 2 章
認知破圈三步驟

要擺脫渾渾噩噩，你需要深刻的體驗

「深刻的體驗」「透徹的思考」和「持續的實踐」是打破認知限制的三個步驟。我們透過不斷的體驗、思考和實踐，形成一個正向循環。這個正向循環可以幫助我們用嶄新的認知模式去替代舊有的認知模式，經歷認知提升的四個階段，從「無意識、無能力」變成「無意識、有能力」的高手，打破認知的三重限制形成的惡性循環。

這三個步驟中的每一步都能幫助你提升到認知的下個階段。現在先看看如何從「無意識、無能力」提升到「有意識、無能力」。要實現這種提升，我們需要深刻的體驗。

從無意識變爲有意識，我們需要對當下的狀態有合理而準確的評估，從自我認知的角度而言，就是要知道我們當下的認知是什麼樣的，當下我們有哪些認知局限、盲點和誤區。

如何做到這一點呢？需要從以下三個方面來確保我們的體驗是深刻的。

不逃避地體驗逆境

在日常生活中，一個人不會時時刻刻想著如何提升認知，或者發現自己的盲點，因爲那樣會很辛苦。一般人通常都是遇到困境或失敗後，才想到去挖掘認知方面的問題。

我有個學員經營一家非常大的公司，正在準備上市。公司需要開拓海外市場，於是他便安排很信任的銷售副總監負責。結果花了好幾個月，不僅海外市場沒有開拓成功，還賠了不少錢。這件事對他打擊很大，雖然平時他不太願意請教別人，這次卻爲這件事情來找我。我幫他做了分析，發現他在用人時有一個很大的盲點，就是會因爲一個人某方面的特長而以偏概全地相信這個人能應對任何情況。負責海

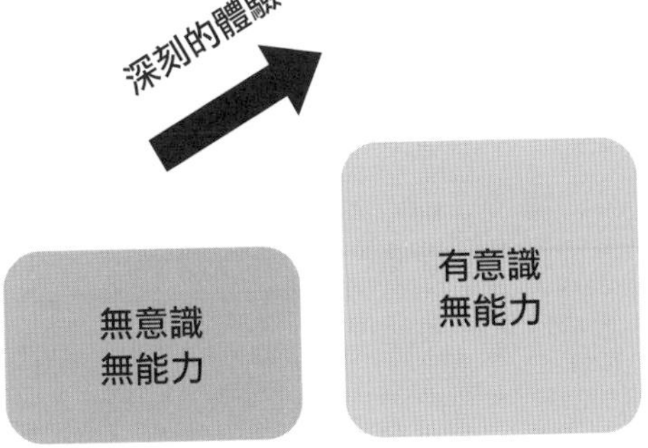

▲ 透過深刻的體驗，提升到「有意識、無能力」階段

外業務的銷售副總監從來沒有出國過，也不懂英文，而且接下了開拓海外市場的任務以後，居然都沒有親自去海外考察。從很多層面來看，這個銷售副總監都不是開拓海外市場的最佳人選，但是這名執行長卻因爲他開拓國內銷售市場的突出能力，就相信他在海外市場也可以有所作爲，這就是能力信任的盲點。如果沒有這麼大的教訓，他也不會來找外人分析，進而發現自己的盲點並反思自己的用人哲學了。

一個人最黑暗的時刻是非常重要的深刻體驗，如果抓住這些時刻進行深度分析，我們通常都能發掘出在某個特定方面的自我認知問題，從對這個問題的無意識狀態變得有意識，這就是認知上

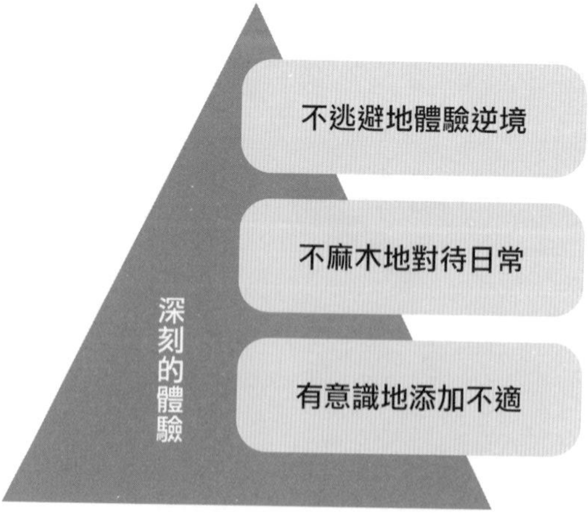

▲ 從三方面做到深刻的體驗

的突破。

絕大多數人在面對失敗或逆境時很容易被情緒體操控，難以自行做出深度剖析。因此，除了要具備極度誠實的心態，我會在後文具體講解擺脫情緒體的方法，幫助大家從這些外部的挫折和失敗中獲益。

此外，深刻的體驗還包含另外兩層含義：不麻木的感受和適當的不舒適。

不麻木地對待日常

不麻木是指帶著感受去體驗生活中的事件。說到感受，很多人會覺得這很稀鬆平常：我看個電影會有感受，和朋友談個心也會有感受，有什麼大不了的呢？

我以前也是這麼認爲的，直到我參加了禪修營，當時有個任務是用木鏟把粥桶裡殘留的米粒和粥漬全部刮出來，不能有任何浪費。我一開始很抗拒，覺得這件事太小也太無聊了，於是在刮桶時我就一直在想別的事，但這樣就刮不乾淨，還被老師唸了。慚愧之餘，我沉下心來不再想其他事，開始用木鏟一遍又一遍地刮。慢慢地，我發現這種重複性勞動也有美妙的地方，我的心隨著手的一次又一次圓周運動沉靜下來，竟然進入了非常享受的狀態。

後來，我學會了即便在洗碗時也去感知這個活動和過程，感受水從指縫間流過的清涼，感受洗碗精泡沫的細膩，感受碗從油膩變得潔淨的過程。原本似乎枯燥無味的生活小事也變得生動而有色彩了。

《禪者的初心》一書把禪宗修行分成四類，最低層次的修行是既沒有思想，也沒有好奇心。

這也是很多人對待日常事情的態度：不思考，不專注，得過且過，完成了就好。但禪的意境，是對生活中一點一滴的小事無我的專注，走就是走，坐就是坐，立就是立。

《摩訶婆羅多》具體展現了吠檀多哲學的最高目標，其核心含義是：沒有責任是醜陋的，沒有責任是不潔的。也就是說，生活中的每一件事都值得你認眞對待。

很多人覺得，這些都跟哲學或宗教有關，跟我們的日常生活沒有什麼關係。就日常行爲來說，一個麻木的人和一個不麻木的人，所能感知到的生活的細微程度是不一樣的，不麻木的人更容易在生活的許多場景中發現自我成長的契機。

想像一個場景：你正在圖書館裡安靜地看書，旁邊一個人開始大聲講電話，周圍沒有其他人，所以沒有人制止他。你等了他一會兒，發現他還在講電話，你有點不耐煩了。這時，你可以麻木地對待這件事，戴上耳機，或者換個地方就過去了。但是，如果你想突破自己的認知，你也可以不麻木地對待這件事。

不麻木地對待這件事，有幾種可能的方式。一種是仔細分析自己的情緒源自何處，是因爲這個人打擾到你，還是因爲他違反了公共秩序，或是因爲他讓你想到了一個自己很討厭的人，又或是其他原因？如果是因爲這個人打擾了你，那麼你傾向的回應模式是去跟那個人交涉，還是逃避起衝突的可能性？這種回應模式會有哪些問題？在哪些場景下適合，在哪些場景下不適合？

每一種你傾向的回應模式，其實都是慣性行爲模式或慣性思維模式的具體展現。也就是說，你透過對於自己這個小小情緒的分析，就能看到自己的潛在模式，進而把這些模式從沒有被意識到的狀態（無意識）變成被你意識到的狀態（有意識）。這就是一種認知上的提升。

另一種方式是，當你對自己爲什麼產生情緒有比較明確的了解後，你就可以採取相關的行動。你可以禮貌地請他講電話的聲音小一點，或者提醒他，這裡是圖書館，請他出去打電話。當然，你也可以自己忍著做出妥協。而這個行爲背後，反映的是你在人際互動中的模式；對於人際互動模式的發掘，也是一種自我認知的提升。

同樣是做飯，有的人會認爲是完成任務，有的人會認爲是一種興趣愛好，還有的人會認爲是一種學習成長的機會。第一種人會不喜歡做菜，第二種人會很享受做飯，第三種人可能會不斷地思考如何煮得更好吃，甚至無意中變成了大廚。結果是，可能只有後面兩種人會覺得做飯的時間沒有虛度，甚至能在其中獲得技能的提升。

你的關注點決定了你能看到什麼、感知到什麼，但同時也限制了你看到的事物。

在《為什麼你沒看見大猩猩？》一書裡，心理學家克里斯·查布利斯描述了「無意盲視」現象。他請哈佛大學的學生看一段影片，要求他們計算影片裡的籃球隊員傳了多少顆球。但是在影片結束後，他們卻被問道：「誰看到了畫面中的大猩猩？」原來，這些學生只專注於傳球數，完全忽視了影片放到一半時，有人扮成大猩猩在籃球隊中待了好一會兒。

當你沒有充分關注生活時，可能會在早上起床後急匆匆地出門，然後發現當天是週末，不用上班；也可能會一邊煮飯一邊玩手機，結果菜都燒焦了。有些人則遇到了更嚴重的後果。我有個學員好幾年都沉浸在創業的不順利之中，在他的眼中只有創業，沒有其他，他覺得創業是人生的全部。他來上我的課也是因為想檢討創業失敗的原因。在課堂上，我請他去體會內在更細膩的感受並做出分析，當他的感知被打開後，他才發現生活中存在更大的危機：因為這幾年他眼中只有創業，完全忽略了孩子，導致孩子出現自閉傾向。

當你內心只有一個目標時，好處是你會非常專注，也會有基於這個目標的深刻體驗，但壞處是你容易忽略和這個目標無關的事。而在人生的長河裡，這些事情可能是更重要的。

不麻木地對待日常，可以幫助你解開對於單一目標的執著，去體會生活中的多個面向，學會在日常生活中不斷地提升認知。畢竟，我們都不希望遇到眞正的失敗和逆境，如果能透過日常生活來提升認知，發掘自己的盲點，避開可能造成失敗的誤區，那不是更好嗎？

有意識地添加不適

適當地讓自己有一些不舒服的體驗，也是深刻體驗的一種。這種主動追求不適感的行爲有三種好處：

1 幫助你增強意志力和適應能力，增加自信

舒適的環境固然好，但是時間長了，人容易喪失一部分適應性。就好像習慣睡舒適床墊的人，一旦換成了木板床，就可能失眠。但是，在生活中，人不可能永遠一帆風順。人生中的起起伏伏是不可避免的，既然逆境逃脫不掉，那麼在相對安全的環境

裡嘗試讓自己適應不舒服的情形，就是一種危機演練。這樣，即使外部環境變了，你也吃得了這些苦。在日本，小孩子會被要求在雪地裡進行耐寒訓練，目的是訓練意志力和鍛鍊體魄，其動機和這個原理是類似的。

當你看到自己能夠在這些苦難中堅持下來時，你對自己克服困難的信心會大幅提升。很多人對於未來有很強的焦慮感，就是因爲他還不具備遇到苦難自己能堅持下去的信心。一個在艱苦條件下生活過的人，再次碰到類似的苦難，有較高機率不會像從來沒經歷過的人那樣容易驚慌失措，會比較有信心地去應對。

在中國企業家褚時健的自傳裡，描述了他和親戚經歷抗日戰爭和解放戰爭的故事。當時情況很危險，流彈過來後一個人瞬間就沒命了，他一個親戚正是這樣喪命的。所以褚時健認爲，他後來碰到的各種大風大浪都比不上當年在戰爭時期的苦難，那段經歷給了他強大的意志力和充沛的自信心，讓他能夠在人生大起大落時依然保持樂觀，並在七十多歲高齡毅然決定開始種柳橙，走一條很多人覺得漫長而辛苦的道路。

有時候，幫助自己建立自信的方法，就是回顧自己以前是如何從痛苦和挫折中走出來的。雖然有時候回顧過去的痛苦會讓你感到有些不適，但是這背後隱藏的力量卻能讓你生出勇氣，去面對未來的不確定性。

2 更懂得珍惜和享受美好的事物

炎炎夏日，當你在外面待了一段時間，突然進到開著空調的房間時，你會覺得特別愜意。同樣地，如果你因爲動手術而不能正常進食，喝了一、兩個月清粥之後再次去餐館品嘗各種食物，你會驚嘆於這些食物的美味。適當的不舒服可以幫助我們拉低感知閾值，重新獲得對原本習以爲常的事物的欣賞能力。

有個朋友的弟弟，從小家庭富裕、錦衣玉食，因此他的感知閾值很高，對很多事物都提不起興趣。後來他被迫參加軍訓。那段經歷讓他改變了很多，回到家後看到平時吃膩的牛排、有空調的房間、寬敞的大床，就產生極大的幸福感和滿足感。

人只有失去了才能體會到事物的重要性。適當地讓自己體會失去一些東西後的感知，能提升你當下的滿足感，這也是一種不花錢就能提高生活品質的方式。

3 產生深刻的洞見

那些最讓人痛苦的體驗，往往是誘發人們思考和創作的來源。俄國文學是當代世界文學中一顆璀璨的明珠，而俄國著名作家如托爾斯泰、屠格涅夫、杜斯妥也夫斯基等都是在十九世紀俄國最苦難的那段時期出現的。杜斯妥也夫斯基那句廣爲流傳的話是：「我只擔心一件事：我怕我配不上自己所受的苦難！」中國很多作家也是在歷經苦難後才創作了很多好作品，余華、史鐵生等優秀作家的作品裡都飽含著從苦難中凝結出的精神。

對於一般人來說，讓人痛苦的體驗往往也是反思自我、產生洞見的契機。前文提到那位因爲銷售副總監的失敗而開始反思用人方式的執行長，其行爲正是基於被動痛苦後的覺察。在平時，我們也可以主動給自己增加「痛苦」來產生洞見。

我一位朋友有個與衆不同的習慣：當他發現有人不喜歡他時，反而會刻意找這個人聊天，深入了解這個人不喜歡他的原因，而這些原因就會成爲他進步的動力和方向。時間長了，當對方發現一個自己不喜歡的人居然會誠懇地聽取自己的意見，不斷地進步，也會逐漸佩服這個人，於是原先的敵人反而成爲朋友。

有時候，回顧過去一段深刻的體驗，也可以幫助你解開信念體或記憶體的束縛。

曾經有個三十歲的女性爲了是否需要換工作而極度焦慮，來找我諮詢。我發現她焦慮的背後是擔心換工作以後，職涯道路會越走越窄。我請她回顧自己過去的痛苦經歷，發現曾經有個階段，她父母雙雙得了重病，她放下國內名校畢業生的身段去擺地攤，同時做著自己的全職工作，在兩年多之內把家裡欠的一百多萬還清了。

於是我問她：「你覺得換工作後，會遇到比欠下一百萬，需要你再次去擺地攤更糟糕的情況嗎？」

她想了想說：「再差也不可能到這個地步。」

我說：「既然那麼艱苦的時刻你都熬過來了，你對自己未來處理困難的能力也應該有信心才是。」

她點了點頭，不好意思地說：「可能是這段經歷比較痛苦，所以一般我都不會想起來，也自然沒有從中汲取力量。」

所謂深刻的體驗，其實就是抓住生活給你的每一段經歷去成長：在遇到困難時不逃避，敢於面對它、分析它，進而了解自己的盲點和誤區。

在日常生活中，不麻木地去對待點點滴滴，而是從小事中也能有所體悟，才能持續不斷地提升自己的狀態。

在工作和生活過於舒適或順利時，不妨有意識地給自己增加點挑戰，測試自己當下狀態的靈活性和適應性。

關於深刻體驗的練習

以下兩個練習可以幫助你獲得深刻的體驗。

練習1　洞察力

這個練習鍛鍊的其實是洞察力。你可以借助任何一張照片、世界名畫或你看到的任何情境來做這個練習。

請先花一分鐘看看這張照片，然後描述你看到了什麼。

通常我們會數一下有多少人，會注意到這些人都是同一性別、膚色類似，還可能會注意到桌上的一些文具。

然後請你再花三分鐘仔細看看這張照片，這時你可能會注意到更多細節，比如每個人的髮型、彼此間眼神的交流、手勢和身體姿勢等。

▲ 洞察力練習：你看到了什麼？

圖片來源：ChristinaMorillo/pexels.com

請你花五分鐘對這張照片提出問題，比如，為什麼這些人會在這裡？她們是工作夥伴還是客戶與商家？誰是領導者？她們有可能在討論些什麼？

你會發現，雖然只是一張簡單的照片，但隨著你花在上面的時間越多，能夠發現的細節也會越多。你甚至可以像福爾摩斯一樣，透過不同的線索推理出很多別人看不出來的東西。這種層層遞進的感知能力和分析能力，就是深刻體驗的能力。

練習2　發現生活中的小確幸

請舉出一件你平時不是那麼享受的小事，比如做飯、洗碗、澆花等。當你再次做這件事時，請不要帶著原先的固有判斷，覺得這就是一個不得不完成的任務，枯燥且乏味，而是帶著不一樣的視角去看待這件事，把它想像成一種能為你帶來全新體驗的事情。

你甚至可以帶著問題去做這件事情，比如問：在做這件事情的每一分、每一秒，我有什麼不一樣的感知？然後充分調動你所有的感覺——視覺、嗅覺、聽覺、觸覺等，去細細體會、感知沉浸在這件事情中的每一秒。讓你的心平靜下來，不再去想和這件事無關的東西。放空大腦，也許你會發現，在這種小事上，你也可以進入一種類似心流的狀態，獲得不同的體驗。

如何做到透徹的思考，直擊問題本質？

在上一節裡，我們透過深刻的體驗發現了自己的盲點，或是認知需要提升之處，從「無意識」進入了「有意識」的狀態。但由於這些是新發現的領域，我們並不知道如何去解決這些盲點和不足。因此，我們需要透過第二個步驟——透徹的思考，來發掘這個問題背後的形成原因，並找出合適的解決方法，才能進入「有意識、有能力」的階段。

講到思考，我們需要先探討各種思考方法。

有個朋友曾問我：「我們經常會提到邏

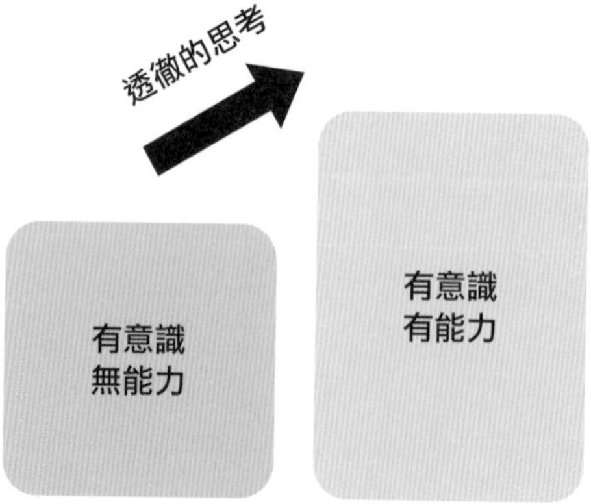

▲ 透過透徹的思考，提升到「有意識、有能力」階段

輯思考、批判性思考、結構化思考、深度思考等，我發現概念雖然各有不同，但也有重疊。歷史上有沒有誰比較系統地總結和定義過思維的各方面能力，讓我們可以在實踐時參考？」

坦白說，我之前沒有從這個角度思考過，因此他的問題對我來說就是一個好問題。而我沒這麼想的原因是，在我看來，這些思維模式都是邏輯思考的衍生概念。

邏輯思考的基石是兩種方法：歸納法、演繹法。

這些思維模式的基礎工具也是這兩種，萬變不離其宗。

朋友聽了我的解釋，說：「市面上各種思維原來是被包裝出來的，我被表象迷惑了。」

其實不只是他被迷惑了，在他提這個問題前，我也會習慣性地向別人推薦批判性思考的好處。但仔細想想，批判性思考的要點就是更審慎地使用歸納法和演繹法去看待問題。

朋友有點意外，因爲他之前以爲批判性思考是對訊息的蒐集和篩選，不要盲從權威，不要斷章取義，不要被情感左右。

其實朋友說的都是結果，如果能嚴格分析訊息和結論背後的邏輯就會得到這些：不會盲從權威，不會斷章取義，不會被情感左右。所謂分析訊息背後的邏輯，就是從邏輯思考的角度考察得出一個結論或觀點的過程。考察這一過程是否可靠，首先要分辨它使用的是演繹法還是歸納法。

如果是演繹法，那就要看兩點：一、前提是否正確；二、過程是否合法。

若是歸納法，那麼就要看三點：一、用於歸納的例子是否有說服力；二、例子是否具有普遍性；三、是否只提及支持自身觀點而忽略不支持自身觀點的案例。

比如不感情用事，如果你只看邏輯，那你肯定會不帶感情地看待一件事。

比如不盲從權威，如果你只看邏輯，那你肯定不管跟你說話的人是權威還是專家。

只要我們能夠盡量嚴格地用歸納法和演繹法去考察問題、考察訊息背後的邏輯是否成立，就能確保在思考時不會犯常見的錯誤，這就是透徹思考的基礎。

在這個基礎上會出現很多衍生概念和思考方法，相關書籍和課程也很多。因爲本書內容所限，在此我只講兩種和認知破圈相關的思考方法：追問法和切分法。如果對其他思考方法感興趣，不妨參考附錄的書單進一步學習。

追問法

所謂追問法，就是緊抓著一件事不斷地問爲什麼。

曾經有個人來向我諮詢留學事宜。他當時在一個傳統產業做得很不錯，這個產業並不需要具備高學歷。但他說，他希望自己在這兩、三年抓住產業中的一個機遇賺一筆錢，然後出國留學。

我問他：「你爲什麼要出國留學？」

他說：「我想增長見識。」

我問：「你想增長哪方面的見識？」

他愣住了，然後說：「因爲我現在有很多朋友都是海外留學回國，我希望能跟他們有同樣的文化背景。」

然後我問他：「你覺得那些朋友排斥你嗎？」

他說：「沒有。」

我說：「既然沒有排斥你，那爲什麼你需要擁有和他們一樣的文化背景呢？」

他又愣住了，然後說：「我覺得出國應該有好處吧。」

我說：「你要考慮到出國是有機會成本的，不僅要花費很大一筆錢，還要耗費很多精力做準備，還有你眞正到了國外後所花費的時間。所以，你出國的最終目的到底是什麼？」

他一直回答不上來，最後才不得不承認，其實他內心有些自卑，而他把消除自卑感的解決方式寄託於出國拿文憑。在這一連串追問之下，他才願意正視自己眞實的問題，去尋找解決自卑感的直接方法，而不是重複過去的模式：把消除自卑感的方法依託在外部的經歷或認可之上。

根據一個人的思考習慣，我們可以把人分爲「無反思意識者」和「有反思意識者」。追問法就是能有效幫助一個無反思意識者變成有反思意識者的方法。

無反思意識的人不會對自己的結論或行爲做進一步的檢驗，要嘛不去思考結論的合理性，要嘛忽略了其他方面。就像前述這個想出國留學的人，他並不會透徹地想清楚自己爲什麼要出國。這其實也是一種思考上的麻木，這種麻木會阻礙一個人對自我的挖掘和認知的提升。

有反思意識的人會對自己的結論和思考過程提出懷疑，這裡的懷疑並不是自我懷疑。自我懷疑是對自己的性格能力直接添加一個負面評價，而反思性的懷疑是對思考和結果的合理性、邏輯性和縝密性等方面進行檢驗。其基礎是之前我們聊到的邏輯思維，提問方式類似我對上述想留學的諮詢者所做的追問。

在日常生活中，很多人喜歡直接給對方建議，但我不太喜歡這麼做。一方面，這剝奪了他人自我分析、自我決策的自由，助長了其繼續做一個無反思意識者的傾向；另一方面，在沒有深度了解對方所有訊息的情況下，給出的建議可能並不合適。所以我經常使用追問法。它的好處是提供輔助而不參與決策，幫助對方自行找到問題的答案，而不直接給予答案。這樣可以培養他們反思的意識，進而成爲有反思意識者。

曾經有人向我諮詢，如何才能幫助精神壓力大，甚至可能有心理問題的創業者。這個人提出的一個想法是，在投資機構裡從事幫助創業者的投資後管理工作。然後他詢問我有沒有什麼實現方式。

我並沒有直接回答他，而是問他：「既然你想做的是心理方面的工作，那麼你覺得還有什麼是你能做的呢？」

然後他自己得出一個答案：他可以獲取很多心理學相關的知識，甚至考一個心理學相關的學位，來幫助他想要從事的工作。

上面都是我以追問的方式來支持對方解決問題的案例，其實追問法也很適合反思自我，只不過你可能需要扮演兩個角色，一個是平常的你，一個是會挑戰你思考和行爲慣性的鏡子。當你對一些事情感到困惑時，正是應用這種追問法的最佳時機。不斷地問自己爲什麼，可能就會發現在這些答案之下隱藏的慣性思維模式或行爲模式。

不停地用追問法檢驗自己的行爲、思想、決策、情緒背後的深層認知，就是透徹思考的一種核心方法。因此從這個角度來說，反思自己每日的所思所言所做，是一個適用於提升自我認知的好習慣。

切分法

切分法是我自己發明的方法，顧名思義就是把一種信念、觀點或情緒裡的不同元素切割開來，然後確保每個要素都具備精準性、相關性、合理性及眞實性。這種方法特別適合處理容易激起情緒的觀點和想法，或是內在已經湧現的複雜情緒。

切分法包括幾個要點：

1 釐清定義

每個人因爲自身經歷不同，對於不同的詞語可能會有自己獨特的理解，但外人對此可能不清楚，因此有時使用一些詞語或表達方式很容易引起誤解。在人際互動中，如果對方說的某個詞語讓你不舒服，不妨詢問對方這個詞是什麼意思，也許就能解開一些誤會。

我剛到北京時，聽到一些比我年長的人對我用「您」這個詞語，就會有一種受寵若驚但又很尷尬的感覺，因爲我認爲「您」是尊稱，如果使用不當可能有諷刺的含義。後來我才知道，原來北京人都很習慣用「您」。後來再有年長的人對我用「您」時，我就不會有那種感受了。

2 尋找相關性

很多時候，人們在表達或思考時並不會注意他們思考的事情是否有相關性，反而習慣性地把一些並不相關的東西放在決策裡一併考慮。切分法就是要求你把不相關的東西清晰地分割出去，以免干擾你的思考。

我以前帶過一個實習生，她畢業後進入一家大型網路公司，但工作不久後就發現工作內容和當初面試時說的完全不一致，她其實是希望學習如何做產品經理，但實際上做的都是公關宣傳方面的工作，而公司也沒有任何從零到一的專案可以讓她參與。她想換個能夠學習做產品的工作，卻又覺得老闆對自己很好，離開會辜負老闆，所以一直猶豫不決。但是，職場上的成長其實跟她與老闆的私人關係並沒有相關性，如果她工作的優先考量是學習和成長，那就無須讓私人關係成爲自己做決策的阻礙。

3 分析合理性

人們習慣從特殊事實中歸納出普遍原理，忽略了其他可能性。

比如，你幫朋友約了一個私人教練，卻沒想到朋友第一次見面就遲到了二十多分鐘。你覺得他不尊重你，讓你在教練面前很沒面子，於是很生氣。其實導致一個人遲到的原因有很多，你的朋友也許是不小心的，也爲自己的遲到自責不已；也許是他習慣性地認爲遲到是難免的，覺得遲到沒什麼大不了。無論是哪種情況，都和是否尊重你無關，你不需要擅自得出這樣的結論，可以先了解具體情況再判斷。

4 驗證眞實性

做諮詢時，我經常會碰到一些所謂的濫好人。他們特別在意和別人的關係，害怕和人起衝突，不敢做出一些可能會得罪人的事情，無論這些事情多麼微不足道。

有個女生經常幫部門的同事買便當，但從來沒跟他們收過錢，而當對方問起時，她會很客氣地說不用了。她的薪資並不高，每個月幫別人買便當也要花好幾百元。

她問我：「顧老師，我幫別人買便當總不好意思跟別人收錢，我擔心別人可能會因此覺得我小氣。」

我說：「你不問怎麼知道呢？」

她依然擔心。

於是我說：「要不下次幫同事買便當時，你找其中一個你最不擔心的人問問，突破自己的舒適區？」

她同意了。

後來她很高興地告訴我，她同事的回饋很好，因爲同事其實也有點不好意思一直不給錢，說開了，大家的關係反而更近了一步。

這其實是一個透過驗證眞實性來打破信念體的故事。這個女生在人際關係中有很多關於對方的假設，因而形成了錯誤的信念。比如，跟別人收錢，別人就會覺得她小氣，跟別人要錢是不禮貌的行爲等等。只有當她得到眞實的回饋後，這些假設才能打破，她也才能放下心來做自己想做的事情，不用活得那麼彆扭了。

總結一下，用切分法來分析事情的過程可以分爲三個階段：定義、反駁、重塑。

「定義」就是把這件事情中的相關概念理清楚，把不同的概念分類區別開來。

「反駁」就是透過對相關性、合理性和眞實性的檢驗，打破之前未經驗證的假設和武斷結論。

「重塑」就是根據前兩個步驟得出的結論，重新定義一個更適合自己的概念，打破原先的信念體，在底層架構上獲得解脫。

接下來我會分別用追問法和切分法來解析我的底層恐懼。

追問法案例：我為什麼刻意追求獨特？

在認知破圈的過程中，你需要學會真實地面對自己的一切，不斷用追問法做更深的挖掘，甚至需要挑戰並打破自己的防禦機制。這裡，我對自己放不下的一個執念做了深度剖析，不斷打破自己的保護機制，最後和自己達到一種深度和解。（括號裡標注的是我對相關思考做的點評。）

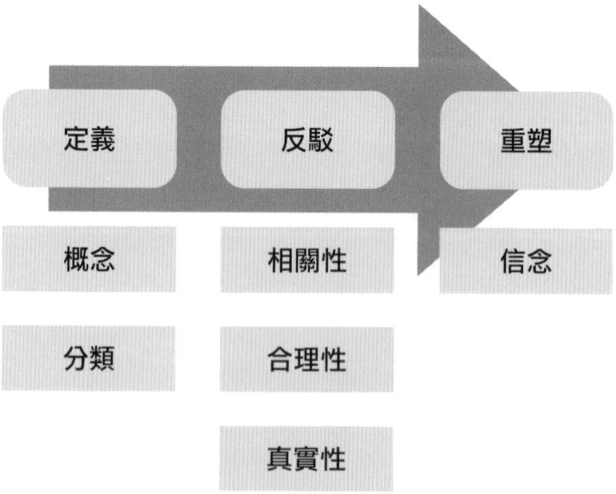

▲ 應用切分法的三個階段

在上飛機回國之前，我極度沮喪，一個人在休息室裡哭泣。（這時的我完全被情緒體掌控。）

起因是，半小時前，我和同行的一位老師說了自己對去年發生的一些事情的擔心和害怕，老師問我到底害怕什麼。

我想了想，覺得是邪惡。

老師問我：「這個詞最早是什麼時候出現的？」（老師提了一個很關鍵的問題。使用追問法時，提出的問題好壞也會影響結果。）

我想了想，這是一年前有個很信任的朋友告訴我的。我也聽別人說過這世界上有不能用科學解釋的邪惡，但是並不相信。可是對方是我很佩服和信任的人，再加上我遇到的一些奇奇怪怪的事情，所以我就信了。

談到這裡的時候，我有點尷尬了。我意識到自己沒有深度思考就相信了別人，同時因爲這些奇怪的事件，我在大腦裡聯想到更多可能和這完全無關的東西。（透過邏輯性來驗證別人的消息是否可靠，進而得出新的結論。）

爲什麼會這樣聯想呢？因爲這更多的東西，說出來會讓我覺得自己很特別，和一般人不一樣。

這時老師好像看穿了我的內心戲，說：「你特別在意你的獨特性。」

我心裡開始有點不舒服了，因爲我以爲自己已經放下了對獨特性的執著。（這是由信念體引發的情緒。當時我的假設是我已經不在乎獨特性了。）

我去年做了一個非常痛苦的思維實驗，我發現自己對於獨特性的追求逐漸嚴重影響我的行爲舉止，讓我的情緒容易產生波動。

我知道我的自我價值體系的支柱來自獨特性和意義感，有一天，我嘗試放下對獨特性和意義感的追求。我的自我價值體系在那一刻崩潰了，我突然覺得自己什麼都不是，什麼都沒有，陷入深深的恐懼之中。我開始哭泣，雖然絕望，但奇怪的是，我不覺得自己需要放棄生命，似乎遠方還有什麼東西吸引著我。當我最後從極端的絕望中走出來後，我對生活有了更深的感悟，比原先更能接納自己的平凡。

但現在我知道，我並沒能完全放下。

我開始想爲什麼自己老是放不下對於獨特性的追求。於是，追問法開始了。

問：我爲什麼放不下獨特性？

也許我還是想擺脫父母的影響，活出自我？

也許我處理原生家庭問題的方法就是獨闢蹊徑，在獨特性上建立自我價值感？

也許我還沒能完全放下原有的自我價值觀體系，依然在靠獨特性和意義感來獲取我的存在感知？

但我隱隱覺得這些都不是深層原因，因爲這些覺察並沒有讓我放下追求獨特性的心。如果找到了深層原因，那麼我應該可以放下它。

有追求的心不可怕，可怕的是過分追求，那就變成執念了。

我覺得即使我完全和母親和解了，讓她的愛流遍我的心，我依然有可能會過度追求獨特性。

問：原因到底在哪裡？

有同學和我說，每個人都在追求獨特性，這沒什麼不好的。

我一開始覺得他說得對。但是我後來想想，獨特性應該是果，不是因。（不盲信他人，是透徹思考的一個準則。）能夠純粹地投入並享受一件和別人做得不一樣的事情，這種獨特性是無意識的、自然的，是源於對過程的享受。而刻意追求的獨特性則是有意識的，一旦刻意，就很難拿捏，就會像我這樣一不注意就過火，開始編寫各種故事腳本來豐富我在現實中的體驗，並沉迷其中而不自知。

在對周邊奇特事件的解讀上，我創造了一個光怪陸離的世界，失去了客觀性。而由獨特性建構起來的「小我」，在這種想像的養分中越發揚揚得意。

我又一次與現實世界脫離，我的才華用在錯誤的方向。我原本可以用這種想像力來寫作，而我卻用它來編織荒謬的人生腳本並沉迷其中。

深深的挫敗感衝擊著我，我以爲自己在過去兩年的努力自省和反思有了效果，可是那些舊的、不好的習慣又出來了。

我好難受。（很多時候，發現自己的信念體也會引起情緒波動，這是認知突破的開始，因爲知道盲點總比不知道更有助於解決問題。）

問：爲什麼會難受呢？

深入挖掘，這種挫敗感雖然有委屈不甘，但還有一種我很熟悉的恐懼——自己不夠好。（這是一個比較底層的信念體。）

有些方面我雖然強一點，但還不足以讓我成爲心靈上的強者，而我在世俗層面上又不夠成功。我兩邊都不夠好，我不喜歡這種感覺。

我打電話給一個好朋友，說了我的感受。他聽完後說：「我很理解你這種感受，就好像哲學界有康德，也有沙特。康德可以說是才華橫溢的天才，而沙特不是天才，他只是不斷地努力，因此作品會有刻意感。而我不喜歡這種刻意感，也因此不喜歡沙特。但是背後眞實的原因是，我害怕自己最好也只能做到沙特的水準。」

我說：「是的，我不知道自己爲何這麼恐懼失敗，恐懼一無所有。儘管我很多時候能保持平和、自在的狀態，但這深埋底層的恐懼一直沒有消失，時機一到又出現了。」

朋友說：「你對失敗的恐懼，其實是你對於過度批判自己的恐懼。你不夠愛自己。」（有時候，找個思辨能力強的人可以很輕鬆地擊中你問題的核心。）

這句話擊中了我。

問：爲什麼我會自我批判？

我極其頑固的一個模式就是進行自我批判。一方面，這讓我有了比較深刻的洞察力和精進的動力；另一方面，這構成了我不可動搖的底層恐懼來源。

這就像是一個特別牢固的負向循環：每當我覺得自己做得不夠好時，我會極度責備自己，我對自己的不耐煩、苛刻和不包容，導致我內心極度痛苦。而我因爲不想這麼痛苦，就極度恐懼失敗。一旦失敗，這種痛苦模式就會開啓，因此我會極力避免失敗，於是就做出很多爲了避免失敗刻意爲之的行爲。（這是一個由「我不夠好」的信念體、過往失敗形成的記憶體和痛苦的情緒體組成的封閉式結構。）

問：儘管我失敗了，但我不會怪罪自己，那麼我還會害怕失敗嗎？

答案是我不會。

我最底層恐懼的來源是我對自己的不寬恕。當我沒有意識到這一點時，我的底層恐懼是不可動搖的，當我意識到這一點時，這個結構就不再牢固了。

問：如何拆除這個結構？（這裡只是拆除了，後續還需要持續練習才能形成新的認知結構。）

拆除這個結構很容易。半杯水，你可以當它是空的，也可以當它是滿的。我在兩個世界裡都不是很強，但我也能夠以平常人的心態去享受兩個世界各自的美好。

漫威電影經常說，能力越大，責任越大。我既然不是能力最突出的那一批人，那麼就開開心心做個普通人，讓有能力的人去承擔更大的責任。我沒有必要用一個自己完全達不到的標準來衡量自己。對自己的能力天花板要有清晰認知，是我一直在教別人的，但是我卻看不到自己也犯了一樣的錯。

寫完上面這句話，我覺得我可以把「自己還沒能做到」這一句去掉，因爲意識到了就是做到了，做到了就沒必要繼續批判自己了。

六個深度追問，讓我發現自己內在不合理的認知結構，這就是追問法的魅力。

切分法案例：別人不接納我怎麼辦？

上面我用六個追問找到了我底層恐懼的基礎結構：因爲不能接受自己的失敗，從而害怕失敗，進而追求獨特感來避免失敗。這背後是一種對自我的不接納。是否還有其他我不接納的地方呢？我用切分法繼續分析。

首先，我需要定義「不接納」，看看它包括了哪些東西。（這是切分法的第一步：釐清定義。）

不接納包括自己對自己的不接納和他人對自己的不接納。我用追問法分析的是自己對自己的不接納，所以下面我需要檢視他人對我的不接納。

我是否也恐懼他人的不接納？

自我批判當然也包括了對他人不接納的恐懼。

這部分可以用切分法來進一步詳細定義，或者說，給我恐懼的「他人」做出定義和分類。

「他人」可以分爲我認識的人和我不認識的人。如果是我不認識的人，他是否接納我，其實和我沒什麼關係。因此，我恐懼的「他人」應該是我認識的人。我認識的人裡包括我在意的人和我不在意的人。我不在意的人不接納我，我也不會介意，所以我恐懼的是我在意的那些人。

我在意的人當中，肯定也會有一部分人接納我。那一部分不接納我的人，可能是因爲他們對我的行爲有誤解，或是沒有接收到充足的訊息。在這種情況下，透過充分的溝通也許可以讓他們接納我，那麼唯一不接納我的就是經過溝通仍不接納我的人。（這裡其實是做了一個相關性的檢驗，檢視不同的人群和我這個命題之間的相關性。排除不相關的，把原先龐大的人群縮小到極度細分的人群，這樣你需要處理的對象就少了很多，負擔也小了很多，同時也能夠提出更加具有針對性的解決方案。這也是有效緩解情緒體的方法，因爲很多時候情緒體的出現，是因爲我們把太多東西打包在一起看待，因此非常容易產生情緒。切分法則能排除不相關的事物，讓情緒的起因減少許多。）

對於別人的不接納，你有幾種解決方法：要嘛改變自己，要嘛改變別人，要嘛去找其他接納你的人，要嘛不在意別人對你的不接納。

每種解決方法的效果不同，效期也不同，但都能在當下消除對他人不接納自己的恐懼。

這麼一切分，把不相干的人去掉，原來很恐懼的東西好像就變得很小，也沒有那麼可怕了。

對自我的不接納，除了介意他人的看法，還有一點是來自「我不夠好」這個信念。

那麼切分一下，我們需要定義「好」是什麼。「好」有世俗的「好」和內在的「好」，或者說外界定義的「好」和我自己覺得的「好」。對於一個渴望活出自我的人來說，有些外界定義的「好」是不合理的，因此可以排除這個「不合理」的選項。（合理性是一種邏輯判斷，其前提是有判斷的標準，在這種情況下，判斷的標準是我的內在價值觀和對理想自我的定義。）

我在意的是自己有能力去體會內心世界的圓滿安詳。也就是說，無論外人看起來多麼糟糕，我自己心裡覺得好就行了。

當然，有人會說，這是自我安慰。自我安慰是明知道不好，卻自我催眠說好。自我圓滿是沒有覺得好或不好，因爲不在意別人的看法。

即便我一定要拘泥於好或不好，也可以透過自己的定義而非他人的定義來判斷。

我自己定義的好是內在的平靜，而這是可以透過自我調節獲得的。

很多人追求錢、權、影響力、別人的認可，其實是爲了獲得內心的良好感受。如果你具備自我覺察和調節情緒的能力，那麼無論外在怎麼變化，你早就已經在終點了。所以這個答案就很有意思，我越是追求世俗的好，就越覺得自己不夠好，因爲世俗的那些好我並不一定具備。但如果我去增加對我內在平靜的感知力，我反而直接達到了很多追求世俗那些好的人的終極目標。這是因爲企圖透過金錢、婚姻、影響力等獲取快樂的方式都是間接的，一個人擁有直接得到快樂的能力，是可以「立地成佛」的。（這裡其實驗證的是一個論點的眞實性——不依賴金錢等外物，一個人能否擁有直接得到快樂的能力。）

在一個全球絕大部分人都能吃飽的年代，其實誰都能活得很好。即便吃不飽，也沒有人能剝奪你感知快樂的能力，除了你自己。錢、權、影響力等很可能都不是最終目的，只是工具。

除了找到直接獲得快樂的方法，我還可以分析不快樂的根源在哪裡。如果是來自沒有獨特性，我還可以透過改變對於「獨特性」的解讀來達到目的。（這裡是對釐清定義的另一個應用，用了重塑自己的信念，在後續章節會看到，這個方法對於打破信念體相當有用。）

獨特性可以怎麼重新定義呢？

生命有很多面向，當你永遠比較同一面向時，你和別人都是相同的；當你學會比較不同面向時，你和每個人都不一樣。從整體性來說，每個人都是獨一無二的，如果你只看一處，那麼每個人都是大同小異，那就只能透過比較來區分了。

比如說，一個人去過二十個國家，一個人去過六十個國家，如果以國家數量爲標準，後者勝出。但是第一個人去的國家都是很少人會去的，如果以稀缺性爲標準，那麼前者勝出。

如果再將性格、興趣、工作、家庭、價值觀等因素考慮進去，那麼每個人都很獨特。你是一個外向的人，去過二十個國家，喜歡在每一個國家長時間待著。我是一個內向的人，去過二十個國家，但我只看主要景點和博物館。這兩種情況就各有各的獨特性。

從數學上來說，參數一多，排列組合的結果就會以幾何級數增長。世界上有七十多億人，從數學角度看，每個人輕輕鬆鬆就具有獨特性。一個事實就是，看的視角不同，結果完全不一樣。所謂獨特性，換一個視角就有了，根本不需要刻意追求。

我之所以不滿足，是因爲我的視角太單一了。想到這裡，我感受了很久，發現我的底層恐懼消失了，我落地了。

把認知內化爲能力的高手會做這樣的實踐

威廉·艾倫·懷特說過，人的習慣性思維便是他的生活態度，這種理念會在無意識中影響到他和周圍環境。

限制我們認知的情緒體、記憶體和信念體，就是三種習慣性的思維和情緒模式。當我們透過「深刻的體驗」發現自己認知上的問題，應用「透徹的思考」找到解決方法和形成新的認知時，我們還需要「持續的實踐」來內化這個新的認知。換句話說，持續的實踐可以讓我們從「有意識、有能力」變成「無意識、有能力」。

既然我們的認知會被很多壞習慣影響，那麼改掉一個壞習慣需要多久呢？麥斯威爾·馬爾茨教授在《心理控制術》中提出，只需要二十八天就可以改變習慣。

但是爲什麼很多人改變不了生活習慣，更不用提思維上的習慣？這是因爲要改變習慣或養成新的模式，是需要科學方法的，我們需要遵循精進的五個要素：

1 清晰的目標
2 已經被驗證的提升方法論
3 超出當下能力範圍的練習
4 全力投入
5 及時的回饋

很多人會把努力和精進混淆。努力指用盡力氣去做事情，只要檢視這五個要素，你會發現努力只囊括了裡面的第三點和第四點。精進的結果是你比之前做得更快、更好、更深、更專業，而盲目的努力不一定會帶來這樣的結果。

這背後其實是效益的問題。比如，透過死記硬背，我三十分鐘可以記下六個單詞，但如果我要精進它，

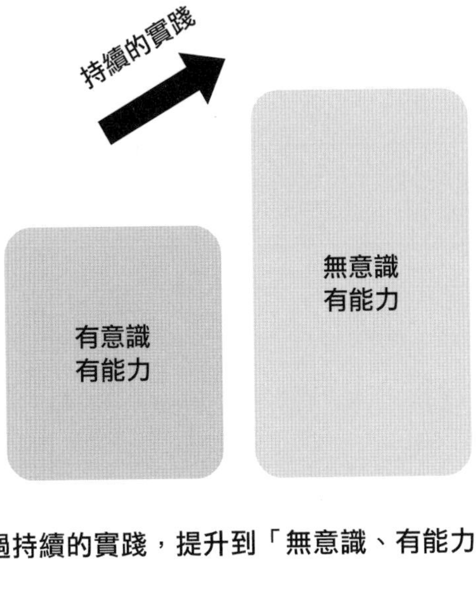

▲ **透過持續的實踐，提升到「無意識、有能力」階段**

我可能會花三十分鐘研究快速的科學記憶法，然後花十分鐘記下這六個單詞，而且以後需要記任何單詞都能比之前快。

你可以很努力，但是缺乏以上任何一個要素，都難以獲得精進。

精進的五個要素

讓我們具體看看如何透過精進來突破你的認知吧。

1 設立清晰的目標

透過深刻的體驗，我們會發現希望改變的自己身上的一些盲點，比如，改變自己濫好人的行爲，從而不用違心地做出妥協。

但是，這並不是一個清晰的目標。我們需要把濫好人的行爲一一列舉出來，然後選取其中最重要的一種來做出改變。

怎麼定義一個行爲是否重要？這取決於你設定這個目標的初心。如果你的初心是不再委屈自己，那麼你可以分析，在這些行爲裡，哪個行爲會讓你最覺得委屈了自己。這個行爲可能是發生次數最多的，也可能是發生次數不多，但一旦發生就讓你特別難受的。你可以列五到十個，然後從中選擇。不需要列太多，因爲太多了你就無法專注去改變，效果反而不好。

以下是一個有濫好人特質的學員的行爲列表（請注意，在列出相關行爲時，情境和對象一定要明確）：

- 無論自己有多忙，都無法拒絕同事請我幫忙的要求。
- 幫別人買東西後不好意思要錢。
- 即便不同意別人的觀點，也不敢提出。
- 如果別人有情緒，我就會覺得是我做錯了，無論是否和我有關係。
- 不好意思因爲自己的事情去麻煩別人，比如，不好意思要求加薪。

以上幾項當中，最讓這個學員困擾的是第一項，因爲耗費了他大量的時間。我們就可以把改變第一項作爲目標的基礎，然後根據SMART原則清晰定義這個目標：

具體的：在我今天無法完成當日工作時（具體的情形），如果同事（具體某個人）請我幫忙，我會拒絕他。

可衡量的：因爲剛開始可能會比較困難，所以我設定每週拒絕一次。

可達到的：一週拒絕一次我覺得是可行的，如果每次都拒絕我可能就做不到了。

有相關性：當我自己的工作極其忙碌時，我拒絕別人才能好好完成自己的工作。

有截止日期：在本週內我就需要完成一次拒絕。

透過以上分析，我們列出了一個清晰且可執行的目標，爲完成改變打下良好的開端。

2 運用已經被驗證的提升方法論

要解決不同問題，需要不同的方法論。我們在這一章講的是突破認知局限的基礎方法，後面還會針對情緒體、信念體和記憶體做更具體的闡述。所以，進行到這一步，我會建議你除了參考書中提到的方法，也可以自行去搜索和研究針對你的具體問題的方法。比如，要提升記憶力就去研究快速記憶法，要提升閱讀速度研究快速閱讀法。同樣地，要學會拒絕別人，可以參考關於溝通的各類書籍，比如《開口就說對話》等，多方面訊息蒐集，找到適合你且經過驗證的方法。

3 進行超出當下能力範圍的練習

一個人的目標設定其實可以分爲三類。一類是「舒適區」內的練習，指那些你可以輕鬆完成的練習，因此這類練習沒有挑戰性。另一類是「危險區」內的練習，指你想到就會心驚肉跳的練習。因爲這類練習太過有挑戰性，反而會增加執行的難度，所以建議制定超過舒適區一五％的目標，即「突破區」的目標。

比如，對於上述改變濫好人行爲這個目標來說，偶爾拒絕一次是在舒適區，每次都拒絕是在危險區，而一週拒絕一次可能就是突破區了。因此我們會制定超出舒適區的目標，也就是一週拒絕一次。

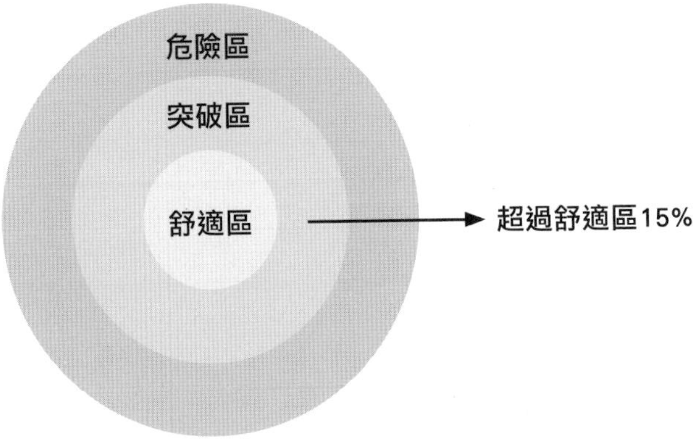

▲ 三種目標設定

4全力投入

要全力投入就需要專注。設定目標時之所以只選取一個，也是爲了讓大家更專注於目標。如果想學習更多關於提升專注力的技巧，可以參考喬爾根·沃夫寫的《專注力》，書中提到了很多鍛鍊專注力的技巧。

5用及時的回饋來助力

精進的最後一個步驟是及時的回饋。這一步背後的原理很簡單，人既然能形成習慣，也能透過形成新的習慣去打破舊有的習慣。但是，要養成習慣必須有驅動力，而及時的回饋就是有效的驅動力來源。

基於驅動力性質的不同，有下面兩種方法來實現改變。

第一種方法是基於**負向的驅動力**，比如虛榮感和羞愧感來實現改變。

具體操作是公開向大家宣布你想要改掉的一個習慣，讓周圍的人督促你。當他們看到你重複了這個習慣，就會善意提醒你。時間久了，你會因爲持續接收到這種外部的負面回饋而產生羞愧感，逐步改掉那個習慣。這也是爲什麼參加認知提升課程對於改變固有習慣很有用，因爲你會在一個密集的環境裡受到反覆刺激和提醒，進而意識到你的這些壞習慣。在這樣的環境中，很多人甚至能在一、兩天內改掉長期以來的負面暗示行爲。

如果想改掉濫好人的行爲習慣，你可以請周圍的同事來測試你，看你是否會拒絕他們。如果你沒能拒絕，他們可以提醒你下次要拒絕。

第二種方法是透過**正向暗示法**，也就是基於正向的驅動力來實現改變。正向驅動的來源可以是外在的，也可以是內在的，如果源於外在刺激，你需要一個願意幫助你成長的合作夥伴，可以是你的伴侶、最要好的朋友或親人。他們需要做的是，當你每次基於新的習慣做出行動時，給予你鼓勵和稱讚。時間久了，這些鼓勵和稱讚就會成爲你內在的動力，最終讓這些新的習慣內化到你本身的機制之中。

從某種角度上說，這和寵物培訓師訓練寵物是一樣的。如果你要訓練一隻小狗學會握手，那麼當牠每次完成這個動作時，你就獎勵牠一塊好吃的，時間久了，牠就會對這個行爲習以爲常。雖然人類經過了長期的演化，但是我們仍然可以利用自身的生物特性來改變自己的不良習慣。

還有一種方式可以幫助我們建立內在的正向驅動。長期從事與行爲習慣糾正相關工作的M．J．萊恩，在《刻意改變》中提出了重複提示語這種方法。

這些被稱爲提示語的話語之所以能奏效，是因爲它們可以顚覆人類頭腦中自動化的系統，幫助我們意識到正在做的事情，同時提醒我們想做的事情是什麼。

比如，當你憤怒時，可以問自己：「我在害怕什麼？」你也可以告訴自己，憤怒是錯誤的訊息傳遞方式。

如果你經常糾結或擔心別人怎麼看待你，你可以告訴自己：**我要走我自己的路，不用去管別人**。

如果你會習慣性地怪罪別人，你可以重複告訴自己：**我如何反應是我自己可以控制的，這和別人無關**。

當你不好意思拒絕別人時，可以告訴自己：**拒絕不會傷害別人**。

你可以針對自己的習慣性模式，寫出需要反覆告訴自己的話，然後每天提醒自己，當發生類似情形時就重複這些話語，你會慢慢發現它對你的效果。

就這樣，我們運用經過驗證的方法論進行突破區目標的練習，透過全力投入和及時回饋，就可以慢慢改掉原有的不良習慣了。

應用1

如何找到自己終身的職涯方向？

深刻的體驗、透徹的思考和持續的實踐，不僅能幫助我們提升認知，打破自我局限，還能幫助我們找到職涯方向。以下就是我基於這三個步驟總結出來的五個方法。

從「能力」找職涯方向

你的職涯方向必定和你已經擅長的能力相關。也就是說，你可以透過發掘自己的「可遷移能力」逐步確定職涯方向。

什麼是可遷移能力呢？先看看我總結的可遷移能力的體系吧。

按照切分法的慣例，我們來定義什麼是能力、什麼是知識、什麼是可遷移。知識和能力的定義前文已經提到，不再贅述。那什麼是可遷移的知識或技能呢？

我們先來了解不可遷移的知識或技能，這是指當我們轉換環境、職位、產業時，無法帶走繼續使用的知識或技能。例如，對於汽車結構的了解是不可遷移的專業知識，動手術和維修汽車是不可遷移的技能。有些知識和技能可以允許你換行業，但不容易換職位，比如Word、Excel、PowerPoint技能或財務知識等，這種就屬於部分可遷移的知識或技能。

我們經常見到三十多歲雇員失業的新聞，失業的人通常都只具備不可遷移的知識或技能，或擁有部分可遷移的知識或技能，他們能夠在不同環境或職位應用的能力很少，因此想再找到一份工作就很困難了。

比如一個三十五歲的工程師，如果他只會寫程式，不會做管理，而寫程式又達不到優秀的程度，那他失業後就很難找到工作，因爲對雇主來說，他的性價比不如年輕人。有時候，即便是可遷移的技能都可能會過時，比如以前的打字員這個職業，就在社會變遷中被淘汰掉了。

如果一種能力可以允許你從一個職位轉到另一個職位，或從一個產業跨到另一個產業，這種能力就叫可遷移能力。

可遷移能力可以分成三個階段：初階、中階和高階。

初階的可遷移能力通常是單一能力，例如，在學生社團活動中負責和其他社團接洽、跟贊助商溝通的學生可能具備較高的溝通能力，那麼他從大學轉到職場時就能發揮這項技能優勢，選擇銷售或業務等需要溝通能力的職位。初階可遷移能力還包括想像力、共感力、觀察力、執行力、推理力、分析力、表達力等。

這些能力對於應屆生或工作一到三年的職場新人來說是非常有用的，因爲我們能藉由經過驗證的方法論有效提升這些能力。提升這些單一能力，職場新人就能快速積累成績，並爲後續提升複合型能力打下基礎。

因此，僅僅具備可遷移能力還不夠，還需要不斷提升這些能力，直到我們可以很輕鬆地運用，這時能力整合就會發生。

能力整合是指可以自如地同時運用不同的能力。這些能力整合後就會變成中階可遷移能力。比如影響力就是一個中階可遷移能力，根據不同場景，它可以分解成若干個單一能力。

假設你是一名銷售員，當你賣給客戶產品時，你需要去影響對方的決策，這時候你可以用的單一能力包括共感力、溝通力、表達力、故事力和分析力。具體來說，你經由共感體會到對方的需要，同時分析出這筆生意能如何滿足對方的需求，然後透過恰當的溝通方式表達出來，輔以生動的案例故事。這些單一能力之間的配合應用產生了影響力，幫助你完成了銷售任務。

在可遷移能力體系裡，我們像蓋房子一樣一層層蓋上去，知識和技能構成能力，單一的初階可遷移能力可以整合爲複合型的中階可遷移能力，中階可遷移能力可以整合爲高階可遷移能力。

有一種高階的複合型能力叫產品思維能力，指的是能夠從第一原理的角度去思考事物和產品的本質：客戶眞正的需求是什麼？產品設計的主體脈絡是怎樣？此外，還需要考慮實際情況和資源，用最有效和可行的辦法設計出完成路徑。這個高階能力就包括了設計力、洞察力、組織力、管理力、執行力等中階和初階的可遷移

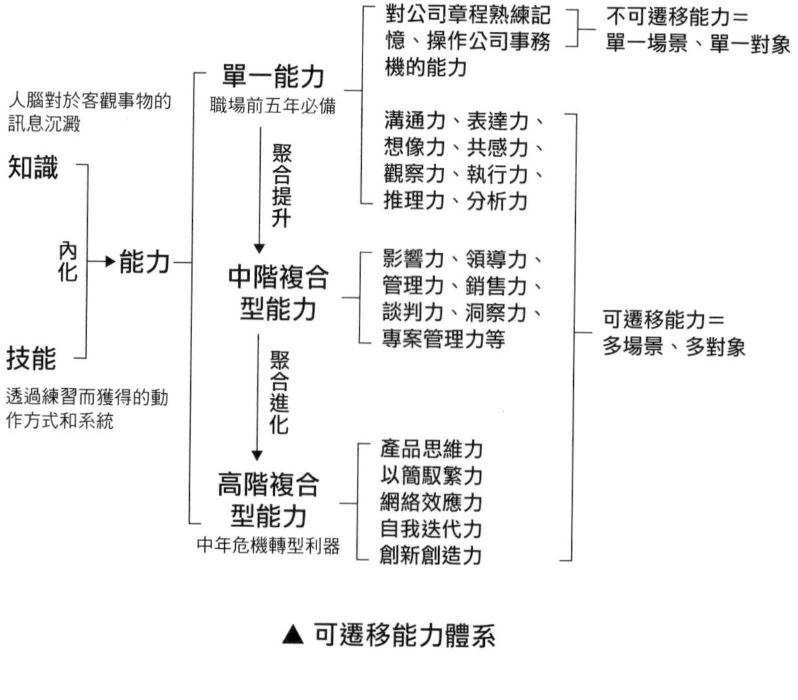

▲ 可遷移能力體系

能力。

總結下來，可遷移能力體系可簡單概括如右頁圖。

了解這個體系之後，很多聽起來很複雜的能力，比如領導力、影響力，就不再神祕了，掌握它們的路徑就變得清晰許多。因爲你不僅知道它們是由什麼樣的積木（初階可遷移能力）搭起來的，還知道如何製作這些積木。只有不斷地把低階可遷移能力整合爲高階可遷移能力，在職涯穩定期的你才能繼續攀升，一步一步縮小和頂尖人才的差距，搭建屬於你自己的能力壁壘。

那麼如何找到自己的可遷移能力呢？以下幾個步驟會有所助益：

1 把自己印象最深刻的三至五段實習經歷或工作經歷羅列出來。（深刻的體驗）

2 思考在每一段經歷中你的職責是什麼，負責了哪個領域，完成了什麼事情，獲得了什麼成果。（追問法）

3 根據你負責的領域，細想你運用了哪些能力。（透徹的思考）

4 把總結出的能力寫在紙上或記在備忘錄裡。

在此把常見的初級可遷移能力分組：

與**人**相關的：共感力、觀察力、表達力、溝通力
與**處理問題**相關的：執行力、推理力、分析力
與**創新創意**相關的：想像力、觀察力、表達力

有的能力，比如觀察力，可以應用在不同場景，所以會出現多次。

你可以分析目前自己具備的可遷移能力主要在哪幾組，這能幫助你確定職涯方向大致會落在哪裡：是與人相關的職務，比如銷售、業務拓展；還是與事相關的職務，比如專案執行；還是與創新創意相關的職務，比如設計、用戶體驗等。當然，有的人會有不同的能力組合，適合一些更綜合性的職位，比如活動策畫、專案管理等。

你還可以去求職網站查看熱門職位的需求，分析這些職位需要哪些能力，如果和自己具備的能力相符，你就可以考慮以這些職位作爲職涯方向。

你也可以透過人脈資源幫你進行職業配對。很多人來找我諮詢的過程中，我會幫他們分析自身所具備的可遷移能力，告訴他們在我了解的幾個產業裡，哪些職位可以用上這些能力，這樣他們就有了更多的思考方向。你也可以詢問身邊從事不同產業的朋友、同學或親戚等，請他們想想你的能力適合哪些產業，幫助你確定一些方向。這種不斷的調查研究，也是持續實踐的方式。

從「興趣」找職涯方向

光有能力還不夠，你還可以透過自身的興趣愛好來確定自己想進入哪些行業：如果你對新科技產品感興趣，那麼你可能適合高科技產品類公司；如果你感興趣的是透過和他人聊天而深入了解對方，那麼你可能適合做人物記者；如果你對拍攝記錄感興趣，那麼你可能適合做影片；如果你對整理東西感興趣，那麼你可能適合做專案管理。

因此，請你回憶自己最感興趣的事情，看是否有哪些行業或職務與此相關，這些行業和職務就值得你後續深入了解。你也可以回憶自己最驕傲、自豪的事情，因為這些事情往往是你有興趣再次做的。

不過，我們需要注意一點，能力是恆量，但興趣是變量。變量指的是什麼？它會變化。也就是說，興趣會消失。我之前最大的興趣就是看漫畫，但是後來迷上了小說，對於漫畫的興趣就逐漸消失了。

所以，以興趣來確定職涯方向也有一定的風險，畢竟興趣不一定是持久的。

當興趣不能倚靠，或者你沒有明確的興趣愛好時，怎麼辦呢？你可以抓住每一個能應用到你當下可遷移能力的機會去體驗，從中深入挖掘與職業相關的興趣點。

舉個例子，我在高中時沒有明顯的興趣，但是我書面表達能力很強，所以高中畢業後我做了份記者的實習工作。大二時，因爲學理工，對數字比較敏感，分析能力也不錯，於是我又做了金融業的分析師。大學畢業以後，我一開始在投資銀行工作，然後轉去做資產管理，還做了管理顧問，後面又做了遊戲設計。

爲什麼要嘗試這麼多？

我每一次的嘗試並非盲目的，每一次的嘗試必定能夠用到我具備的可遷移能力。與此同時，我會發掘和培養其他可遷移能力。在投資銀行裡，我鍛鍊了分析力，又培養了對產業的洞察力；在做資產管理時，我用到了這兩項能力，同時培養了專案管理能力。我基於洞察力和分析力拿到了管理顧問的實習機會，而在做管理顧問的過程中又鍛鍊了演講能力。就像滾雪球一樣，不同的經歷讓我慢慢構築起自己能力的壁壘。

另外，每一次的嘗試都可以讓我剔除一個自己不喜歡的產業。我會分析我到底喜歡什麼產業、不喜歡什麼產業。三段金融產業的工作經歷讓我意識到：金錢上的交易對我沒有吸引力，而且我也不是一個很有耐心的人。這意味著未來我要做的事情都是快節奏的，而且是和聰明人合作。一段段經歷積累下來，我越來越清楚自己喜歡和適合什麼樣的工作：我喜歡有創意的工作，我希望看到我做的事情能對個體產生影響。

這就是爲什麼我後來去了遊戲產業：一個快節奏、需要創意又離用戶非常近的產業。

請回想你的每段經歷，並嘗試從中總結出你喜歡或不喜歡的東西，進一步發掘你的可遷移能力和職業興趣。這樣，你會有很多線索找到你期待的職涯方向。

從「特質」找職涯方向

一個人適合的職涯方向也可以從他的顯著特質來推導。爲什麼我只說顯著特質，而不說優缺點呢？

這是因爲如果應用的場景不對，一個人最大的優點也可能是他最大的缺點，而用顯著特質這個中性詞語來描述，則不會面臨這種尷尬。你的優缺點如同一枚硬幣的正反面。舉個例子，有個創業者沿著一個很少人看好的方向死拚，堅持了十七年。如果最後他成功了，大家會說他堅持不懈（現實生活中馬雲就是這樣的人）；如果最後他失敗了，大家會說他頑固不化。其實這個人具備的特質是同一個，就是看準一個方向不放棄，但爲什麼大家會給予兩極化的評價呢？這是因爲人們習慣根據最後結果的好壞來倒推，給相關特質貼上或好或壞的標籤。

舉個例子，我小時候就讀過很多邏輯學方面的書，雖然我是女生，但我的邏輯推理能力比一般男生還要強，因此當他們在論述觀點時，如果中間有邏輯跳躍，我很容易就能辨析出來。很多人對於自我認識有邏輯上的不一致或不連貫，導致他們產生錯誤的人生信念和觀點。因此，當我幫他們把這些抓取出來後，他們就會發現自己的問題所在。這就是我極度理性的特質適合的應用場景。

看到這裡，如果你認爲極度理性是我最大的優點，那你就陷入了片面觀察事物的誤區。我教授的認知突破課程，很多時候需要處理人們崩潰的情緒，如果這個時候我依然理性地分析，那就無法解決問題。人陷入情緒時是完全聽不進理性分析的，這時的極度理性只會把事情變得更糟糕。在這種情境下，我要應用的是我極度感性的那一面。我要去體會他們的感受，共感和同理他們，有時候甚至要陪他們一起哭。在另一些情況下，有的人會拉不下面子表露恐懼或自卑，這時我也得用感性的一面去感知他背後的想法和情緒到底是什麼，他眞正需要的是什麼，才能幫助他突破自己的局限。

所以，我們無須直接給自己的特質貼上一個優點或缺點的標籤，而可以做中性的描述。比如，不用「堅持不懈」或「頑固不化」這樣帶有情感色彩的詞語，而只是把這個特質描述爲「遇到事情不容易放棄」，然後去思考這樣的特質在什麼情況下會給你帶來好或不好的結果，你才能好好發揮這一特質的優勢，避開容易造成不好結果的場景和應用對象。這才是眞正意義上的揚長避短。

我曾經面試過一個成功的房地產開發商。他說他最大的缺點是經常借錢給別人，還經常遇到借錢不還的情形，他因此感到很痛苦。我們又聊了他的優點，他一開始說自己的優點是勤勞、刻苦、踏實、能幹，但是挖掘到後面就發現，他最大的優點是容易得到他人的信任。這一方面是因爲他的親和力，另一方面是因爲他不會拒絕別人請他幫忙的需求，也因此累積了一些對他事業相當有幫助的人脈。

我幫他做了很簡單的爬梳。他有一個顯著特質，就是不太會拒絕別人的求助。那麼，我們來檢視幫助別人有哪幾種情況。一般有三種：一種是在金錢上幫助別人，比如借錢；另一種是在人脈上幫助別人，比如介紹相關的人或人脈；還有一種是在事情上幫助別人，比如串聯相關資源，推動事情的發展，提供建議等。

那位房地產開發商目前最大的困惑是，當他把這個特質應用在金錢方面，他會感到很痛苦，因爲別人經常借錢不還。但是應用在人和事方面，他這個特質就帶來了很好的回報，讓他擁有廣大的人脈，生意越做越好。因此，他以後需要做的就是不在金錢方面應用這個顯著特質，但繼續應用在人和事方面，如此就能揚長避短了。

那位房地產開發商聽了覺得很有道理，因爲他有著愛幫助別人的特質，無法不借錢給別人，所以他以前會極端地把借錢不還歸咎於別人的品格問題，從不在自己身上找問題。經過這樣一番釐清，他發現在這方面，他對自己品格的定義過於古板了。他可以只在人和事方面幫助別人而不借錢，依然能定義爲善良且願意幫助別人的人。

透過這個案例可以看到，當你對自己的顯著特質和應用場景做深度分析後，你甚至有可能糾正自己的信念體。當你能從這些束縛性的信念中解脫出來，你在爲人處世上可能會變得更靈活，選擇也會更多。

分析出自己的顯著特質之後，就可以根據與其相關的應用場景來分析自己適合做哪個領域的工作。

這位房地產開發商如果將不拒絕別人的特質應用在錢的方面，比如借貸，那麼他很有可能會出現極高的呆帳率，甚至可能因此破產。但是他若將其應用在房地產領域，比如透過幫助別人而拿到價格低廉的土地，就能在事業上大展宏圖。

如果你對手中的兩份工作猶豫不定，不妨分析你的顯著特質更適合哪份工作，答案就會很清楚了。我當年拒絕了風險投資方面的工作機會，就是因爲考慮到我其實是一個內向的人，不太願意天天去社交，而風險投資的入門工作需要大量的社交，我會做得很勉強和痛苦，很高機率會做不好，還不如不去。

再舉個例子，爲什麼我適合教授自我認知課程？那是因爲我有個顯著特質：我是一個極度理性又極度感性的人，在自我認知領域如能恰當地應用這兩種特質，會有很好的效果。比如，我可以很理性地幫助別人分析問題，當別人產生情緒時，我又能感性地疏導他的情緒。

另外，我還有兩個配套能力：一是洞察力，能夠透過表面的現象抓到背後的核心要點，有助於深度剖析；二是對於問題的拆分能力。我很善於把一個議題拆解成可執行的步驟，這也是我以前做產品經理或營運長這類職位得心應手的重要原因。這就是自己的顯著特質、能力與職位較相符的結果。

如果能夠結合顯著特質和能力，就能更清晰地定位自己的職涯方向。在這裡，我們要再進一步對能力做精準定義。

我們找出來的很多顯著特質，其實也包括和工作相關的能力。比如：我是一個很容易讓人信任的人、我是一個溝通能力很強的人、我是一個會開玩笑的人。

但是，這些句子都不是對能力的精準定義。一般人對於自己能力的定義其實是非常籠統的，比如很多人會說自己是溝通能力比較強的人，卻不去區分自己是在什麼情境下、面對什麼對象時才具備厲害的溝通能力。這樣籠統地看待自己的能力就容易犯下應用不當的錯誤，就像前文房地產開發商對於自己顯著特質的不當應用。因此，我們需要用切分法對能力做更精準的定義。

舉例來說，很多人認爲我是一個溝通能力很強的人，但是坦白說，我只能在以下幾種情境展現出很強的溝通能力。一是，一對一的深度諮詢，而且諮詢的話題需要和自我認知或個人的認知盲點及誤區相關。二是，一對多的講課，話題也必須是我有所涉獵的。三是，一對多的演講，但是需要經過精心的準備。

很多人認爲我的溝通能力展現在我隨機應變的能力上，但其實只有在涉及我比較熟悉的領域時，我才能隨機應變。遇到大型社交場合，比如雞尾酒會，我就不太知道該如何回應。所以我很多朋友會注意到，在社交類飯局上，我通常都不太說話，只是默默地當一個傾聽者。這就是對能力的應用場景和應用對象的分析。

還有一個需要被定義的要素是能力本身的特質。我曾經在新浪微博做過一次直播，一同參加直播的是一位溝通能力比較強的姊姊，她曾經在世界五百大企業做過很多年的溝通教練。導演當時其實稍稍有點擔心，因爲覺得我和她似乎都很會聊天，不知道我們是否會搶話題。沒想到，我們兩個配合得非常好，因爲我善於抽象思考和總結分析，但不善於講故事，而那個姊姊最擅長的就是活靈活現地講述各種故事，但不太擅長做理論性的總結。所以，我會先提綱挈領地起一個頭，然後她補充幾個特別有意思的小故事，最後我再來個思想上的昇華，我們倆配合得天衣無縫。

對自己的能力特質有了深入了解後，你會更懂得找到自己的定位，做到揚長避短。如果你是管理者，這也有助於你精準地組合團隊。

總結一下，對自己能力的精準定義，指的是了解這個能力的應用場景、應用對象和顯著特質。

如何分析出這些要點？可以參考以下的問題：

1 思考你的能力有哪些具體的應用場景，在這些場景裡，哪些是你擅長的，哪些是你不擅長的，一一列舉出來。

2 思考這個能力的應用對象有哪些，哪些你比較擅長，哪些你不太擅長。

3 具體回憶該能力展現的形式有哪些，是否有些形式你平常並不是很擅長。

如果你很難自行分析出來，也可以請周圍的人幫你，你可以描述能夠凸顯你能力的重要事件，或者把你整理出來的能力特質表單拿給他們看。請那些有不同視角或具備歸納總結能力的人來幫你爬梳，才會節省你的時間，獲得更好的效果。

從「廣義價值觀」篩選職涯方向

有的人會說：即便我發現自己有好幾種特質、能力或興趣愛好，但我不可能在每一種特質、能力或興趣愛好都花費大量時間，那我該如何找到需要我專注發展的特質、能力或興趣愛好，進而定位職涯方向呢？

在這種情況下，我們就需要引入價值觀。

很多時候，一個人的選擇和他在意的事情相關，而這些事情的抽象表述，就是一個人的廣義價值觀。

曾經有個學員，非常糾結於自己是否應該嘗試投資銀行之類的金融工作，但是他又很難說服自己付出全力去學習相關的知識和技能。他很痛苦，於是來找我聊。我發現他在說某些事情時會充滿熱情，比如他創辦的一個公益機構如何幫助貧困山區的孩子獲得更好的教育機會。因爲這些事情讓他可以深刻地幫助或影響別人，這其實就是他的一個廣義價值觀，而這和從事金融工作關聯不大，這也是爲什麼在潛意識裡他很難說服自己投入金融機構的求職工作。

所以，不妨回顧，對你來說最重要的是什麼？你可以拿這些作爲標準，選出你需要專注的特質、能力或興趣愛好。更多相關內容可以參考第三章「透過情緒來分析出你的價值觀」一節。

從「回饋」找職涯方向

對很多人來說，有線索幫助他進入一種職業還不夠，因爲一種職業做著做著，熱情可能就消退了，於是他又迷失了方向。因此，要找到長期的職涯方向，你還需要一個核心要素：及時、正向的回饋。

雖然我從事過很多產業，但是一直沒有覺得那些產業就是我職涯的大方向。直到我進入教育產業才發現，我擅長的東西不但能在這個產業得到淋漓盡致的應用，我也能從中獲得及時、正向的回饋。這些來自他人的肯定，帶給我極大的意義和成就感。這樣的回饋多了以後，我慢慢開始把教育當成我的事業。隨著我把教育當成我的事業，我投入更多時間，也有了更大的興趣和動力去做好，而這又讓我得到更多的正向回饋，於是我開始認定從事教育就是我的人生使命。

自此，我發現了尋找長期職涯方向的關鍵點，那就是及時、正向的回饋。正向的回饋不是對人本身的評價，這對你樹立對於自己能力的信心幫助不大。正向的回饋應該是針對你的能力或你做出的良好成果所做的善意而具體的表達。例如「你的銷售業績很好」或「你說的關於換位思考這一點對我很有幫助」，而不是「你人很好」這種空洞的好話。

不妨回想，當你做了一件自認爲做得不錯的事情時，有多大機率能得到別人正向的回饋。我們的主管、同事甚至父母，通常都比較傾向於給予批判性的建議，但是當你做得很好時，他們卻不太會給予你正向的回饋。在一些行業，這種正向的回饋不光發生的機率小，而且間隔時間也比較長。想像一下，如果需要一年、兩年或三年才能完成一個專案，直到你做完以後，上頭才會給你一些非常正向的評價，你的興趣就會在那漫長的時間裡慢慢消磨完，自然也不會覺得這是你的職涯方向了。

因此，如果你的職業符合前面提到的興趣愛好、能力、特質和價值觀這四類線索，但你並不覺得這是你長期的職涯方向，那麼也許換到一個能給你持續正向回饋的環境，會幫助你堅定信心。

我在回顧自己尋找職涯方向的整個過程時發現，其實世界上絕大部分的人在一開始並沒有所謂絕對熱愛的事物，有的可能只是一點小興趣，或是在解決某個問題時展現的小特長，然後拚命嘗試各式各樣的事物，在這個過程中積累可遷移能力，發掘職業上或個人生活中的特長。

在某些領域，你會發現你可以得到特別多、特別密集的正向回饋，於是你就有更大的動力或興趣去繼續投入這個領域——這就形成了正向循環：你越是想做，就做得就越好；你做得越好，就會得到越多的正向回饋。在你得到更多這類回饋以後，就有更大的動力和興趣去把這件事做得更好，於是這件事就成爲你所謂的職涯方向。

我最後總結了一個公式：

職業的方向＝（興趣＋能力＋特質＋價值觀）×及時與正向的回饋

也就是說，你的職涯方向會是你的興趣、能力、特質和價值觀的交集點，然後參考當下可供你選擇的工作機會，去選擇一個可以得到及時、正向回饋的環境。

如果你不清楚職涯方向在哪裡，請試著完成下面的練習（製成表格的話，會更直觀）。

1 請列出你的興趣愛好並排序。如果不清楚你的興趣愛好，請回憶你印象深刻的那些經歷。

2 請列出你的能力，清楚定義你能力的應用場景和應用對象，以及能力本身的特質。比如，溝通能力需註明針對哪類人、在什麼場合，因爲公開演講的溝通能力和一對一深度溝通能力所適合的工作是不一樣的。

3 請列出你的顯著特質，如果不清楚，請回顧身邊的人對你特質的評價。

4 請在閱讀完第三章「透過情緒來分析出你的價值觀」一節後，列出你的主要價值觀。

5 請列出你當下可以看到的機會，然後綜合參考前四點的內容，分析這些機會是否適合你。如果不適合，你可以用哪些方法去探索新的機會或職位？

6 請根據前四點來推演哪些工作可能會適合你。

舉個例子，以下是一名學員對職涯方向的簡單分析。

興趣愛好：喜歡聊天，也喜歡聽別人分享故事，對心理學很感興趣。

能力：一對一的溝通能力不錯，也有較強的分析能力。

顯著特質：容易讓人信賴，喜歡傾聽。

價值觀：幫助別人解決問題是自身價值感的重要來源。

這幾個方面都指向了心理諮商師，但如果只根據能力，我們可能會錯誤地得出他適合做銷售的結論。

如果你找不出一個特別適合的職業，這可能跟你自身的閱歷和知識的局限性有關，你可以拿著這些分析多問幾個不同背景、不同行業的人，也許會有新的發現。

應用2 如何做到隔行不隔山？

通常大家認爲隔行如隔山。你覺得，工作幾年後轉行難嗎？如果你被記憶體限制了認知，可能會認爲這很難：我沒有相關能力，我沒有相關經驗，或者我過去有過不成功的轉行經歷。

我認爲，這其實不難。在過去的十五年裡，我一共換了金融、諮詢、遊戲、人工智慧和教育五大產業，沒有一個和我的大學主修科系直接相關。這幾次轉行的背後是對打破認知限制三步驟的持續實踐。在這裡，我想和大家分享輕鬆轉行的祕訣。

這個祕訣就是合理運用你的可遷移能力，依照以下步驟來執行。

1分析你的目標職位需要哪些能力

舉個例子，我大學讀的是工業工程。雖然我很想加入投資銀行，但是投資銀行需要的是具備金融專業背景的人。我該如何才能打破專業的限制，進入投資銀行呢？

首先我需要分析投資銀行的徵人條件裡列出的各項技能。只需要稍微搜尋，就可以找到著名投資銀行的徵人公告，其中會具體列出針對投資銀行分析師的職位描述和能力要求。比如：

職位描述：

1協助進行針對目標公司的盡職調查，以及執行交易。

2分析公司的財務訊息，並建立財務模型與估值模型。

3研究並監控總體經濟、產業、市場及公司的發展動態。

4用中文與英文撰寫投資建議書及備忘錄。

任職要求：

1大學以上學歷，擁有優秀的在校成績。

2熟練運用中英文作為工作語言。

3 擅長以 Excel 與 PowerPoint 爲主的電腦操作。

4 對於公司營運以及爲投資者創造價值擁有極大的熱情。

5 人品正直，積極性強，關注細節，追求卓越，具有團隊精神，能在高壓下完成多重任務，善於溝通，能獨立完成工作。

這裡明確寫出的是溝通力、獨立完成工作的能力、完成多重任務的能力、抗壓性、中英文表達力，以及 Excel 和 PowerPoint 等電腦操作技能。

沒有明確寫出，但在職位描述裡有暗示的是分析力、執行力和訊息蒐集能力：擁有優秀的分析力，你才能分析財務訊息，建立估值模型；擁有執行力，你才能有效地執行交易；擁有訊息蒐集能力，你才能監控市場動態。

2 建立對自己能力和知識結構的認知

透過對過往經歷和興趣點的分析，找到你已經具備的初階可遷移能力。

在加入投資銀行所需要的能力中，中英文表達力、Excel 和 PowerPoint 等技能我都具備，溝通力在面試中就看得出來，那麼我還需要找到合理的案例來證明我的分析力、執行力和訊息蒐集能力。

我回顧自己在大學階段的所有經歷，像履歷一樣一條條寫出來，在每一條後面寫上其對應的能力。

最後，我從中篩選出一到兩個可以同時展現我的分析力、執行力和訊息蒐集能力，以及獨立完成工作的能力和抗壓性的案例，展現在履歷上。

這裡也需要說明如何在履歷中好好展現你的可遷移能力。首先，找到職位描述裡的關鍵動詞，比如「拓展」「協調」「執行」「整理」「協助」等，確保你的履歷裡也有這些關鍵詞出現，方便人資在看履歷時對應到這些關鍵詞，你的履歷被選上的機率就提高了。

其次，在描述事例時一定要對應到能力上，同時要有數據支持。比如，一個業務的入門職位需要以下可遷移能力：極強的共感力和溝通力，以及較高的執行力。共感力、溝通力和執行力在履歷上如何展現呢？

我曾看到一個人的履歷上寫著：

學習銷售業相關知識，擔任置產顧問，接待顧客，引導顧客參觀，介紹房地產相關訊息，促成交易，撰寫日誌。

這段話只是簡單描述了實習任務的性質本身，沒能展現出這個職務所需要的能力，浪費了大好的素材。

透過溝通和挖掘，我把這個人的履歷改寫爲：

> 在擔任置產顧問期間，和四十多位顧客建立了良好關係，並幫助兩人成功買到房子。其中一人剛開始沒有找到合意的房型，我特意跑了四、五個建案，對比二十個房型後，終於促成交易。

這樣，你感知對方需求的共感力、與人建立良好關係的溝通力、完成交易的執行力就都充分展現出來了。拿著這樣的履歷，你去應徵任何要求溝通力的職務都會有優勢。

有人會說，這並不能說明什麼，因爲銷售和業務的職位要求本來就很類似，你拿著應徵銷售的履歷去應徵業務並不困難。接下來，我們再看一個理工科學生如何在履歷上展現這些能力。

這個學生在履歷上本來這麼寫：

義工經歷：在學校畢業生招募活動獲頒「優秀義工」。

深入挖掘後，我們改寫爲：

針對參與畢業生招募活動的十餘家企業進行採訪報導，報導文章獲得三千多次閱讀和四百多次轉發，提前與招募企業溝通需求並爲部分企業量身打造個性化宣傳方案，得到企業執行長的好評，並獲頒「優秀義工」。

這樣修改後，是不是更清楚地展現了他的溝通力、共感力和執行力？

所以，我們需要學會挖掘自己過去的經歷，從中提煉出自己具備的可遷移能力，然後根據目標職位所需的能力量身訂製履歷。很多時候，不同的職位需要準備不同的履歷，這樣才能好好展現你與這個職位的合適度。

3 讓你的可遷移能力與職位相配

首先，在履歷中，我非常刻意地強調與這些能力相關的經歷，把它們放在前面，並明確使用徵人公告裡類似的語句，方便人資在挑選履歷時注意到這些能力。

其次，在面試時，我和面試官分享了我如何做到兩年半大學畢業，成績保持在全系前三名，並擔任國際學生會主席等團體領導職務的多元化經歷。

我讀完大一後，仔細規畫了所有的課程和課外活動，把每個任務按照輕重緩急做了有效的分配和安排，並採納很多學長姐的建議，有策略地安排課程，我甚至會自學某些課程並通過考試拿到學分，節省了大量時間做課外活動。與此同時，我還背負著父親患有晚期肺癌的壓力。

這段經歷完整地含括了投資銀行職位的能力要求，也展現了我強大的學習能力，緩解了面試官對於我沒有相關專業背景的擔憂。同時，我僅用一段經歷就解答了面試官對於我是否具備該職位所需能力的問題，從側面展現了我良好的溝通能力。

當然，我在面試之前也不忘自學很多基本的金融知識，用實際行動打消面試官的所有顧慮。因此，我提前一年成功拿到了四份華爾街全職工作的錄取信。

透過刻意練習，培養可遷移能力

有人會問：你能轉行，是因爲你已經具備了下一個職務的能力，如果不具備下一個職務所要求的能力，該怎麼辦呢？

其實，絕大部分工作所要求的能力並不需要天分，不需要你多聰明，完全可以透過刻意練習獲得。

如果你有充分的時間去找下一份工作，那麼你就可以花點時間培養其所需要的能力。

比如，幫助我進入投資銀行和顧問產業的表達溝通力，就是我後天培養的。

我是一個內向的人，在人多的場合會特別不自在，也不太知道如何和陌生人交談。但是，我有多年理工科教育培養出來的分析和研究能力，可以幫助我學習溝通力。

我給自己做了一個表格，列出日常溝通中最常用的問題，並且看了很多美劇，從中發掘人們聊天常用的口語和搭訕語，把它們背下來。

準備工作做完後，再去社交場合進行刻意練習。練習方法其實很簡單，就是根據對方說的話，先透過一些搭訕語打開僵局，再從對方的回答中不斷抽出你感興趣的點，接著問下去。

比如，在畫展上，找到了你想聊天的人，你可以問：「你是怎麼知道這個畫展的？」如果對方說：「我是透過王老師得知的。」你就可以接著問：「哪位王老師啊？」

接下來你可以根據他的回答，繼續尋找感興趣的點問下去。這樣的好處是你可以順著他的內容一再提問，很流暢地完成持續很久的對話。因爲是你感興趣的點，你會很眞誠地表現出對對方的興趣。對話結束之後，對方也會對你很感興趣，因爲他覺得自己被理解了。

這個方法對內向者特別適用，很多時候，內向的人會覺得講很多話是件很費力氣的事情，但是用這個方法，你可以很輕鬆地和別人聊上一、兩個小時。更開心的是，對方會因此對你產生深刻的印象和好感，進而建立起信任基礎。

因此，當我很快地打消投資銀行面試官對於我能力的擔憂後，剩下的面試時間就可以愉快地聊天。這有助於培養他對我的好感，並且讓他印象深刻。

有一次，我和一家非常有名的集團老闆面試，整個面試過程基本都是我聽他講歐洲歷史，我學到了很多知識，他也聊得非常愉快。最後我成爲全球兩名拿到儲備幹部錄取信中的一個。這也是良好的溝通力帶來的結果。

共感力也可以透過刻意練習來培養。我有個朋友是工程師，想轉行做銷售。他運用了我們之前講的技巧，首先在求職網站上搜尋銷售職務所需要的可遷移能力。

透過蒐集和整理，他發現銷售職務雖然種類繁多，有廣告銷售、產品銷售、金融商品銷售、房產銷售等，但所需要的基本能力相通。於是他分析了自己過往的經歷，總結出自己喜歡的是網路和廣告產業。

接下來，他對幾家網路公司廣告銷售的徵人訊息進行詳細分析，發現這個職位需要負責客戶開發、談判、簽約的工作。

他歸納出銷售所需要的可遷移能力，包括共感力、溝通力、觀察力、專案管理力和邏輯分析力。身爲工程師，他也經常跨部門協作，因此具備後面幾個能力，但是缺乏的是銷售職務最需要的共感力。

他想了很久，也閱讀了很多相關書籍，最後在一本書裡獲得了靈感。書裡提到作者運用共感力幫助收容中心兒童緩解情感需求的故事。

的確，最容易用到共感力的一個場景就是和孩子們相處。

於是他上網查了相關機構的訊息，最後選擇參加幫助留守兒童（編按：指由於父母外出到城鎮工作而被留在家鄉或寄宿在農村親戚家中，長期與父母分開的孩子）的活動，透過講故事、參加夏令營等方式給這些孩子更好的陪伴。

在幫助這些孩子的過程中，他需要非常有耐心地傾聽他們的需求，共感他們的孤獨和各種情緒，如此一來，在書中學習到的技巧也可以應用在日常生活中。

經過一年多的努力，他有針對性地提高了自己的共感力，並在後來的面試中透過換位思考打動面試官，最終拿到了這份銷售工作。後來他還因爲表現出色，被評爲金牌銷售員。

畢竟，如果你可以搞定叛逆的孩子，要搞定一個成熟的成年人，也就不是難事。

用可遷移能力補足專業經驗的不足

有時候，一個職務更需要的是經驗，而不只是能力，那該怎麼辦呢？

我就讀商學院時，想轉行做遊戲公司的產品經理，可是我只有顧問和金融產業的背景。分析了產品經理的必備能力之後，我發現除了分析力、表達力、溝通力、執行力、專案管理力等可遷移能力外，幾乎所有的工作都要求遊戲產業的相關經歷，或者對遊戲本質的深刻理解。

我沒有遊戲產業的相關經驗，那麼只能靠對遊戲本質的理解了。對遊戲本質的深刻理解該怎麼獲得？依然是運用已具備的可遷移能力來進行刻意練習。

我花了大量的時間打遊戲，但是我不是盲目地玩。打遊戲是我透過學習力和分析力設計的一條快速成爲遊戲設計師的路徑。

我會玩同類型、不同品質的遊戲，而且都要玩到高級玩家的等級，去體會遊戲平衡性的好壞。我閱讀了好幾本專門講遊戲設計的書籍，然後用自己實際的遊戲體驗去驗證。我會比較不同遊戲環節、關卡，甚至人物、背景和動作設計的好壞。在這個過程中，我不斷思考哪些設計是可以借鑑來提升遊戲品質的，並且做了大量筆記。

最後，我在準備面試時做了一份針對這家公司主打遊戲的詳盡分析報告，其中針對該遊戲的兩個弱點提出了創意解決方案，最終打動了面試官。

因此，讓能力與職位相配時，如果你來不及培養相關能力，你也可以特別展現你已經具備的能力在這個領域的應用，用你的強項打動面試官。

其實，除了直接跳槽，升職也是變化職務的好方法，尤其是從技術或執行職位升爲管理職位，這本身就是職能的轉換。因此，我們也需要探討如何順利地升職。

用可遷移能力實現升職

從職場新人升爲經理等管理職位，就像其名稱一樣，最大的轉變是你需要具備中階可遷移能力，尤其是管理力和領導力。

那麼，如何用可遷移能力實現升職呢？

我們來看看紅杉資本中國基金的兩個職位介紹，其中，投資經理是投資分析師升職後的職位。

紅杉資本中國基金投資分析師：

深入研究部分新興行業的動態和趨勢，完成數據收集和分析。發掘潛在創業者與投資機會，支持投資人對專案進行投資價值分析、可行性分析和論證。協助投資人追蹤專案並提供必要支持。

紅杉資本中國基金投資經理：

參與投資交易所有步驟，包括專案搜尋與分析、財務模型建立、背景調查、投資談判和文件擬稿。

獨立帶領團隊在個別領域深入研究並尋找投資機會。

監測投資產業動向與投資公司的財務狀況，並協助管理層進行季度審核。

第一步，我們來拆解投資分析師和投資經理這兩個職位的能力要求。

作爲投資分析師，負責較多的是產業研究、資料分析、投資價值分析等具體工作。這些工作能力較爲單一，偏向分析力和推理力。

而作爲投資經理，則負責承擔帶領分析師（團隊）和專案管理的職責。舉個例子，拿到一個投資專案後，投資經理需要經歷設定流程、分配任務、傳遞職責、統籌更新等專案管理的步驟拆分，每一個步驟都可能要求多個可遷移能力的支持。以設定流程爲例，投資經理首先要判斷專案是否符合公司投資需求，考慮專案的難點和實現路徑，選擇合適的團隊成員，進行對上、對下、對外的同步溝通，這需要有較強的管理力和領導力，也就是中階可遷移能力。

拆解能力要求後，我們就可以發現從投資分析師升級爲投資經理的必備能力和潛在的提升途徑。

試想，你經過一、兩年的學習與合作，成爲合格的投資分析師，不僅擁有自己擅長的分析領域，形成了一套比較完備的投資方法論，驗證了自己的系統搭建能力，還獲得了識人用人的洞察力，讓別人願意聽從你的溝通表達能力，以及抓住問題本質並分配人力解決問題的執行力。

同時，你了解團隊不同成員的擅長領域，可以按照專案需求進行分工安排，還能在恰當的時機和老闆交流心得和觀點，比如：「小張很了解教育產業，而且很會建立財務模型，適合在這個專案擔任主要職責。小王熟識外部多位理財顧問，後續可以協助接洽更多融資機會。」老闆聽了這些話，將不再懷疑你晉升投資經理的可能性。

如果你從入職前就定下目標，在工作中有意識地培養下一個職位所需要的可遷移能力，那麼每一段不同的經歷都將讓你的能力不斷得到提升和內化。最終，量變帶來質變，你具備了更複雜的可遷移能力，自然而然符合下一階職位的需要。

賈伯斯曾說：「你要相信在未來的某一刻，你生命中的每一段經歷會從點連成線。」

留心培養每一種可遷移能力，你就能在未來某一天隨心所欲地轉換跑道，因爲你擁有一條能力主線來支撐和幫助你完成這些轉換。

第2章重點整理

❶打破認知限制的三個步驟：

透過深刻的體驗，從「無意識、無能力」的狀態，變為「有意識、無能力」；

透過透徹的思考，從「有意識、無能力」的狀態，變為「有意識、有能力」；

透過持續的實踐，從「有意識、有能力」的狀態，變為「無意識、有能力」。

❷深刻的體驗，其實就是抓住生活給你的每一段經歷去成長。

遇到困難時不逃避，敢於去面對、分析，進而了解自己的盲點和認知誤區。

在日常生活中，不麻木地對待生活，從小事中也能有所體悟，才能持續不斷地對自己的狀態保持覺察。

在過於舒適或順利時，有意識地給自己添加挑戰，測試自己狀態的靈活性和適應性。

❸邏輯思維是任何思維方法的基礎，而邏輯思維的基石是演繹法和歸納法。

演繹法能否做到邏輯的一致性，就看兩點：一、前提是否正確；二、過程是否合法。

歸納法能否做到邏輯的一致性，則要看：一、用於歸納的例子是否有說服力；二、例子是否具有普遍性；三、是否只提及支持自身觀點而忽略不支持自身觀點的案例。

❹追問法是緊抓著一件事情不斷地問為什麼。

❺切分法是把一種信念、觀點、情緒裡的不同元素切割開來，然後確保其中的每個要素都具備精準性、相關性、合理性及真實性。

❻精進的五個要素：

設立清晰的目標；運用已經被驗證的提升方法論；進行超出當下能力範圍的練習；全力投入；用及時的回饋來助力。

❼職涯方向＝（興趣＋能力＋特質＋價值觀）×及時與正向的回饋

學會分析和總結你的可遷移能力，並在職場中有意識地培養下一個階段需要的相關能力，以幫助你升職或轉行。

第 3 章

破圈法則1：擺脫你的情緒體

談到情緒和情緒體，大家首先想到的可能是一些負面，甚至極端的事件。比如，華信信託董事長持械打傷女總經理，究竟是何仇何怨？遊戲公司游族網絡董事長疑被同事毒殺，為何從合作到投毒？

這些讓人唏噓的新聞背後是情緒體的作用，當事人無法從慣性的情緒模式中走出來，情緒日積月累，最後導致悲劇。

情緒體並不是單一的情緒爆發，而是有規律可循的重複性情緒模式。比如，老張一怒之下不再續簽幾千萬的合約，因為客戶反覆提出在他看來過於挑剔的條件，他盛怒之下的決定嚴重影響了公司的收入。而老張在年輕時，曾經因老闆一直要求加班，但做的工作卻是來回反覆而無法忍受，在沒有和任何人溝通的情況下提出離職，然後發現工作並不好找，花了近一年才再次上班。

比如，小王著急帶著母親去醫院看預約好的一位名醫，由於車速過快被警察攔下，他擔心錯過預約，和警察爭執起來，最後被開了罰單。還有一次，小王出門遛狗時，鄰居的狗咬了他的狗，雖然對方願意賠款，但小王太心疼小狗，要求對方必須在群組中公開道歉，結果鄰居一怒之下扔下錢走了，原本不錯的鄰里關係也斷絕了。

在這兩個案例裡，看到老張和小王的情緒爆發是有跡可循的。老張在遇到看似反覆無常的情況時就容易產生情緒，而小王則是當自己在乎的事物遇到問題時容易爆發情緒。如果我們能在平時就發掘並擺脫情緒體，就可以避免在關鍵時刻因爲這些慣性的情緒模式導致的負面結果。

要做到這一點，我們需要時刻觀察情緒的變化，及時識別某種熟悉情緒的出現（熟悉的情緒說明它可能是一種慣性的情緒模式），並調控自己的情緒，使它能在恰當的時機以恰當的程度表現出來。我會在「掌控不了情緒，是因爲你不懂覺察」一節深入探討「情緒覺察」和「情緒調控」。

溝通永遠是雙向的，除了發掘觸發自己情緒的扳機，我們可能也會受到他人情緒體的不良影響。如果能夠透過細微的訊號，敏感地感受到他人的需求、欲望和情緒，我們就具備了和他人正常互動、順利溝通的基礎。另外，當我們了解他人情緒的狀態後，也需要學會處理他人情緒反應的技巧。我會在「理性解決不了的問題，共感的技巧可以」一節講述「情緒感知」和「情緒處理」這兩方面的技巧。

眞正好的關係是當這份關係變壞後，你有充分的自信和能力把它修復好。因此，當你學會情緒感知和情緒處理後，就能順利地處理棘手的人際關係，培養出對這些關係的自信。

情緒體也很容易被誤用，導致關係上的問題。比如，有人認爲打是情、罵是愛，只有和親近的人才能沒有顧慮地發洩情緒，結果讓身邊的人壓力極大。這背後是對於好關係應該是什麼樣子的信念在作怪，我會在第五章「破圈法則3：擊穿你的信念體」闡述解決方法。

雖然前文提到的都是情緒體不好的一面，但情緒其實也是強大驅動力的來源，在它的驅動下，我們會做出一些平時在理性狀態下做不到的事情。有人失戀後很痛苦，於是把這種痛苦轉化爲工作上的動力；有人遇到與金錢相關的問題就特別容易焦慮，也讓他更有動力努力賺錢。

如果我們辯證地看待情緒體，會發現情緒體其實是探求內在認知的視窗：情緒體揭露了我們在意的是什麼，我們恐懼、擔憂、焦慮的來源在哪裡。因此我們可以透過對情緒體的分析，引出自我認知裡非常重要的一個概念，也就是第二章中提到的廣義價值觀。

掌控不了情緒，是因爲你不懂覺察

要擺脫情緒體的掌控，首先要能注意到它的存在，這就是情緒覺察的能力。

情緒覺察

每個人都具備體會自己情緒的能力，但是爲什麼很多人不去覺察自己的情緒？通常有以下幾種原因：

1 不太了解當下的感受是什麼，或者沒有辦法命名它。

如果是這種情況，你可以透過外部回饋來學習覺察，找到身邊對感知比較敏銳的人，和他們分享讓你產生情緒的事件，請他們幫你命名當時出現的情緒，時間久了，你會慢慢學習到內在感受的名稱。

2 認爲表達情緒會犯錯。

這種情況包含三種可能性：一是因爲社會文化或外在的壓力，覺得表達感受是錯誤的、不被允許的；二是當你表達感受後，會擔憂引起對方更不好的反應，覺得自己做錯了；三是你可能會錯誤地表達自己的情緒，從而造成不好的後果。

第一種可能性的解決方式是仔細分析你的社會角色和你的社會認同，透過剔除不必要的期望而減輕你的壓力，可以參考第五章「你是聽自己的，還是聽社會的？」一節。第二種可能性則源自第一章討論的「情緒的三座山峰」，不妨參考這部分內容。第三種情況則需要好好掌握情緒的表達，請參考下一節「理性解決不了的問題，共感的技巧可以」當中分享的技巧。

3 認爲既然事情已經過去了，就沒必要再翻出來。

其實在人際互動中，你並不能眞實而準確地了解對方的狀態到底如何，他的情緒是否眞的過去了。另外，壓抑自己的情緒，無助於維持或增進彼此的關係，更不用說對生理和心理的影響了。時間長了，壓抑情緒反而會慢慢破壞你們的關係。所以，如果有些過去了的事情依然反覆在你腦海裡浮現，那就是時候認眞面對並解決它了。

4 認爲表達情緒會讓人覺得自己很脆弱。

這其實是很多人經常會有的認知誤區。在《脆弱的力量》這本書裡，作者講述了脆弱的力量，也提到脆弱有助於減輕表達情緒時可能產生的心理壓力。在我的課堂上，很多人會哭泣，包括年紀較大的男性，這些人往往會發現，哭泣後反而能得到更多的理解和尊重，因爲他們有勇氣表達自己眞實的情緒，而這和脆弱沒有關係。

5希望自己表現得理性、冷靜、清醒。

這背後承載的是我們給自己立下的人設，甚至有時候還有他人對我們的期望。要打破這種人設，你需要分析自己的人設，甚至破除一些不合適的信念體，可以參考第五章「你是爲自己而活，還是爲人設而活？」一節。對於他人對你的期望，你可以直接問他們，了解他們的期望到底是什麼，也許有很多期望只是你自己假設出來的。我教過一個學生，她總以爲父親期望她出人頭地，於是長年在外打拚，直到父親得了重病她才回去探望。父親在臨終時才說，他其實一直希望女兒可以陪在他身邊，但是爲了支持女兒的夢想所以一直忍著。她這才發現是自己誤解了父親，以致錯過了許多可以陪伴父親的機會。

針對以上五種原因一一分析並練習後，你會發現表達情緒不是那麼困難了。

情緒調控

有一次我搭計程車，發現車內的導航螢幕碎了。司機告訴我是他生氣時自己砸碎的，他經常會因爲一些事情生氣，但又不能對別人發洩，所以就拿車子出氣。

這本質上是情緒調控的不足。對待痛苦，人們通常有三種反應：麻木、逃避和對抗。但是這些做法不一定能有效調控情緒，你可以嘗試以下幾種方法：

方法1　從一數到十

這個方法對平息憤怒特別有效。人一旦憤怒起來，可能無法控制自己的行爲，進而導致不好的事情發生。因此當你感到憤怒時，可以在心中默默從一數到十，任憑再強烈的怒火，在這段時間裡基本上都能平息。如果數完你還是很生氣，不妨先離開那個場合，等心情平靜下來再說。

方法2　情境轉移

很多人有情緒時會讓自己做一些轉移注意力的事，比如看影片、打遊戲等。可以列一份清單，寫下能讓你開心的事，比如搞笑的電視劇、有趣的圖文等，不妨在手機或電腦裡設個資料夾把這些儲存起來，心情不好時就打開來看看，你會發現原先的負面情緒慢慢就消失了。這是透過情境轉移來控制情緒，好處是和從一數到十同樣很快見效，但是從長遠角度來看，如果有慣性的情緒模式（情緒體），情境轉移並不能從根本解決情緒問題。

方法3　旁觀者視角

這個方法的前提是刻意給自己灌輸從情緒中抽離出來的能力。比如每天對自己做正向的自我暗示和提醒，告訴自己：「如果我有情緒，就用另一個人的視角來看待自己，這時我會看到什麼？」重複做這種自我暗示後，當你有情緒時，如此形成的思維模式就會提示你採用旁觀者視角來看待情緒中的自己。

當你以第三方的觀點去看待情緒中的自己，每個人的發現都不太一樣：有人會看到自己憤怒時就像個小火球，不但燒傷別人，也燒傷了自己；有人會發現自己就像個喋喋不休的老太婆，不斷產生負面想法，停不下來。無論是哪一類發現，都有助於你從情緒中抽離出來，更快進入平靜的狀態。

旁觀者視角的高階技巧，即不加評判地接納。當你用第三方的觀點去觀察自己內在強烈的情緒時，不要給自己貼上任何帶有批判性的標籤，或說出任何帶有評價性的話語。

如何不帶批判性？你可以反覆告訴自己：「我現在感到憤怒，這很正常。我感到憤怒，這很正常。我接納我現在的憤怒。」

這些重複的語句看似簡單，卻能有效防止更多負面思想進入你的大腦，停止誘發更多的負面情緒。需要注意的是，你可能會覺得這過程極其漫長，但是當你堅持下去，就會發現在某一刹那，那個讓你難受的負面情緒突然消失得無影無蹤，你會感受到一種從未有過的輕鬆感。

有個研究表明，沒有單一的情緒可以在人體內停留超過九十秒。但是爲什麼很多人一生氣就停不下來呢？這是因爲他會不斷地回憶更多讓自己更生氣的經歷，這些經歷又促成更多的情緒，就好像一個連環爆炸的炸彈一樣，一環扣一環。而杜絕評判，就可以杜絕負面思想一再產生，結束這個負面迴圈。

方法4　發現並處理自己的情緒扳機

這是更加徹底的情緒調控方式，從情緒產生的深層原因來解決情緒問題，對於調整情緒體或慣性情緒模式尤其有效。

所謂情緒扳機，是指會讓你莫名地產生情緒的敏感詞語、句子或行爲。這些情緒是由這些敏感的話語或行爲引起，實際上和做出這些行爲、說出這些話的人關聯不大。一個人之所以會產生那麼大的情緒，與過往記憶深刻的負面經歷、話語或行爲有關，於是這些話語或行爲就成爲負面經歷的代名詞，我們稱爲「情緒扳機」，就好像你的手槍上了子彈，別人一扣動扳機，子彈就會直接出膛。

我教過一個學生，她是個離異的母親。在課堂上，當別人分享自己工作上的成就時，她突然憤怒了。後來我們才知道，因爲她當年在家當全職媽媽時受盡了白眼，時間長了，「工作」一詞就成爲她的情緒扳機。

情緒扳機的背後，是你的內在自我對某一創傷的反抗，不願意接納這個創傷所暗示的你的特質。就好像那個離異母親，她不願意接納自己因爲沒有工作而受到別人的冷落和鄙視，因此對「工作」一詞有強烈的反抗情緒。

當你發現自己的情緒扳機時，正是調整自我認知的好機會。情緒扳機可以透過刻意練習慢慢化解。你首先需要做的是發現你的情緒扳機。請回憶，自己過去在什麼情況下會無緣無故地產生情緒或反應過度。請把這些情形全都寫下來，然後爬梳這些紀錄，檢視有沒有重複出現的關鍵字、關鍵動作或關鍵場景。

我曾經有一個情緒扳機是關於連續遲到。當我由於某些原因在一個會議上遲到後，通常第二次會議也會遲到，然後我就會陷入極度負面的自我譴責狀態。這種連續遲到的情形就是我的情緒扳機。

接下來，請你分析這些情緒扳機背後展現的是哪些你受到創傷的特質或不願意接納的自己。對那個離異母親來說，她不願意接納的是關於自己沒有價值的評價。對我來說，不願意接納的是我遲到後給人留下的壞印象。

接著，你可以用切分法來分析這些觀點是否成立。遲到並不能證明我工作能力有問題。同樣地，沒有工作也不能證明那個離異母親沒有價值，我們需要拆解掉人爲建立的這兩者之間的關聯性。

拆解的方式是，當你找到這些情緒扳機和它背後反映的特質之後，列出反駁這些關聯性的理由。

想法：遲到很糟糕。

反駁：遲到就只是遲到，並不表示我沒有能力做好這份工作。

想法：我的人生沒有價值。

反駁：我的價值具體展現在很多方面，比如我喜歡幫助別人。

然後，你需要做的就是不斷提醒自己這些反駁的理由。比如，每天早上把寫下的正向話語朗讀一遍。下次遇到情緒扳機時，努力回憶這些正向話語。慢慢地，你會發現你對情緒扳機的反應越來越趨於正常，這是因爲正向話語會隨著刻意的重複提醒（持續的實踐）深入你的潛意識，切斷情緒扳機造成連鎖負面情緒的機制。這個方法具體展現了切分法所包含定義、反駁、重塑等步驟，在擺脫情緒體上的重要應用。

方法5　找他人疏導

你需要幾段比較值得信任的關係，可以讓你放心地抒發個人情緒而不必擔心後果。你也可以請他們協助發掘你的情緒體，或者幫你改正這些慣性的情緒模式。具體方法請參考第二章「把認知內化爲能力的高手會做這樣的實踐」一節關於他人回饋的內容。

我有個學生常常陷入極度自責。有一次，他的朋友把一件他不想讓太多人知道的事情洩露了出去，於是他帶著情緒聯繫了這個朋友。他的朋友完全接納了他的憤怒。但他卻在表達完自己的憤怒之後，陷入了深深的自責，覺得這個朋友始終關心他，也幫助過他，他不應該因爲這件事情就對朋友發火，同時也擔心自己的情緒讓對方受到傷害，影響彼此的友誼。

我當時告訴他一個故事，故事的結論是，與其在表達完情緒後陷入自責，不如在表達前就先分析：對方的意圖是什麼？我這麼做會產生什麼後果？如果對方並沒有傷害我的意圖，那麼這個情緒是否需要以這種方式表達出來？如果你的意圖是傷害別人，那麼你可以用道德標準衡量是否應該這麼做。如果只是爲了發洩，那麼除了直接表達情緒，你還可以告訴對方其行爲對你的影響，讓對方知道你情緒的來源，進而找到化解情緒的方法。

這是一個簡單的道理，可是對我那個學生來說，這是他多年來從未思考過的問題，他很興奮自己能打破一個慣性模式。

他以前的模式是，在表達完情緒後陷入自責，怪自己怎麼沒有控制好情緒，擔心這種情緒宣洩會傷害雙方的關係，傷害關心自己的人。這個過程就有很大的內耗。

他現在的新模式是，有情緒時先數一、二、三……情緒平息後做效果分析，然後再表達。這就是一個預防機制，與其在事情結束後自責，不如在事情開始前把用於自責的內耗轉爲對自己情緒的爬梳、分析和接納。

這道理很簡單，當我跟學生講完以後，我突然意識到自己也有跟他類似的情緒模式。但是當我碰到類似的事情時，卻沒有這麼思考過，可見一個人身上的慣性思維模式和行爲模式是多麼根深蒂固。

控制情緒通常是一段漫長的過程，你可能會經歷多次的反覆。我對情緒的控制就經歷了好幾個階段：第一個階段，不加控制、不加分析地發洩。這樣做的結果很糟糕，我只能自己承擔；第二個階段，試圖短期控制、抵抗。初期也許有用，但後來發現一些短期的手段再也起不了作用；第三個階段，試圖接納它，從而獲得心境的平和。

這個接納的過程其實不太順利，我基本上重塑了自己的人生觀，也嘗試透過禪修、冥想等方法來輔助。有時候我似乎接納了情緒，有時候似乎又不能接納，反而出現更多的情緒。最後我發現，如果我能理解學會控制情緒本身就是一段漫長的過程，就能減少很多對自己的批評和譴責，或是產生不必要的情緒，這樣反而讓我更容易掌控情緒。

接納是無條件的接受，帶著自我批判是無法做到真正接納的。讓我們對自己的情緒體多點耐心。

理性解決不了的問題，共感的技巧可以

這是一個眞實案例。很多年前，一艘大船滯留在江中四個多小時，打亂了船上遊客的旅遊計畫，於是憤怒的遊客們找到旅行社的負責人，要求全額退費。旅行社拒絕他們的要求，理由是大船滯留江中的主要原因，是在等候擱淺在礁石的小船上的遊客，這個責任不該由旅行社來負，而應由拖船公司承擔。很可惜的是，這個負責人沒有好好處理遊客的憤怒情緒，只是反覆強調公平性和不可抗力，這在遊客看來就是黑心商家的推託之詞。憤怒的遊客又向報社投訴，後來這起糾紛還告上法庭。雖然旅行社最後勝訴，但是因爲打官司而元氣大傷，不久就倒閉了。

放在今天來看，這個負責人可能就是我們所說的「鋼鐵直男」，只知道一味地跟人講道理，卻無法感知和共感他人的情緒。

很多男性處理情緒的方式就是理性地解決問題，但是人在情緒激動時根本無法接受理性的處理方式，需要的是被傾聽、被理解、被共感，或者說，需要感性的互動。

很多人因爲不知道如何眞正地傾聽和共感，就選擇了自己最熟悉的情緒處理方式，一味地忍讓或一味地講道理，結果收效甚微。

如果你無法感知他人的情緒，在處理情緒化的場景或危機時就會有所局限。如果你具備共感力，無論是解決同事間的糾紛、安撫生氣的客戶，還是安慰傷心的朋友，都可以得心應手，變成人際高手。

怎麼做到這一點呢？我分成兩個步驟：學會「感知」他人的感受，以及學會「共感」他人的感受。

學會感知他人的感受

感知他人的感受，和感知他人的情緒是不同的。一個人外顯的情緒不一定就是他內在眞實的感受。

感受是指人因爲外在刺激而出現內在狀態的變化，包括生理的變化，比如血壓升高、腎上腺激素分泌增加等。情緒是內在狀態的外在表現，如一個人的表情、話語、肢體動作等。有些內在狀態的變化不一定會以某種情緒外顯，比如緊張可能導致心跳加快，但不一定會反應在表情上。有些人可能內在的感受是一種，表達出來的情緒卻是另一種。

比如，如果一個人成長的環境允許他哭泣，但是不允許他有任何憤怒的行爲表現，那麼很有可能即便內心憤怒，他也只會用哭泣來表達。如果有人從小被允許表達憤怒，但不被允許哭泣，那麼當他悲傷時，很有可能依然以非常憤怒的方式來表現。還有的人可能從小被管教不能有任何極端的情緒，那麼即便他很悲傷或難受，也可能表現得很平靜。這三個人如果在一起，因爲情緒表達跟內在眞實感受不一致，他們將很難解讀彼此眞實的感受。

受到外在刺激時，大腦爲了節約能量，會自動選擇最熟悉的表現模式，時間久了，這就成爲人們最習慣的情緒表達模式。

因此，如果要提升你對情緒的感知力，當你觀察到對方的情緒時，最好誠心地向對方求證，那是否就是你猜測的情緒，這樣有助於提升你對情緒辨識的準確性。比如你和朋友吵架，他突然不說話了，這時他的情緒可能是憤怒，可能是委屈，可能是壓抑，可能是傷心，也可能是憎恨。由於過去經歷的影響，你可能會把他的表現自動連結到某種情緒，並採取對應的解決方式。事實上，對有些人來說，不說話可能是委屈的表現，而對另一些人來說，不說話可能是悲痛的表現。如果你只是基於過去的情形而猜測他是憤怒，卻沒有感知他眞實的情緒，你的處理方式就會有問題，可能使爭吵加劇。

如果對方不善覺察情緒和感受，可以請他參考前文「情緒覺察」的內容。

學會共感他人的感受

有人可能會覺得，如果我能夠感知對方的眞實感受，不就有共感了嗎？共感是否成功，其實是由對方定義，只有對方感知到你理解他，才算共感成功。不少人在和朋友、家人閒聊時，當對方說了一大堆之後，他們雖然明白對方的觀點或情緒，卻實在不知該如何回應，這就稱不上共感。在溝通中，哪怕你理解了對方，如果不能及時、有效地給予回饋，在對方看來你就是不夠理解他。有效溝通其實就是共感的一種具體展現。

共感需要經過思考後做出回應。它不是同情心，同情是指對他人的苦難和不幸產生關懷、理解的情感反應。狹義的同情常常會帶給對方弱者的感受，產生姿態的高低，對方就不太容易接受。共感力也不是簡單地說「我能理解」，而是要求你花時間深入了解對方的情況，並幫助對方化解他的感受，這樣才能做到眞正的感同身受。

爲什麼很多人不太會共感呢？

首先，很多人處在壓力之下，而壓力容易影響人的注意力和情緒，讓我們不能準確地理解他人，或者沒有時間去理解。其次，在傳統文化的影響下，我們會習慣性地以嚴格要求來表達愛和關懷：我愛你，所以我會對你有要求和期望。因此，當你有情緒時，我會習慣性地提供建議和意見，而不是去感同身受，自然就很難做到共感了。最後，受到我們成長環境和後來經歷的限制，不是所有人都能經常練習共感力，不練習，共感力就會慢慢退化。

幸好透過一定的訓練，共感力還是可以培養。它就像肌肉一樣，不練會萎縮，但是重新開始練習後，又會變得強壯。我以前是個非常理性的人，透過了解共感力的運作機制，加上不斷練習，在這方面提升了不少。

如果你好奇自己的共感力有多高，這裡有個小測試可供評估。針對下面每道題目，請回答「是」或「否」：

1　我能和朋友進行深入交流。
2　我幫助別人時，並沒有什麼感覺。
3　當人們談論情緒問題時，我不會覺得不舒服。
4　我不覺得我一定要做正確的事情。

5　我很享受把時間奉獻給其他人。
6　我經常覺得我錯過了別人的暗示。
7　我認爲我得到的應該比付出的要多。
8　我經常被人評價爲固執。
9　我覺得我比較容易向我的寵物表達關心，向人表達關心較困難。
10　當我與別人的關係變得親密時，我會感覺不適。
11　比起訴說，我更喜歡傾聽。
12　我經常被人評價爲很好相處。

得分說明：
若問題1、3、4、5、11、12回答「是」，每題得1分。
若問題2、6、7、8、9、10回答「否」，每題得1分。
請將得分加總。
10—12分：共感力高。
6—9分：共感力中等。
0—5分：共感力低。

如果你的共感力分數不高，不要著急，下面是六個幫助你提升共感力的技巧。

技巧1　重複

很多人以爲「重複」就是原封不動地複述對方的某一句話或某一個詞。其實不是。那麼，當對方向你傾訴後，你需要重複什麼呢？

其實，「重複」這個動作並不難做到，需要的就是小時候國文老師經常要我們做的「概括全文」的能力，即用一、兩句話來總結對方說了什麼。

比如，你的好友剛加入一家公司就和同事發生摩擦，來找你傾訴：「我剛進這家公司時，小麗對我特別好，我們經常一起吃飯，平時也會聊天。但是現在有個專案要甄選負責人，老闆覺得我們兩個都挺合適的。之後我就覺得她好像開始疏遠我，還天天跑老闆辦公室，不知道是不是去爭取專案了。有人說，我也可以像她那樣在背後做些小動作，但我不是這樣的人，所以我什麼也沒做。果然，她最後當上了專案負責人。枉費我之前對她那麼好，職場上眞是不能相信友誼！」

試想，如果這時候你重複的內容是「你們過去關係很好」或「她現在疏遠你了」，顯然都沒有抓住關鍵核心。你可以說：「你的意思是說，你和這個小麗之前很要好，但是現在由於某些原因，你猜可能和競爭專案負責人有關，所以你們關係疏遠了，對嗎？」這段複述是基於對整件事的理解而做的概括，這種抓住核心要點的複述即稱爲「重複」。

當我們做「重複」時，可以用「你是說……對嗎？」「你的意思是……對嗎？」「你剛才想表達的是……對嗎？」這類表達。目的是讓對方感受到他們輸出的資訊被我們有效地接收了。與此同時，我們也能藉此來確保接收到的資訊是正確的，因爲概括複述能讓對方發現你理解上的偏差，及時糾正。這樣一來，便確保了雙方的對話是基於同樣的事實或觀點，才能順利開展後續的溝通。

技巧2　表達你理解對方的觀點

在共感他人時，「重複」完核心事件後，我們可以進一步表達自己理解對方想表達的觀點。同樣一件事，每個人都會根據個人的過往經歷、價值觀等產生不同的觀點。需要注意的是，這裡的觀點並非我們自己的觀點，而是我們透過傾聽，從對話中抓取對方的觀點。這就需要我們根據對方的表達，盡可能設身處地揣測他的觀點，哪怕那個觀點你並不認同。

以上一個例子來說，我們該如何提取對方的觀點呢？

透過對方的敘述，我們可以推測出她的觀點是同事爲了競爭職務而在背後動手腳。有的人可能會直接說「這個同事太差勁了」，但如果對方還在意和同事的友誼，這樣的回饋其實會讓她不好受。

因此在做這個動作時，需要說明這個觀點是我們推測、總結得出的，並非對方直接表達的。有個好方法是詢問對方我們總結的觀點是否準確，比如問對方：「你是覺得同事爲了這個職務背叛了友誼嗎？」如果你是猜測，也可以補充一句，「當然，我可能猜得不對。」這樣對方也不會覺得被冒犯了，反而可以順著你的問句說下去。如果你剛好說中了，她會感到被理解了，你們之間就產生了共感。

當對方可能帶有情緒時，這個動作技巧還可以延展到更深的層次——表達你理解對方的感受。這時我們不僅要總結事實和推測觀點，還要找到對方在陳述中可能想表達的感受，也就是透過對方的觀點推導出對方的感受。我們可以追加一句：「你是否覺得憤怒呢？」如果對方剛好有這種情緒，就會覺得你與她產生共感，這時她可能會說：「是的，我眞的很生氣。」對方的情緒就可以得到發洩，更快地平靜下來，甚至跟你分享和傾訴更多。

如果不想直接去猜測對方的情緒，我們可以還運用下面兩個技巧：「表達自己的情緒感受」和「詢問對方的感受」。

技巧3　表達自己的情緒感受

表達情緒感受是共感中十分重要的一環，當我們向對方坦露情緒，對方可以直接體會到你不僅僅是在聽他講，還與他進一步有了情感上的連結。

在上面的例子裡，當聽完對方的話並感到對方有不滿的情緒時，有些人的第一反應是理性地安撫：「職場上本來就沒有友誼，這太正常了，有什麼好想不開的？」這樣的語句會讓對方覺得自己的感受沒有被接受，似乎是在說她太天真、太不成熟了。在這種情況下，對方容易站到你的對立面，後續的溝通就可能會有障礙。

其實我們可以眞誠地向對方表達感受，比如，「聽完你的敘述，我有點難過，也替你感到氣憤。」這樣對方會覺得你和她是站在同一邊的，而且你關心她。

但是很多偏理性思考的人可能會有一種習慣，就是遇到問題的第一反應是想把事情解釋清楚，覺得只有解釋清楚才能解決問題。這種習慣在對方沒有情緒的情況下是可行的，但是在對方有情緒的情況下，可能只會讓對方更加煩躁，覺得自己不被理解。這種人需要練習在感覺到對方有情緒時，抑制解釋的衝動，表達自己的感受。

技巧4　詢問對方的感受

說完了自己的感受之後，進一步問對方感受如何。比如：「說出來之後，你現在感覺怎麼樣？」「你現在感覺還好嗎？說出來會不會稍微輕鬆一些？」

待對方表達完感受之後，我們可以進一步提出開放性的問題，讓對話延展下去。比如，如果對方回應：「跟你講完後確實輕鬆了些，但還是有點擔心，不知道以後該怎麼在公司天天見面。」這時你可以借這個話題繼續提問：「也許她還是在意你的感受，她有沒有來找過你？」「現在在公司裡遇到你，她有什麼反應？」提出的問題最好是開放性的，而非「是或不是」就能夠回答。這樣一來，對方自然會吐露更多，我們也能得到更多資訊。一來一往，共感就不那麼困難了。

有些人平時不太能夠感知自己當下的感受，因此很難表達自己的情緒，這時可以直接跳到詢問對方的感受。即使你不表達自己的感受，你對對方感受的關注，也會讓對方感受到你的關心，進而產生共感。

技巧5　分享類似經歷

在一次好的溝通中，雙方吐露的訊息量基本上應該是一致的，否則一方只是輸出，另一方只是接收，很難讓溝通持續下去。一般而言，哪怕是作爲「被傾訴」的一方，我們也可以適時分享類似經歷，讓傾訴者感受到被支持和理解。

當然，類似經歷不一定非得是自己的經歷，也可以是他人的經歷。比如在這個例子裡，我們可以跟好友分享這樣的案例：「我理解你現在的感受，因爲我表妹也經歷了類似的事情。有個與她無話不說的朋友突然成爲她的主管之後，她們的關係就變得有點彆扭了。但是，表妹因爲這件事情和朋友深度溝通了幾次，兩人商量出一些方法，讓她們可以公事公辦而不影響友誼，現在兩人相處起來舒服多了。」

分享類似的經歷通常不會讓對方覺得突兀，反而會讓對方很感興趣，因爲這和他當前的處境頗爲類似，他也想從中提取值得借鑑的做法。

這個動作技巧在處理與顧客或合作夥伴的糾紛時也很有用。比如前文的旅行社案例，如果負責人聽完遊客描述的情形後說：「我理解大家的感受。我雖然是做旅遊業的，但是當我自己出遊行程被打亂，我也會很不開心。」這能讓對方感覺被理解，原本的對抗局面就能夠打破。同時，他可以靈活運用前四個動作技巧：「您是我們的顧客，讓您遇到這樣的情況，我也不好受。」先讓對方知道你也是有血有肉的人，能夠與他共感。然後再說：「我的理解是，您現在肯定希望能夠解決這個問題，能聊聊您的訴求嗎？」因爲雙方有了共感，一般人在這種情況下都會慢慢冷靜下來，不再針鋒相對，也能夠理解你的立場和爲難，爲尋求最終的解決方法建立了互相理解的基礎。

技巧6　詢問更多細節

經歷上述五個動作技巧之後，雙方通常已經聊得比較自在和深入了，因此在最後，我們可以適時詢問更多細節。有人也許會問：爲什麼不在對方一開始分享經歷時就詢問細節呢？那不是更能幫助我們理解對方嗎？

其實，無論是向對方詢問細節還是對方主動透露，都需要一定的信任基礎進行「預熱」。這種信任並非完全建立在雙方過往的交情上，還建立在這一段新開啓的對話上。我們可以把每一次對話理解爲一次重新建立信任和連結的過程，因爲即使是相識幾年的朋友，我們也不能百分之百確定所聊的每一個話題都能被對方穩穩接住。

在上述例子中，一開始你可能不太方便問當事人，當初她是如何得出這位同事在背後做小動作這一結論的，但是共感到這個階段後，我們就可以適時詢問這種細節。也許還能從中發掘出她自身負面的信念體和情緒體，比如從一些行爲就直接判定對方在做小動作的假設，進而幫助她突破自己的認知局限。

這個動作技巧也適用於商務談判。在旅行社的案例裡，負責人可以詢問遊客對各方面服務的感受和意見，讓對方覺得你是眞的重視他、關心他，甚至最後如果眞的需要退款，也可以根據溝通的更多細節，針對退款形式等做出調整，比如用現金券替代現金。因爲有良好的共感基礎，雙方妥協的空間就大很多。

熟悉了上述動作技巧，相信下次你會更懂得處理對方的情緒。

「壞」情緒是認識自我的好機會

你的情緒不只是一種發洩，還是探求內在認知的視窗。

雖然在很多情況下，情緒體是限制認知的重大障礙，但是辯證地看，情緒既能控制一個人，也能啓發一個人。很多人以爲情緒是不好的，是負面的，其實情緒是自我認知的一套預警系統。

當你產生情緒時，可以利用追問法分析這種情緒，從中挖掘關於自我的認知。

舉個例子，如果你不想見一個人，你內在的情緒到底是什麼？是恐懼、厭惡，還是羨慕？每種情緒對應的是不一樣的心理狀態。如果是恐懼，那你恐懼的到底是什麼？是自己沒有能力跟他聊，是恐懼他想聊的話題，是恐懼被他發現了什麼對你不利的事，還是恐懼被他批評而丟了面子？每種可能性背後，都揭示了一個潛在的進步方向。

如果是厭惡，那你爲什麼厭惡他？很多時候我們厭惡別人，正是因爲對方身上有著我們厭惡自己的地方。我認識一個人，他很討厭別人溝通時帶有競爭性，其實是因爲他自己在溝通時會無意識地帶有競爭性。因爲這個特質曾讓他在幾年前失去一段很重要的感情。我另外有個學員很討厭和一個女生接觸，深度分析後才發現，原來這個女生擁有的一些女性魅力是她內心羨慕但缺乏的。情緒是映照我們內心的一面鏡子，可以照見我們不曾解決的心結和情緒。

對情緒的感知也能讓你擁有更多選擇。如果你發現自己討厭和一個人見面，其實是因爲那個人身上有你厭惡自己的特質，那麼你要做的不是避不見面，而是改變你厭惡自己的這一點，眞誠面對自己原本不願意面對的局限，建立起足夠的信心去面對那些曾經讓你感到羞愧的人。如果你爲自己缺乏女性魅力而厭惡一個有魅力的人，也許花更多心思去提升自己的魅力，會比持續不斷地厭惡別人更積極一些。

我有個學員發現他的下屬在上班時間看不相關的網站，內心很憤怒。後來他分析自己憤怒的來源，發現憤怒並不是因爲這個人的行爲。因爲如果換了另外一個人這麼做，他可能不會那麼憤怒，憤怒的背後是他對這個人工作能力的不信任。當他分析出這個更深層的原因後，就有必要跟下屬進行工作能力上的溝通，而不是只是控制自己憤怒的情緒了。

如果想自行探索情緒，我們可以問自己兩個問題：**你最容易表達的是什麼情緒？你最難表達的是什麼情緒？**

情緒分爲三類：**積極的**，包括親切、熱情、親密、關心、愛、感激、快樂；**負面的**，包括生氣、不喜歡、沮喪、惱怒、厭惡；**脆弱的**，包括傷害、嫉妒、自卑、被孤立、被推開、悲傷。

你最容易表達的是其中單一情緒，還是整個類別的情緒？爲什麼你很容易表達這類情緒？

舉例來說，我最善於表達的是與脆弱無關的情緒。之所以容易，是因爲我給自己立下了一個堅強或好強的人設，脆弱的情緒會讓我的形象和這個人設不符。透過這樣的分析，我就可以看到自己給自己設下的局限（信念體），以及我潛意識裡的人設給我日常行爲帶來的干擾。

還有一種情緒我也不擅長表達，那就是對父母的愛，部分原因是我接受的家庭教育。當我分析到這一點時，我意識到自己需要做出改變，因爲我內心有一個深深的遺憾，就是沒能在父親過世之前親口跟他說我愛他。現在，我會更常向母親表達愛意。

雖然被情緒操控，容易讓我們失去自我，但是透過情緒，我們可以挖掘到很多與認知相關的資訊，進而改善和我們生命中重要的人的關係。

接下來，我們會深度分析如何透過情緒體來發掘自我認知裡的一個核心概念——廣義價值觀。

透過情緒來分析出你的價值觀

在我的自我突破認知體系裡，價值觀可以分為廣義價值觀和狹義價值觀兩種。傳統的價值觀定義是狹義的，偏重於人們對於好壞、得失、善惡、美醜等具體價值的立場。廣義價值觀，本質上是人們關於價值（什麼最重要）的基本理論和觀點。當你的廣義價值觀被冒犯或違背時，你可能會產生強烈的情緒波動。

很多人會認為自己做的決定是理性的。如果你仔細想，理性能做到的，只是列出做決定的各個因素，真正給每一個決策因素加上權重的，是你的價值觀。

我有個學員剛換了一份令人稱羨的工作，公司規模大、發展快，老闆也信任他。可是這份工作需要天天加班，而他是一個很看重閒暇時間的人。最後他放棄了這份高薪工作，選了另一份收入較低，但更輕鬆自在的工作。在一些人眼裡，他這個選擇得不償失，因為年輕時就應該多賺錢。但在他看來，再多的金錢也比不上可自由支配的時間。這就是一個因爲價值觀排序不同而導致決策不同的典型案例。

價值觀是主導我們決策機制背後的隱性因素。以我而言，效率是我排名前三的價值觀，滲透到了我生活的方方面面。我平時做事特別講究方法，就是爲了達到最高效率。我喜歡和聰明人交流，因爲不需要花很大力氣反覆嘗試不同的溝通模式，效率會比較高。我考試通常都是一次通過，因爲我覺得如果不能一次通過會很沒效率。當事情不是以高效率的方式進行，我就很容易失去耐心。

對比結果優先的人，他可能更在意結果的好壞，而非效率，因此願意等待很久來換取一個好結果。而我則在意效率勝過結果，有時甚至願意放棄潛在的好結果，只想盡快把事情結束。這兩種不同的行爲，就是由不同的廣義價值觀所主導。

如果我們隨便問一個人：「你是否有價值觀？」回答一般都是肯定的。但如果繼續問他的價值觀是什麼，他多半回答不出來。我之前也是這樣。

有種說法是，回答不出來的問題便是好問題，那麼「你的價值觀是什麼」就是個好問題。「你最重視的價值觀前三名是什麼」更是一個極佳問題，因爲如果你能精準排列出自己排名前三的價值觀，面對困難的決策時就不會那麼糾結，只要按照價值觀來做就好了。

如何找到價值觀？

找到自己的價值觀並非易事。我們會習慣於自己的日常行爲，而不去深究背後體現的是什麼價值觀。另外，我們也可能因爲人生的重大事件而改變了價值觀。有的人經歷了家庭的突然離散，家庭就成爲他最看重的價值。

不妨嘗試用以下兩種方法找到自己的價值觀：

方法1　從過往經歷中提取

回顧你在哪些情境下會產生較強烈的情緒，如果排除情緒扳機的影響，那麼你之所以產生情緒，可能就是因爲這件事違背了你的價值觀，這時你就可以把它提取出來。

比如我有個學生，中學時因爲不遵守課堂紀律被老師罰站，當時他感覺很差。在此之後，如果別的同學做了類似上課打鬧、自習說話等違反紀律的事，卻沒有被老師懲罰，他就會很生氣，覺得老師不公正。後來，公正便成爲他的核心價值觀。雖然一開始他需要的僅僅是別人對自己公正，久而久之，推己及人，就變成了希望所有人對所有事都能做到公正。

回憶你做過的非常困難或糾結的決定，你之所以感到困難和糾結，可能就是因爲你的價值觀在打架。藉由回憶那個情形，你可以具體辨析出是哪些價值觀在起衝突，進而發現你比較在意何者。比如那個辭去高薪工作的學員，透過對「高薪」和「自由時間」的權衡，才進一步確定了自己的價值觀排序。

方法2　提取出普世價值觀後，用自己的案例進行驗證

下頁的表格中，我提供了四十九個廣義價值觀詞語，請參考並整理出自己排名前十的價值觀排序。請清楚寫出你對所選詞語的定義，因爲每個人對於這些詞語的理解可能不同，比如自由，有人會認爲自由是有權利發表自己的看法，有人會認爲自由是可以想做什麼就做什麼，有人會認爲自由是認定一個目標以後，放棄所有不相關的事情而得到的解脫。

注意，這些詞彙中有「公平」和「平等」等語義相近詞，在進行排序時，請根據自己對這些詞語的定義區分它們的微妙不同。如果你的廣義價值觀詞語沒有列入下表，請自行寫出來，無須拘泥於這裡所提供的詞語。

另外，當你最重視的價值觀被冒犯時，會引起你強烈的情感波動，所以爲了確認，請爲你排名前三的價值觀提供對應的例子進行佐證。

下面是一個學員對自己價值觀的剖析。

我的價值觀排序及定義如下：
公正：公平正直，沒有偏私
真誠：真實誠懇
守信：保持誠信，遵守信約
獨立：不依靠他人
善良：和善，好心，不懷惡意
親情：親人間的情誼
感恩：對別人的幫助表示感激
效率：單位時間內完成的工作量
恆心：長久不變的意志
獨特：獨有的、特別的

裡面有我透過深刻體驗和經歷總結出來的，有我認為我很在意且做得不錯的，也有

尊重	責任	慷慨	自由	積極	權力	財富
耐心	秩序	同情心	愛情	禮貌	溝通	寬容
恆心	真誠	合作	友情	愛國	敬業	友善
謹慎	守信	創造力	親情	健康	獨特	平等
效率	善良	倫理	公平	卓越	中庸	成長
和平	民主	獨立	創新	分享	誠若	誠實
知識	信仰	快樂	和諧	務實	感恩	文明

▲ 價值觀詞語

我認爲很重要並繼續加強的。我如此分類：

深刻體驗和經歷的：公正、眞誠

很在意的：獨立、親情、效率、恆心、獨特

很重要的：善良、感恩、守信

第一類價值觀源自於我的經歷，我排在價值觀的優先位置。第二類和第三類都各有應用場景和側重點。其中「守信」「眞誠」是後天形成的，我找到了一些我認爲有必要的普世價值觀，套用在自己身上作爲行爲準則和標準，久而久之產生了精神寄託，它們就變成了我的價值觀。

比如我在開始工作之前，守信觀念並不強，但開始工作以後，因爲答應的事沒做到，失去了一些朋友或商業機會。我反思後覺得履行承諾很重要，這也反過來制約了我對別人許諾的隨意性。當我把守信變成自己的價值觀後，它就更深地影響了我。

當你參考上面這個例子時，也請注意以下三個要點：

請不要把情緒扳機誤認爲是你的價值觀。雖然在練習裡，我要求大家關注曾經令自己產生強烈情緒的事件，但是請你先分析這事件是否造成了情緒扳機，以及你的情緒扳機是否已經消除了，不然你可能會誤以爲情緒扳機就是你的價值觀。

有個學員在價值觀體系裡列了「尊重」這個詞，但是她平時認爲別人隨意開玩笑的舉動全都是不尊重他人的行爲，即便在旁觀者眼裡這些玩笑無傷大雅。從她對這些行爲過度激烈的反應中可以看出，「尊重」其實只是她情感扳機的面具，她眞正需要的是接納一段不堪回首的記憶。當年她因爲成績不好而被原生家庭掃地出門，最後憑自己的努力考上了好學校。但是當下的她仍會因爲這段記憶而對身旁的人的態度過度敏感，形成了記憶體。

在前述例子裡，雖然那個學生因爲小時候被老師罰站而特別在意公平，但他後來努力消除了這個情緒扳機，所以他對於公平評判的標準和絕大多數人並沒有太大差異，在日常生活中也沒有過度的反應，如此我們才能判定這是他的價值觀之一。

請不要把你理想的自我放到你的價值觀裡。我經常會碰到有人把健康、減肥、健身這些詞語放到自己的價值觀裡，但是檢視他用來驗證的案例，卻發現這些只是他認爲重要的、需要去達到的目標，而不是價值觀。

價值觀是你內在自我體系的一部分，會主導你平時的行爲舉止和決策。如果健康是你的價值觀，你肯定會很注意有益健康的行爲，而不是天天熬夜，只是嘴上喊著健康的口號。如果你選擇的詞語並沒有在你的過往行爲和決策中具體展現出來，那麼它就不是你的價值觀。

請不要把社會的影響和思潮當成自己的價值觀，或者因爲外界的影響而忽略眞實的價值觀。有的人在做這個練習時無法排除外部影響，會把一些聽起來很高尚，但他自己內心不認同的詞語放進去。

這個練習是爲了發掘你自己的價值觀，所以無論列出的詞語是否能被社會觀念接受，都請你眞實地面對自己，因爲你的決策就是被這些價值觀影響著。你不能無視那些社會不喜歡、但是你自己喜歡的部分，你需要看到這些，這樣你至少可以從中尋找到能被社會接受的表達方式。更多相關探討請參考第五章「你是聽自己的，還是聽社會的？」一節。

價值觀的應用：你會救一個小孩，還是救十個小孩？

一輛火車急速駛來，你在鐵路旁，看到前方五百公尺的軌道上有十個孩子正在玩耍，而你已來不及叫他們避開。這時，你發現旁邊有個轉轍器操作桿，只要你拉下桿子，火車就會開到另一條軌道上，這十個孩子將倖免於難，但那條軌道上有個孩子在獨自玩耍，切換軌道的火車會將他撞死。這時你會怎麼選擇？是切換軌道，犧牲一個孩子去救那十個孩子，還是什麼都不做，讓那十個孩子自生自滅？

我曾經拿這個問題問我幾個同事，結果很有意思。大部分同事選擇切換軌道，犧牲一個孩子拯救十個孩子。少部分同事選擇什麼都不做。理由大致分爲三種：

選擇切換軌道的人認爲死一個人比死十個人好，讓一個家庭傷心好過讓十個家庭傷心。他們選擇減少傷害，而親手殺死另一個無辜的孩子。

一部分沒有選擇切換軌道的人，覺得人應該對自己的行爲負責。他們認爲十個孩子在有火車的鐵軌上玩耍，本身就犯了錯，應該自己承擔後果，而不應該讓另一個孩子來承擔他們犯錯的後果。

另一部分沒有選擇切換軌道的人，是不想因自己的行爲而承擔責任。

這個題目的困難點就在於，不管怎麼選擇，都有人死亡。既然後果相似，爲什麼還會出現這麼不同的選擇呢？

我認爲這些決定就是由不同的價值觀導致的。有人覺得公平重要，在生命的天平兩端，一與十的重量是相等的，不能因爲要救十個人就去殺一個人。有人覺得責任重要，不能不作爲、見死不救，需要兩害相權取其輕。有人覺得規則重要，如果救了犯錯之人，會導致更多的人無視規則而一再犯錯。有人覺得服從重要，命運無法改變；有人認爲集體重要，爲了多數可以犧牲少數。

我們會發現，生活中可能沒有那麼多關於是非對錯的判斷，許多選擇都是建立在價值觀之上。在婚姻中是選擇財富還是愛情？在工作中是選擇公平還是效率？在生活中是選擇眞誠還是自我？價值觀決定了我們在婚姻、工作、生活等各種場景下的重要決定。

在我看來，**價值觀不一定能幫我們做出正確的選擇，但可以幫我們做出對的選擇。**

可能有人會覺得，「對」與「正確」沒有什麼區別，但我覺得兩者是不一樣的。「對」是相對的，是針對某一特定環境下的是非概念。特定環境可以是前後語境、人物設定、世界觀架構、宗教環境等，也可以是眞誠、公平等價值觀體系下的是非。而「正確」是絕對的，是在任何環境下只爲一個目的而做出的判斷。

比如，爲了救人，司機在路上逆向行駛。這個行爲在當時的環境下是對的，但逆向行駛這件事肯定不能說是正確的。人們會對司機說「你做得對」，但可能不會說「你是正確的」。

在找尋自我價值觀的過程中，我們只需要做對或錯的判斷，不需要做正確與否的判斷。

價值觀的自我更新

很多人回饋，在認知突破的課程中，收穫最大的就是價值觀排序這個環節。因爲做完價值觀排序，他們會有更清晰的決策標準和更明確的自我定義，也有了別於他人的標籤屬性，甚至突破了一些信念體和記憶體。

當你能夠理性地提煉出這些價值觀，運用在困難決策上，能幫助你減少相關情緒的產生，簡化決策過程，減少糾結。而且在做完決策後，你也不會後悔，因爲這個決策是基於你獨有的價值觀而來的。

有個學員曾和朋友約定一起出門旅遊，但後來因爲他想多陪家人，也想在產業景氣不好時多留在公司討論新的商業機會，於是對於出門旅遊有點猶豫。但是礙於對朋友的承諾，且考慮到朋友爲這次出遊花了很長時間敲定行程、預定餐廳等，他也訂了機票，付了錢。但他還是很焦慮，一方面答應了朋友，而且自己也很想出去玩；另一方面，面對公司和家庭的責任，心裡很不安。糾結失眠了幾天，他突然想起之前排列出來的價值觀中，他最看重眞誠，勝於守信。於是他很眞誠地跟朋友表明想法：「我認爲這個時候去旅遊是不合適的，我去了可能也會因爲過多的壓力和責任而玩得不開心。與其如此，不如就不去了。我知道你可能會失望，但希望你能明白我的眞實感受。另外，我也不想你因爲我的情緒而受到影響，讓你也玩得不開心。」

結果朋友很理解他，對他並沒有過多責怪。

他後來反思這件事，說：「我一直很看重朋友對我的看法，很不願意讓我重視的人對我感到失望，覺得我不可靠。但我很明確地知道，這個時候我其實是不想去旅遊的。如果在以前，我可能會自我安慰，然後還是去了，但這次我嘗試主動溝通，並且以我自己的需求爲優先，最後取得了還算滿意的結果。這應該是我在上完課程後走出舒適圈的收穫，對我來說眞誠更重要，這件事在將來還會持續影響我。」

價值觀雖然是個性化的，而且基本上不太會變化，但是也可能隨著一些重大事件而改變或被重新定義。因此價值觀也具有一定的靈活性。

有時人生的重大事件會導致價值觀發生變化。比如我在抑鬱時，善良的排名就往前了。因爲我覺得身邊缺少這種特質的人，所以善良對我的重要性就提高了。而當我從抑鬱中走出來，重新建立起我的價值來源體系，善良就不在我排名前三的價值觀內了。

有時隨著年齡的增長和進入新的人生階段，價值觀也會發生變化。比如有的人年輕時可能覺得自由、獨特是很重要的價值觀，但有了家庭和穩定的事業後，就會覺得責任、穩定是更重要的價值觀。

我們也可以主動出擊，重新定義自己的價值觀。

我並不建議一個人隨隨便便就重新定義自己的價值觀，除非他有重大證據證明原先的價值觀定義給他的生活造成極大的痛苦。這種極大的痛苦通常分爲兩種情形：

第一種是**排名前五的價值觀有互相衝突的要素**。價值觀可能源於先天的認同、後天的經歷或社會的影響，因此容易出現排序優先的價值觀之間不相容的情況。

請你檢視自己排名前五的價值觀，是否有一些價值觀在某些情況下會起衝突？

我有一個學員，在她排名前五的價值觀裡有「和諧」和「自由」，但兩者經常起衝突，當她父母希望她留在身邊，而她渴望出國時，這種衝突就很明顯。

這時你需要做的是反覆確定哪個價值觀排名較高，如果有件事觸發了兩者之間的衝突，你需要捨棄那個排名較低的價值觀，選擇排名較高的價值觀。

如何確定價值觀排序？不妨感受一下違背了該價值觀後你感到痛苦的強烈程度。排序越優先的價值觀，違背它會讓你越痛苦，或者說你內心會越不安寧。這背後的理性邏輯是，大痛不如小痛，長痛不如短痛。

第二種是**有的價值觀包含太多道德批判，或者應用範圍太狹窄**。這種情況會造成當事人極大的痛苦，或者嚴重妨礙他活出自己的人生。

比如，有人的價值觀裡可能會有「自尊」，而他對這個詞語的定義是：我絕對不能吃任何虧。這種定義很容易讓他產生情緒。如果他把自尊定義為「一種自我價值感的來源，不一定和他人對我的態度相關」，那麼他可能就不會這麼容易產生情緒了。

有的人看重善良，但把它定義為任何時刻都要幫助別人且不求回報。他們從事的也是符合自己價值觀定義的職業，比如公益人士、護士和醫生等。但是，如果有人常常會因為這個價值觀而在遭受不公平對待時依然忍氣吞聲，甚至因為墊錢給病人而造成自己經濟上的窘迫，那麼就需要調整這個定義了。他可以拓寬善良的定義，比如改為：我不懷著惡意去傷害別人就是善良。這樣，他就不會讓自己陷入困境了。

如果他自己不覺得有問題，只是別人認為他吃虧，那他就不用為了滿足別人的需求而改變自己的價值觀。畢竟這是自己過日子的標準，不是別人的。

在每一條法則裡，我會介紹一、兩個深度諮詢案例，幫助大家深入了解這個法則在實際生活中的應用。這裡介紹的是一個關於內在價值觀和外部環境打架的案例。

深度案例1

二十八歲就升到大企業總監，他爲何不快樂？

這個案例的主角從世界頂尖名校畢業後，在全世界最好的金融機構工作，然後加入一家新創公司，做了兩、三年，在公司發展得不錯時，他又跳槽到一家大型網路公司做總監。

聽起來似乎是一段讓人羨慕的職業旅程，但是他卻很不快樂，因爲他覺得自己連一顆螺絲釘都不如：一方面他覺得公司的企業文化和他的價値觀不合，公司裡很多人爲了升職不擇手段，而他雖然也有這方面的野心，卻不願意用這樣的方式來實現；另一方面，原先很賞識他的主管被調走了，現在的主管和他合不來。他覺得自己每天都被工作逼著，得無時無刻回覆各種即時訊息。

於是他經常想到離職，但又害怕去到另一家大公司還是會碰到同樣的情況。另外，換新公司，他還需要重新證明自己的能力，重新獲取團隊的信任，而且新公司的文化也未必和他的價值觀相符。這樣的話，那還不如在現有情形下繼續工作，至少危險是已知的。

望著那些在公司裡似乎活得很忠於自我的人，他就會很懊惱：爲什麼我無法像他們那樣？爲什麼我的價值觀會和這樣的企業文化打架？我到底適不適合大公司？

我們依序解答這三個問題，先從最簡單的入手：如何判斷自己是否適合大公司？要考慮自己適不適合大公司，或者任何公司，可以從以下幾個角度來分析。

一是**能力的相符程度**。我這個朋友的能力與那份工作毫無疑問是高度相符的。他過去在頂尖金融機構的經歷，與他現在投資總監的工作內容高度重疊。而他在新創公司的經歷則能幫助他加深對創業者的理解，發掘更好的投資專案，因此他沒有這方面的問題。

二是**獎懲機制是否合宜**。很多人會因爲自己沒有得到合適的獎勵而覺得自己不適合現在的公司。這裡的獎勵不單指物質上的，也包括精神上的，比如周圍的人和老闆給你的正向回饋。我這個朋友提到，雖然老闆也經常鼓勵他，稱讚他專案做得不錯，但是他對自己仍沒有強烈的認同感，所以也不是這方面的原因。

三是**文化價值觀是否吻合**。當上述兩點都沒有問題時，這第三點通常就是人們厭惡自己所處環境的核心原因。

每個人都有他特別在意的事物，這些形成了他的價值觀，而價值觀是一個人做出重要決策的決定性因素。如果能夠發掘出自己最在意的三個廣義價值觀，通常就能明白為什麼你做的事會讓自己不開心了。那麼，如何發掘你的三大價值觀呢？

在和這個朋友的談話中，我發現他似乎特別在意和人的深度互動，有很多相關的線索。比如，他會重複提到現在的公司人情淡薄，同事之間沒有深刻的關懷。他會不斷回憶之前在新創公司時團隊間那種親密無間的關係。他不太看重老闆給他的正向回饋，因為他想要的回饋是深刻的、有效的，而不是流於表面的、機械的。

他的表現呈現出他對與人深度互動的在意和重視，而這很有可能就是他的核心價值觀之一。

我拋出這一點後，他非常認同。而挖掘出這一點後，他的不快樂也得到了更好的解釋：深度的團隊互動和親密的關係，在很多大公司裡確實不一定能獲得。

那是什麼讓他選擇了去這家大公司呢？這要從他挖掘出來的第二個價值觀說起。對他而言，另一個重要的事物是主流的認可。（雖然這看似是個情緒扳機，但我透過反覆挖掘，排除了這種可能性。）

一家大公司能夠給予他主流認可的來源：大企業的背書、不錯的薪資、較高的社會地位、管理團隊的權力。這是他從新創公司跳槽去大公司的原因。不過很可惜，這一點似乎和他在意的團隊親密互動是有衝突的，或者至少和當下他所處的這個環境是不相容的。有時候，人的內在掙扎就源於內在幾個核心價值觀間的衝突。

怎麼解決這個矛盾呢？

首先，他需要對這兩個價值觀做排序，檢視哪一個較爲重要。如果他個人覺得深度的團隊互動較爲重要，那麼他就要對排序第二的價值觀（主流的認可）重新定義。重塑價值觀的概念是解決衝突的好辦法。對此可以分爲兩個步驟：第一步是重新定義「主流」，第二步是重新定義「認可」。

我問他：「什麼是主流？」

他回答：「錢、權力、地位。」

我進一步問他：「這些眞的是主流嗎？在『主流的認可』這句話裡，『主流』更像是指稱特定的一類人。『錢、權力、地位』聽起來像是被這類人認可的東西，而不是主流本身。每個人所需要得到的認可是來自他自己認可的人群，所以對你來說，你認可的主流人群是什麼呢？」

他想了想，說：「我認可的主流人群是那些位於金字塔頂端的人。」

「那麼，你認爲位於金字塔頂端的人在意的是什麼？」

他說：「我不認識那些處在國內金字塔頂端的人，但是我認識美國一些處在金字塔頂端的人，他們在意的好像不是錢或權力，而是對他人的幫助、社會影響力、意義等。」

說到這裡，他也有點遲疑了，發現自己認爲的主流人群會在意的那些東西，其實他認識的主流人群並不在意。也就是說，他即便獲得金錢、權力、地位，也不一定能保證得到他在意的人的認可。

有趣的是，我這個朋友雖然沒有實現財富自由，但是他會反覆強調自己並不需要爲了這些錢工作。這說明金錢並不是他最看重的。拋開對主流認可的需求，他也不是那麼在意地位和權力。那麼，即便他得到大量金錢，得到地位和權力，他依然不一定能得到價值感上的滿足，因爲這些並不在他排名前三的價值觀裡。

讓我們整合現在的分析：這個朋友爲了獲得主流的認可而去了大企業，但是大企業給他的東西卻不一定是他認可的主流所在意的，也不是他的價值觀所在意的。促使他去大企業的是一個假設：我需要獲得金錢、權力和地位才能得到主流人群的認可。

於是我問他：「主流人群在意的是金錢、權力和地位，這種概念你是從哪裡得來的呢？」

他想了想，說：「我天天讀的東西，比如各種意見領袖的文章、各類媒體報導的渲染。」

「這些能代表你定義的主流人群嗎？」

他搖了搖頭。

我總結：「對於在意外部認可的人，他接觸到的資訊會嚴重影響他對世界和社會的判斷。也就是說，你閱讀和接觸的資訊潛移默化地讓你戴上了各種濾鏡。這些濾鏡導致你形成了自動思考模式：主流的認可等同於金錢、權力和地位。至於這個結論是不是真實的，是否符合你期待獲得認可的人群的想法，你卻沒有做過驗證。」

每個人都可能有自己定義的主流人群，釐清這個定義，我們就能看到其中是否摻雜了假設和盲目的信念。在對話中，我們又發現了影響他決策的記憶體和信念體。打破一些假設和盲從的信念（信念體），他就可以放下一部分對於認可的執著了。

接下來是第二步，重新定義「認可」。

我接著說：「即便你把主流人群定義爲普羅大衆或你接觸到的媒體所針對的主流人群，認可的來源也可以是多元化的，而不只局限於金錢、權力和地位。統整出其他認可的來源，也有助於解決價值觀上的衝突。」

於是我請他列出關於認可來源的清單。

這個清單會包括兩部分：一部分是目前他認知到的認可來源，比如名校光環、賺了多少錢、得到什麼樣的職務、進入了什麼樣的大企業等；另一部分是其他認可的來源，比如他幫助下屬後得到的感激、家人對他的愛、朋友對他能力的欣賞、陌生人對他熱心助人的讚揚、他因廚藝出色而得到的認可等。

後面這些正向回饋其實也是一種認可，只不過很多時候因爲自動思維模式所添加的一層濾鏡，使他看不到這些認可，只關注之前那些被自動思維模式所承認的認可。

過去二十多年透過濾鏡獲取的資訊，已經讓他習得了從金錢、權力和地位的角度去權衡事物的模式。既然我們之前的分析已經證明這個角度對他來說不是最重要的，那麼下一步就是打破這個自動的驗證模式。否則即便他換一份工作，潛意識裡他可能還是會按照原有的思考模式，選擇薪水高或職位高的工作，而忽略團隊氛圍。

這個思維模式可以透過刻意練習來改變。每天早晨，他需要把新的認可來源重複說給自己聽，提醒自己去關注自己的每一個想法。如果這個想法中又浮現出舊有的認可模式，就要提醒自己：這並不是唯一的認可來源，還有很多其他的認可來源。時間久了，他的思考路徑就會有所調整。

他點點頭，表示很認同這個方法。他說：「除了要注意資訊的來源，我還懷疑我是否處在一個錯誤的圈子裡，好像周圍的人都和我一樣，特別在意這些。我跟他們聊天時，聊的都是類似的內容，那我是不是也需要換個圈子？」（這明顯是一個由外界影響而形成的濾鏡，進一步強化了原有信念。）

我說：「那倒不必。很多時候其實是你自己主導了對話走向，才造成這個結果。你看，你跟我聊了四個小時，但我們沒有討論如何賺到更多的錢或獲得更多的權力，其實是你的自動模式讓你把話題引導到這些東西上。」

「下次和其他人聊天，如果能夠調整你的注意力，看到其他方面，同時引導對話的走向，也許你會發現話題就不再是這些了。」我補充道。

「有道理。那我回去就做兩件事：一是把我最重要的三個價值觀再統整，重新排序；二是調整我的自動思考模式。」他有點興奮地說。

「是的，」我也很替他高興，「當你做完這些，你也許會發現，你不需要在一家大企業工作。或者，當你不局限於狹隘的認可定義，可以接收到不同形式的正向回饋時，你會發現大企業也可以有深度團隊交流的機會。這樣一來，你的價值觀就不會再打架，你也就不會這麼不開心了。」

按部就班教你深度剖析情緒

這個範本可以幫助你深入剖析某一種特定情緒。在此分享一個學員運用追問法所做的自我剖析案例，幫助大家更深入理解和應用。

問：發生了什麼事？

答：有一件事情，由於我急著完成，而男友想慢慢做，所以他生悶氣了。

問：我的感受是什麼？

答：憤怒和委屈。

問：實際上有哪些行爲和語言引發了我的感受？

答：他戴上耳機，開始打遊戲。我和他溝通時，他問我是否還有事情。他的回應讓我覺得自己很不受重視。

問：爲什麼我會有這種感受？

答：我憤怒是因爲他在逃避我，委屈是因爲我覺得盡快把事情做完是爲了大家好，而他沒有體諒我。

問：我是否想到了過去的一些經歷？如果有，這些經歷是否真的和當下有相關性？如果沒有相關性，那麼我因此產生的情緒是否合理？

答：有的。比如之前我們吵架時他總是不和我說話，而去做其他事，但可能在生氣。這些經歷可能和他的反應有關，但是我並不知道他當下是否在生氣。

問：我是否有關於對方或這件事情的假設？如果有，這樣的假設是否得到驗證？如果沒有得到驗證，我的情緒是否有必要？我應該如何驗證？

答：有的，我假定他在生氣。但是我問他時，他說他沒有生氣，但是的確覺得我讓他壓力很大，讓他很焦慮。一方面，他擔心我急著把事情做完而累到自己，影響健康；另一方面，他設身處地地想，覺得如果他來幫我，他可能也會陷入同樣糟糕的狀態，他很抗拒。

問：我是否觸發了情緒扳機？如果有，源自哪裡？

答：有。我不喜歡被冷漠對待，或者被忽視。這和我之前親密關係裡一些不愉快的經歷有關。

問：我是否開始自我否定，或者開始重複過去的錯誤信念？

答：有。我覺得自己是一個被排擠的人，這源自小時候被同學排擠的經歷。

第3章重點整理

❶情緒體並不是單一的情緒爆發，而是有規律可循的重複性情緒模式。

❷要做到不被情緒體操控，需要從以下四個方面來提升：

情緒覺察：時刻觀察情緒的變化，能夠識別某種情緒的出現。

情緒調控：調控自己的情緒，使它能在恰當的時機以恰當的程度表現出來。

情緒感知：能夠透過細微的訊號，敏感地感受到他人的需求、欲望和情緒，這是與他人正常交往、順利溝通的基礎。

情緒處理：處理他人情緒反應的技巧。

❸人們不表達情緒，主要有以下原因：

不太了解當下的感受是什麼，或者沒有辦法命名它；認為表達情緒會犯錯；認為既然事情已經過去了，就沒必要再翻出來；認為表達情緒會讓人覺得自己很軟弱；希望表現得理性、冷靜、清醒。

❹情緒調控的方法：

從一數到十；情境轉移；旁觀者視角；發現並處理情自己的緒扳機；找他人疏導。

❺提升共感的六個動作技巧：

重複；表達你理解對方的觀點；表達自己的情緒感受；詢問對方的感受；分享類似經歷；詢問更多細節。

❻情緒體是探求內在認知的窗口。

它揭露了我們在意的是什麼，我們恐懼、擔憂、焦慮的來源在哪裡。透過對情緒體的分析，我們能夠發掘自己的廣義價值觀。

❼價值觀是主導我們決策機制背後的隱性因素。

很多人會認為自己做的決定是理性的，然而，理性能做到的，只是列出做決定的各個因素。真正給每一個決策因素加上權重的，是我們的價值觀。

第 4 章

破圈法則2：扭轉你的記憶體

過去無法改變，但記憶可以

曾經有個獵人頭跟我抱怨說，他在工作中看人都很準，但不知何故在生活中就經常看錯人，交到一些不值得信任的朋友。我詳細詢問了他看人的方式，發現他似乎把自己在職場中看人的經驗帶到了生活中。

在職場中，獵頭找人的第一優先順序是看能力是否相符；而在生活中，如果你要與人形成長期穩定的關係，首要評判標準是信任度，而不一定是能力。他忽略了場景的不同，把職場上積累的經驗應用到生活中。

這其實就是記憶體的一種具體展現，大腦回憶起之前處理問題的方式，便自發地在新的場景也應用了同樣的處理方式，沒有去區分場景的不同。要破除這種習慣性的經驗主義，其實只需考量切分法中的合理性，檢視在生活中應用職場上看人的方式是否合宜，就能糾正自己的行爲。

簡單來說，記憶體是慣性的經驗模式。它操控我們的途徑有兩種：一種是應用自己過往的記憶和經驗而得出結論，卻沒有檢驗是否適用於當下的特殊場合；另一種是透過對過往事件片面的解讀而形成不準確的記憶，誤導了當下的決策。

先看第一種。前文提到盲目應用過往經驗而犯的錯誤：一類是忽略了在A身上成立的經驗，換成B可能就不成立，比如開頭舉的獵人頭案例；還有一類是忽略了過去成立的經驗，現在也許並不成立。

運用切分法仔細檢驗經驗的合理性、眞實性和相關性，就可以有效避免上述錯誤。

如果有銀行業務向你強力推薦一檔基金，理由是它過去一年的報酬率超過五〇%，那麼你只需要問自己一個問題：基金過去的表現和它未來的表現相關性有多高？你通常會在基金的申購說明書裡看到：過去的投資績效不代表未來的投資績效。這就是透過相關性來破除慣性經驗模式的應用。

即便可以避免上述的記憶體，當我們透過總結自己過往的記憶而形成自我的經驗時，我們依然會被操控，因爲記憶是不可靠的。

對記憶的理論分析，大多將記憶過程分爲三個獨立的階段：首先是「獲得階段」，這時對原始事件的感知被存入記憶系統；其次是「保留階段」，也就是從事件被存入記憶系統到回想起特定片段之間的時段；最後是「提取階段」，人們回想起所儲存資訊的階段。

華盛頓大學的實驗心理學家和記憶專家伊莉莎白．洛夫特斯（Elizabeth Loftus）指出，這種分析並不正確，當我們儲存一些事實的記憶以後，會繼續從外部環境裡獲得其他資訊，這些新獲取的資訊也會和已儲存在記憶中的資訊相互作用。因此，洛夫特斯認爲記憶是一個整合的過程，一個不斷被構建和創造的過程，而不像錄影那樣，錄製完畢就不再有變化。

記憶就像我們小時候玩的黏土，一段記憶最早如果是紅色的，隨著時間推移，會有其他新的資訊摻雜進來讓其變色，最後可能就變成黑灰色了。換句話說，記憶可以不斷地被外界影響和塑造。

一九七三年的一個晚上，十八歲的彼得參加完活動回到家中，發現母親躺在地板上的血泊中奄奄一息。後來，警方在沒有根據的情況下對他進行了十六小時的盤問，說服彼得相信自己下意識地隱藏了殺人的回憶。然後警方「深入挖掘」他的潛意識，誘導他去想像殺人過程，直到他把自己的想像當成了事實，坦白招認自己的「罪行」。兩年後，首席檢察官去世，人們在他的檔案櫃裡發現了能證明彼得無罪的證據：案發當時，彼得根本就不在現場。最後彼得的所有指控被撤銷，他終於獲釋。

這個案例說明人是可以被植入虛假記憶的。因此，當我們基於自己的記憶來對重要事件做出判斷時，最好找他人驗證，確保自己的記憶沒有偏差，才不會輕易被記憶體操控。

即便沒有被植入記憶，基於我們所戴的濾鏡，我們也可能會選擇性地記起一些事。我輔導過一些原生家庭有問題的人，他們通常比較記得小時候發生在自己身上的不幸事件。這時候，如果你啓發他們努力回憶原生家庭裡讓人感動或感到幸福的事，他們往往要經過一番努力才能回憶起來。但是一旦回憶起來，他們就沒有原來那麼憤怒了。甚至很多時候，即便沒有回憶起任何事，只是思考這些不幸事件給他們帶來的收穫，透過這種視角的轉變，他們也能得到情緒上的緩解。

無反思意識者和有反思意識者

要擺脫記憶體並不難，轉換視角、多方查證、善用切分法等，都可以讓我們更客觀地看待問題，減少記憶體的負面影響。這些方法的背後，是我們從一個無反思意識者變成有反思意識者的過程。除此之外，還有兩種方法可以幫助我們進行有效的反思，破除主觀記憶帶來的錯誤認知和經驗主義。

想法。

方法1 以人爲鏡

顧名思義，就是將其他人作爲自己的鏡子，照見自己偏頗的認知、回憶和慣性的想法。

還記得前面提到那個在親密關係裡遇到問題，總覺得對方不夠愛自己的女人嗎？在原生家庭裡，她有疼愛她的父母和外婆。父母可以整晚不睡，幫她打包好搬家的東西，外婆甚至會用嘴幫她吸膿。在這些記憶的影響下，她會認爲愛的正常表現方式就是不惜代價，甚至自我犧牲式地爲對方付出。所以她會期望親密關係中的男方也像外婆那樣對她，結果自然是大失所望。當她來到我的認知課，看到其他人的相處方式後，才意識到自己是被一種極度的溺愛寵壞了，需要調整對愛的理解和認知，降低在親密關係中對對方付出的過高期望。

這個案例是用其他人的親身經歷作爲鏡子。你也可以將其他人作爲回饋的鏡子，發掘出自己對於一些事件的認知偏差。

有兩類人可以成爲你的鏡子，一類是**事件中其他的當事人**。比如，你和一個人發生糾紛，去問問在對方的視角中到底發生了什麼事，也許你會有不一樣的發現。

這是因爲在任何場合裡，我們都有三種現實：你的現實、我的現實，和第三方看到的我們兩人的現實。

比如，儘管生活水準提高了，有些父母仍沿襲以前過分節儉的生活方式，冰箱裡總是堆滿剩菜。不管說多少次吃剩菜有害健康，給他們看相關的科普文章，父母還是會趁你不注意時吃掉放了好幾天的剩菜，甚至生氣地教育你：「別因爲日子好過，就丟掉了節儉的習慣！」

如果無法意識到三種不同現實的存在，你會在父母教育你的瞬間覺得委屈和難過，不僅因爲自己的好意沒有被理解，還因爲父母的頑固而備感無力。在你的現實中，相信科學是很重要的，無法理解父母爲什麼對科學報導置若罔聞。

然而，倘若你理解了三種現實，清楚你和父母處於不同的現實中，父母的做法在你看來就變得十分合理了。因爲在他們的經歷中，相信科學並不重要，吃飽穿暖才是最根本的，保持勤儉已經內化成他們生活的一部分。因此，能夠理解三種現實，我們就更能接受他人的觀點和情緒，無論是正面或負面的。當你意識到不只存在著你的主觀世界時，你會認可在對方的自我世界中他的任何行爲都是合理的，你也能更容易接納對方的觀點和情緒。

另一類是**置身於事件之外的人**。以這類人作爲自己的鏡子時，要留意以下兩點：

一是，你找的人需要善於傾聽、分析，並具備較強的歸納能力。思維跳躍的人是沒有辦法幫你分析的。

二是，不要找過於熟悉你，以至於已經習慣於你的慣性模式的人。比如，如果你是公司老闆，那麼合夥人不一定是個好選擇，因爲他能看到你身上的慣性模式，而且很有可能早就和你提過，但你因爲資訊接收上的偏見而沒聽進去。找一個不是那麼熟悉你，但願意講眞話的人來幫你分析，就能避免這些偏見。

找到合適的鏡子之後，你需要詳細地描述那件事，盡量提供細節並分享你的內心活動，然後請對方針對你的困惑做出回饋。

在接收回饋時，你需要避免自己的防禦心理，無論別人的回饋聽起來多麼荒謬，多麼具有批判性，甚至帶有人身攻擊的意味，都不要抗拒。不妨把別人的回饋錄下來，情緒平靜下來以後再重聽一遍，也許這時候你才能眞正接收到其中包含的所有資訊。

方法2　自我爬梳

這種方法通常需要大家靜下心，在一段時間內全神貫注地把相關事件記錄下來。做自我爬梳時，可以綜合應用前述方法，尤其是追問法和切分法。如果你想對自己的認知進行較有系統的反思性整理，可參考以下的範本來反省、檢視。

1 最值得反思的幾件事：請從你的經歷中選出最值得反思的幾件事。

案例：詳細描述事情和相關人物的特質和行爲，包括背景情況、發生了什麼事、你做了什麼、結果如何、你的感受如何。

反思：你覺得哪些是你當時沒有認知到的，或者需要換位思考？你爲何會忽略這些？背後有情緒體、記憶體的影響嗎？

總結：如果可以重來，你會怎麼做？展望未來，你有什麼新的想法？

2 對你比較重要的人生要素：請整理出你認爲人生中較爲重要的要素（如成長、學習、意義感、友情、親情、事業等），詳細描述每項要素。

爲什麼該要素如此重要？你是怎麼意識到它對你的重要性的？和該要素相關的重要事件、人物有哪些？（包括背景情況、發生過什麼、你做了什麼、結果如何、你的感受如何。）針對該項要素，你覺得哪些認知在逐步發生變化？

如果可以重來，你會怎麼做？展望未來，你有什麼想法？（這個練習可以結合發掘廣義價值觀的練習一起分析思考，也許可以幫助你進一步了解自己的廣義價值觀。）

3 創業或職業上的重要認知：請在你的經歷中選出你認爲重要的幾個環節（如建立團隊、競爭與合作、領導力、商業模式、轉型、現金流、裁員、招聘、資本、用戶需求、自我認知等），並選擇你在其中經歷過的重大事件作爲案例（可以是一個，也可以是多個），以「案例—反思—總結」的結構檢視、反省。

案例：詳細描述事件和相關人員，包括背景情況，發生了什麼、你做了什麼、結果如何、你的感受如何。在分析心路歷程或心理掙扎時，請留意別陷入記憶的誤區。

反思：哪些是你當時沒有認知到或思考到的？你爲何會忽略這些？背後有情緒體、記憶體的影響嗎？如果可以重來，你會怎麼做？展望未來，你有什麼想法？

總結：你從這個案例中提煉出的經驗。請注意不要陷入經驗主義的誤區。

在認知突破課上，我會要求大家寫一萬字的回顧反省。爲什麼要求寫一萬字？因爲當你需要寫到這樣的長度，就不容易逃避潛意識裡想迴避的一些問題。爲了達到這個要求，你會不斷地深究下去。很多學員回饋說，這個回顧讓他們受益匪淺，甚至還有人會隔一段時間重新再進行一次。

還有一種自我爬梳的方法，是反思自己的決策機制。比如當你遇到重大問題需要做決策時，可以透過寫日記的方式寫下你衡量的因素、你的顧慮，以及最後做出這個決策的思考。一段時間後，再回去對各個決策紀錄進行分析，就比較容易看出重複性的思維模式或盲點。更多資訊可以參考後文的「按部就班教你爬梳過去的記憶」。

深度案例2

當下生活中的問題，可能源於記憶的限制

在這個案例裡，主角因爲原生家庭的影響而對過往經歷做出選擇性記憶，也因爲這些記憶而形成了對自己的刻板印象，導致決策上的失誤。

聽到開門聲，我抬起頭，看到一個陽光乾淨的大男生走進來。我在腦海中迅速把他的資訊調了出來：常春藤名校碩士畢業，有過一次失敗的創業經歷，現在任職於一家發展不錯的教育科技公司的產品部門。

幾天前，我剛和他公司的執行長通過電話。對方非常看好他，可是總覺得他似乎少了點自信，於是希望我可以透過這次諮詢幫助他有所突破。

他走到我對面，對我禮貌地微笑：「我坐您對面沒問題吧？」「當然。」

他小心翼翼地拉出面前的椅子，取下背包放到椅子左側，確定背包不會倒後，端正地坐在椅子上，似乎一切準備就緒。他面帶微笑，看著我說：「顧老師，很感謝您抽出時間和我交流，我很期待這次談話。」

聽到這番開場白，我不禁又想起那位執行長對他的誇獎，眞是個讓人信任、有禮貌的年輕人。

我知道他的執行長和他也有過坦誠的交流，因此他應該比較清楚這次對話的目的了。而且執行長也和我簡單描述過他的一些經歷，包括那段不太成功的創業。基於這種信任，在簡短的相互介紹之後，我決定從可能發生問題的時間點——他的那次創業開始聊起。

「我想多了解你之前的創業經歷，可以說說當時爲什麼決定創業嗎？」

「當然。」他的回答沒有一絲停頓，「出國讀書之後，我開始和學長姐交流畢業後的出路。我意識到所有人都在談論網路，我很快發覺這是未來的趨勢。這些網路公司做的事情是直接接觸用戶、對用戶產生影響，這也就意味著在某種程度上自己的影響力也會被放大，我希望能夠去影響別人。」

他的肢體動作似乎沒有表現出他言語上的自信。他十指交叉放在桌上，眼睛沒有正視我，接著說：「我後來碰到了我的合夥人。那時他正好也想離開之前的公司創業，我們聊了幾次就確定了一起創業的想法。哦，對了，我是休學創業的，因為我覺得網路這個趨勢不容錯過。」

我留意到他重複強調了網路趨勢不容錯過這一點，看準趨勢進而決定創業這件事似乎對他很重要，他想讓我記住他的創業動機，但為什麼他會擔心我沒聽到、這個動機對他又有什麼樣的意義，他卻沒有進一步說明。這一點或許值得繼續深入挖掘。

「我的合夥人在創業前任職於一家非常知名的公司，我當時覺得，有他的加入讓我向成功邁進了一大步。我們一拍即合，就開始操作當時的專案，方向是為國內留學申請者提供諮詢資訊。這個專案被一個育成中心看上了，他們願意提供各種幫助，人力上、財務上，甚至伺服器，幫我們省下了很多成本，我也沒想到我的專案一下子就得到育成中心的幫助。這給了我很大的鼓勵，我堅信自己當時對網路浪潮的判斷是正確的，我們的想法也會被很多投資人認可。」

他又一次強調了對網路趨勢的判斷，我決定順著他的話一探究竟：「你多次強調了網路這個趨勢，當初是什麼因素讓你判斷這個趨勢不容錯過呢？」

「我碰到了一位我很敬重的前輩，他當時也正準備在網路產業創業。我看到他如何積極地爭取各種資源，抓住各種機會，爲了自己的想法花時間、花精力，我深受鼓舞。他當時給了我很多建議，比如去學程式設計、多修商學院的課程等等。我聽了很多他的分享和思考，看到了網路的潛在機會，也更加確定要進入網路創業的想法。」

「我懂，這位前輩的鼓勵和認同，加上育成中心的認可，讓你更加確定了當時的決定。那我們繼續聊聊進入育成中心之後的故事。」

「得到育成中心認可之後，整個團隊就像打了強心針。其實一開始育成中心沒有多餘空間，要等一個多月才能騰出來，但大家絲毫不在意，當時也沒有其他特別適合辦公的地方，我們就在育成中心旁邊的咖啡廳沒日沒夜地工作。我當時狀態很好，即使在不那麼理想的工作環境，每天也很開心，大家每天都在遙想之後小有成就的模樣，甚至是得到市場、投資人、大眾追捧的樣子。看到自己能夠透過一個想法把大家凝聚起來，我當時覺得好滿足。這也讓我想趕快拿到融資，執行我的想法。」

這段描述非常有感染力，我似乎看到了創業初期那個躊躇滿志的他，但同時我也對他當時似乎十分自信的狀態感到警惕。往往在這種時候，人們會忽視一些顯而易見的問題，或是陷入自己既定的思維模式，難以看清全局。

「不過後來融資上出現了一些問題，加上其他種種原因，最後這個留學專案沒成功，於是我們團隊就轉型做了社交專案。這是我合夥人的點子，我覺得他之前有這方面的相關經驗，就決定相信他，再試一次，但最後也沒成功。」他好像急於結束這段關於創業失敗的對話。

「可以具體說說『種種原因』有哪些嗎？」一個人對於失敗的思考和反思，往往可以看出他對於自我的認知和瓶頸。我希望能夠從他的分析中更深入認識他。

「當時整個團隊都沒什麼創業經驗，只是盲目地想要快速發展。大家有點過於自信，也沒有花時間好好打磨產品。融資時投資人指出了不少問題，我們決定改變方向做社交時，其實也沒有想清楚……」

他略帶敷衍的敘述讓我感到有點不對勁，他對決定創業到進入育成中心的描述都十分主觀自信，展現出充滿活力的年輕人的形象。但他對於整個失敗經歷的描述彷彿是個旁觀者，所有分析多少有些流於表面，甚至沒有他自己的感受。我嘗試引導他更具體地分析：「身爲創辦人，遇到這些問題時，你在團隊中扮演什麼樣的角色？」

「我覺得我盡最大努力做了很多嘗試。我特別關注如何融資、如何徵才、如何寫創業計畫書。我希望盡快拿到融資來證明自己的專案，也想給團隊一個交代。但和投資人見面的過程很不順利。嗯……我還記得那個投資人，他很聰明，氣場很強，沒等我把創業的想法講完就開始問我問題，初始用戶從哪裡來、如何累積用戶、怎麼推廣之類的。這些問題都不難，但我不記得我是怎麼回答的，我只記得我答得很糟。但當時最讓我受挫的是他似乎都沒有表現出失望，而是一種無所謂的態度，感覺沒什麼興趣和我繼續交談。那種無所謂，你知道嗎，比失望更讓我恐慌。」

我隱隱從他的回答中看到了突破口，於是我接著問：「你剛剛對於創業失敗的描述很廣泛，指出產品、融資等問題，但是當你談論自己時，你甚至還記得投資人的哪個表情、哪個反應讓當時的你感到不適，當時的你似乎非常在意他的認可。」

他停頓了一下，若有所思道：「是的。」

「這和你一開始躊躇滿志、休學創業的熱忱似乎不太相符，是創業過程中發生了什麼事嗎？」我試著找尋蛛絲馬跡。

「我一直想用這次創業來證明自己。我覺得我的想法沒有問題，我在創業早期甚至在只有一個想法，沒有做出成績、沒有什麼使用者的情況下，就得到了育成中心的支持，我的思考和能力都得到了肯定。我當時太過自信，甚至有些膨脹，盲目地相信自己的點子。我也相信這個團隊沒問題，我有一個已經工作了五、六年的合夥人，他之前在一家挺有名氣的公司，卻願意放棄一切和我一起創業，有他的扶持，更是錦上添花。我花了大量時間把創業計畫書修改得更完善，想要盡快接觸投資人。我覺得拿到資金就能證明我自己，所以當我聽到質疑，意識到自己並不行時，打擊很大。」

我發現他一直在強調自己當時太過自信，創業的不順和挫敗，證明了他最初對自己有認知誤差，沒能正確評估自己的能力。那又是什麼讓他如此自信地休學創業，盲目向前呢？我嘗試找到背後的原因。

「隨意聊聊你出國讀書那段經歷吧。當時怎麼會想出國讀研究所？」

「我一進大學就想好要出國，所以當時準備充足，我的成績、課外活動、研究經歷等，一路都很順利就進了某大學。雖然沒申請到獎學金，但是爸媽都很支持我，給了所有資金供我讀書。那不是一筆小錢，我很感激他們，而且之後創業他們也沒有多問，就給了我一筆啓動金。」

他沒有正面回答我的問題，卻強調了父母的支持，他應該很在意自己的決定是否被父母認可。

「你研究所主修什麼？」

「化工。」

「化工？這個專業和網路距離挺遠的。看來你當時眞的是下了很大的決心轉做網路啊！你一直說對當時的自己特別有自信，當時哪些因素讓你覺得自己會迅速適應這個跨界的選擇呢？」

沉默了一會兒，他吞吞吐吐地說：「我就是覺得網路一定是大勢所趨，那位我很敬重的前輩也認可，加上我又找到一個有經驗的合夥人，好像一切都妥當了……」

「你不用緊張，我知道這對你來說是一段失敗的經歷，你可能也做了一些現在回想起來極其錯誤的決定。但這些都不是關鍵，你已經重新開始了。關鍵是如何重新審視之前的決定，找到當時的盲點，避免再犯相同的錯。可是你現在的回答好像在逃避我的問題。你的專業和網路離得很遠，但你因為前輩的鼓勵和分享，就確信毫無網路背景的自己應該全心投入，這顯然不是深思熟慮的結果，風險很大。你也說自己當時太過自信，然而當質疑出現的時候，你又立刻受到打擊，覺得自己不行。這當中似乎有些前後矛盾，你覺得呢？」我希望引出他內心真實的想法，如果他不願意真誠地坦露自己，我們的談話只會在原地打轉。

他皺了皺眉，換了換坐姿，顯得有些局促。

「我還注意到一點，你當時毅然決然選擇進入網路產業，究其原因似乎是兩個在你看來比較有經驗的前輩給了你一些引導，讓你萌生此念。但前輩和你的交集及對你的了解並不夠多，在這麼高風險的決定中，你想過為什麼他們的話會對你產生決定性的影響嗎？」

我問完，房間裡安靜下來，我好像可以聽到他調整呼吸的聲音，我很期待這次能聽到他真誠的自我剖析。

他還是緊鎖眉頭，似乎在做一個很愼重的決定：「顧老師，你說得對，也許我應該趁此機會正視當時的自己……當時那兩位前輩的話只是驅動我的原因之一。其實我不是主動休學創業的，我知道說自己休學創業會讓自己顯得很有勇氣，但事實上我在研究所的最後一個學期，有一門課被當了，這代表我拿不到畢業證書。」

他緊皺眉頭，彷彿回到了當時得知自己被當的狀態，焦躁、不安。他拿起桌上的一瓶水，擰開喝了一口。

「在有科目被當的情況下，我繼續讀研究所或找工作都會很難。雖然我和學校談好了可以補修，但當時的我在那個環境中極度迷茫。到那所大學讀研究所之後，身邊都是來自頂尖名校的同學。我不僅讀的大學很普通，大學和研究所主修還不一樣，因此學習難度更高，我一直有很大的挫敗感。」他稍作停頓，似乎要再鼓起一絲勇氣，「網路就像是我當時抓住的最後一根稻草，而且父母也支持我，雖然他們並不知道實情，卻給了我一筆資金，我不想讓他們失望……說自己是休學做網路創業，會讓人感覺我很酷，也不會追問我工作找得怎樣、成績如何……我不希望被人品頭論足。」

他說這整段話時都沒有看我，直到語畢才抬頭，眼神卻有些刻意躲避。

「說出這些需要很大的勇氣，很感謝你對我的信任，也謝謝你眞誠的分享。」他的人物形象在這個故事中越來越鮮明，我試圖將他口中的零散故事串起來，「你在研究生階段的挫敗感，與其說讓你對成功更加渴望，不如說讓你對再次失敗產生了極大的恐懼。這時爲了逃避成績不好的後果和找工作，你選擇了創業。而創業這根救命稻草並沒有想像中那麼順利，但你依舊選擇盲目前進，並且在創業初期選擇把重心放在找資金，卻沒有想清楚產品怎麼做。其實導致這些問題的原因並不是你過度自信，而是你過於急切地想要證明自己不是一個因爲被當而沒有前途的學生。這也說明了爲什麼後來碰到阻力、聽到負面回饋時，你的反應會如此強烈，因爲你害怕回到那個沒有選擇、沒有出路的狀態。所以與其說你當時是過度自信，不如說你在掩飾自己的沒自信。仔細回想當時的狀態，你會怎麼描述自己呢？」

「我當時更像是在沒自信的狀態下，忽然得到認可，然後想抓住那個認可，進而得到更多的認可。但我內心是毫無把握的，只能用另一種極端的狀態讓自己保持亢奮、充滿鬥志。可能也覺得只有這樣才能讓團隊相信我，現在想想，或許比較像是讓我相信自己可以吧。尤其在一開始收到了很多鼓舞，我努力抓住那些正面的聲音，無視其他聲音。」

說到這裡，我想深入挖掘爲什麼他在自我懷疑時，前輩和合夥人這兩個都不太了解他的人，他們對他說的話和鼓勵會成爲他判斷的標準。加上他反覆強調父母的支持，我想也許家庭會是個切入點。

「你提到父母多次的幫助，可以和我說說你的家庭嗎？」

「我爸媽是做生意的，經常早出晚歸，在家的時間不太一定，但他們對我的栽培完全沒有因此懈怠。他們自我要求高，誠信、節儉、有奉獻精神，因此對我的要求也很高。他們一直很支持我，不論是留學還是創業，都願意出錢讓我去做。」

「他們對你的高要求實際表現在哪些地方？」

「我在家被要求自己摺被子和衣服，一定要摺得像豆腐那樣平整。所有東西必須天天擦拭，一塵不染。水開太大、燈不關都會被說不惜福。我不能躺在沙發上，只能坐著，吃飯時坐姿一定要端正。見到親友要面帶笑容、親切熱情，其實到現在他們還是會強調這些，好像我還是小孩子。」說到這裡他嘆了口氣，「記得小時候，有一次我吃飯把碗筷放錯位置，被他們訓斥了很久。不過我也慢慢養成這些習慣，得到他們的肯定。」

「你很在意他們的肯定，但感覺好像又很矛盾。」

他再次陷入沉默。慢慢地，他眼睛有點泛紅：「我其實很難受，在家裡好像沒有任何自由，但是我無法違背他們，他們畢竟是我的父母啊！」

「聽你剛剛的描述，你應該是個聽話的孩子，遵從父母的教導，也想做到最好來獲得他們的肯定。父母在你心中應該是很權威的形象。」我突然想到了一點，「我想

那位合夥人在你創業初期也是這樣的角色，他們給了你很多教導和建議，而你因爲他們的肯定，想要去嘗試並做出成績，讓他們看到對你寄予的期望沒有落空。」

說到這裡，他似乎陷入深思：「好像是這樣。我好像的確把他們當成了和父母一樣的長輩。」

「但在創業過程中，你雖然一開始因爲前輩的建議而創業，卻沒有在過程中開放地聽取更多建議，而是一味地想要證明自己。你也多次指出想要盡快獲得融資來證明自己，卻沒有好好地思考產品。你似乎一邊不斷地尋求長輩的建議和肯定，一邊想要掙脫出來證明自己，讓自己不再活在他們的肯定中。」

我想要聽到他的回饋，於是問道：「你覺得你現在還處在既需要肯定，同時也想要掙脫的狀態嗎？」

「我……我不知道……但您說得沒錯，我是想要掙脫的，我內心是有點叛逆的。可能是因爲父母逼得太緊，讓我想掙脫出來，依照自己的想法過生活。」

「你曾經試著依照自己的想法過生活嗎？」

「嗯……我其實有試過……您剛剛問我爲什麼想出國留學，我之所以一進大學就決定出國留學，就是想藉由去美國來逃離父母。」

「但你在潛意識裡還是沒有完全放下別人的看法，尤其是長輩的，所以你會反

覆出現矛盾心理，也會來回糾結。這一點在你創業時就表現出來：一面極度自信，想要快速證明自己；一面又極度自卑，投資人無所謂的態度讓你一直記到現在，成了心結。我們剛開始聊這次創業失敗的經歷時，你一直在逃避自己的過往，我感覺你現在仍游走在自信和自卑之間，掙扎著該如何證明自己。」

「其實，我對這段經歷一直抱著否定和拒絕談論的態度，它讓我感覺自己十分弱小、無助。我也不想讓別人覺得我是個失敗者，尤其是身邊那些認識我、幫助我的人。我從來沒有從您說的這個角度去審視自己，我會經常思索自己到底是什麼樣子，但又不知道如何改變，只能任由情緒波動。」

他越說越激動，透露出他想要改變卻無從下手的無奈。很多時候，童年弱小、無助的記憶會一直延續到長大成人，在許多方面潛移默化地影響我們的表現。

「你這樣的情緒其實不難理解，因爲你並沒有找到自己矛盾的原因。一方面，你想用行動擺脫之前的自己，擺脫聽話孩子的形象，你想要掙脫，甚至有些叛逆。但另一方面，你沒有意識到，在你想做出改變的同時，潛意識卻不自覺地再次選擇聽從長輩的話，活在長輩給你設定的框架裡，包括你對長輩的回憶也都是正向的，似乎沒有任何問題。這種選擇性的敘述也許是爲了維護你所做的聽長輩的話的選擇，但其實深入挖掘，就會發現你並沒有忘記那些不愉快的回憶，所以你從來沒有眞正擺脫那些

束縛。這種矛盾代表你在做很多決定時其實並沒有經過充分思考，很容易受到外界影響，從而做出次佳，甚至是違心的決策。錯誤的決策讓你陷入了困境，卻找不到問題的根源。時間久了，你會更沒有自信，態度更加消極。」

他雙臂交叉撐在桌子上，身體前傾，表情顯得十分緊張，嘴巴抿著，眉頭皺著。看得出來，他很認真地消化剛才的對話。

「現在你在一家前景看好的網路公司，同事和老闆都對你高度認可，我看到你的介紹裡寫著你後來也回去讀完了研究所。你已經不再是那個小時候放錯碗筷位置就會受到責備的小孩了，你在負責一個有千萬使用者的產品。你因為某個時間點的自己，對自己進行了評價，並且否定了自己。」

他點了點頭，認真地看著我。

「人永遠在變化，人與人之間的關係也不斷在變化。你把現在的自己錨定在小時候受到責備的時刻，或是創業失敗的時刻，卻沒有看到現在自己的進步和不同。你說你希望別人不要因為你過去的成績去評判你，但你是否就在用過去的失敗來框定自己？如果讓你評價你現在的狀態，你會怎麼說？」我希望他能重新給現在的自己做出合理的評價，正視當下的自己。

「我很喜歡現在的公司，執行長很照顧我們，一日三餐全包，為了讓我們不斷學

習，還資助買書的費用。他很有遠見又好學，奠定了整個公司的文化和工作氛圍。就是他讓我來做諮詢的，他想幫助我提升。希望我沒有讓他失望。我周圍的同事也都很棒、很有趣，我覺得現在我內心充滿了溫暖，能力也不斷進步，而且在做很有意義的事。」

我在他的回答中隱約感受到希望被認可的焦慮：「這個回答讓我感覺你把對長輩的無條件服從和崇拜轉移到你的執行長身上。你怎麼看？」

他聽我這麼一說，好像突然意識到了什麼，嘆了口氣：「哎，顧老師，我從來不曾意識到，我對一些前輩或比較敬佩的權威者有盲目的崇拜。這對我來說似乎是一件自然的事，會覺得他們做的很多決定和事情都很正確。」

「我無意質疑你的執行長，我也和他接觸過，你說的這些我都同意。但問題在於：一、你需要清楚分辨，你崇拜和聽信有資歷的人，是基於理性的思考和判斷，還是單純因爲他們是前輩？二、你需要讓自己和他們分離，他們對你的認可不應該影響你的情緒，你才是那個最知道自己、最應該對自己的行爲和方向做出判斷的人。」

「我會注意的，以前我沒有意識到自己問題的根源，所以缺乏對自己行爲模式的判斷。現在我意識到了，會努力改變。」

「這就對了，」我笑了，「你已經不再是過去的自己了，你要接納過去那個失敗的自己，才能眞正走出那段時間帶給你的自卑。你要諒解當時無法反抗的自己，才能放下追求別人認可的執念。永遠不要因爲某一個時間點的自己，而否定了全部的自己。」

聽到這裡，他好像也鬆了一口氣。

「其實在和你聊天之前，我也找你的執行長了解過你，他對你的評價很高，覺得你學習能力強，做事也積極，非常有潛力，所以我才會跟你聊。他希望你能找到自己的問題，才會有更大的進步，並且在團隊中帶領別人一起進步。今天的對話是一個很好的開始，你意識到自己問題的根源，但改變不會自動發生，你要讓它發生，要告訴自己，你已經不再是那個需要得到別人肯定來證明自己的孩子了，你也不應該給自己貼上失敗創業者的標籤。」

「嗯。」他好像信心大增，背挺直了不少。

「那你說一遍吧，現在。」我對他點了點頭。（我其實是想培養他持續實踐的意識。）

他有些害羞：「嗯。我已經不再需要別人的肯定了，我不應該沉溺在過去的失敗裡。」

「對，你要不斷這樣告訴自己，每當發現自己陷入之前極度搖擺的情緒，就要有意識地讓自己走出來，去尋找是什麼讓你又陷入了自相矛盾，觸發了你的沒自信。這是需要不斷訓練的，但我相信你可以做到。其實在日常生活中，你可以透過很多方式去記錄自己的變化和一些反常的決策或行爲，比如寫日記。這些紀錄可以讓你有意識地檢視當時的矛盾點，是什麼讓你做出這樣的決定，進而找出行爲中的固定模式。一旦意識到有一些偏差，你就可以積極做出改變，並繼續記錄自己的改變。久而久之，你會養成經常反思的習慣，這樣就能讓改變更加長久。都說到這裡了，那我給你一個任務吧：從今天開始，每天記錄自己做重要決策時的思考和原因，當你又進入以前那種模式時，寫下自己的情緒和思考，看看是什麼把你又拉回過去，然後努力把自己拉回當下。」

「好的，我會按照您說的去做，希望能夠成爲一個眞正自信的人。」

很多人都有「內在小孩」的記憶，雖然他們長大了，卻因爲小時候的一些情緒被壓抑、需求沒被滿足、錯誤的信念被內化（例如我很笨，我不會成功），而在心裡留下受傷時的反應。這些受傷的記憶會藏在心裡，在他們成年之後繼續發芽，產生各種負面的影響。沒有被好好處理的「內在小孩」的記憶和情緒，在被觸發時，他們往往找不到情緒的源頭，不明白是什麼刺激了自己反常的行爲模式，因而無法解決，就好像一個封閉的閥門被打開，卻不知道它因爲什麼而被開啓。

就像這個男生一樣，在他「內在小孩」的記憶中，他是一個對長輩和權威人士言聽計從、希望得到認可的人。他的「內在小孩」十分拘謹，害怕被否認，這種害怕在小時候投射在父母身上，後來，這種對長輩認可的追求和缺乏自信，漸漸投射到更多比他年長或更有經驗的前輩身上，導致他做出衝動的決定。這也是一個把過去的自我誤認為是當下自我的案例。

結束談話後，我除了替他感到開心，也不自覺地想到自己心中一些還未被解決的「小孩」。反觀我們自己，其實小時候或多或少都會有未處理好的情緒，累積下來就形成了不愉快的記憶。在我們還沒有形成一個鮮明的自我時，就已經被很多外界因素影響了對自己的判斷：成績不好，自己不值得被愛，我沒有出息等等。這些內心的聲音會在不經意間影響我們，讓我們再次否定自己。但正視這些聲音需要極大的勇氣，需要你重新審視自己和他人的關係，還有自己內在的自我需求。想到這裡，我希望自己也能具備這樣的勇氣。

過了一段時間，我收到了這個男孩的訊息，告訴我他已經搬出父母家了，準備以這次為起點，讓自己能更獨立地面對和思考問題。他最近狀態也很好，按照我給的作業，逐步回顧自己之前的決定和失敗。看到那個大男孩經歷多次打擊和失敗後走了出來，重新開始，找到了自己熱愛的工作和人，我很欣慰。相信在擺脫過去的記憶、完全接納當下的自己之後，他會擁有更廣闊的世界。

解碼你的思維記憶，提升自信

在這個案例裡，我給那個大男孩出的作業，其實是對記憶體操控我們情緒能力的正向應用。

很多人有著根深蒂固的自我批判習慣。有個來找我諮詢的女孩，雖然工作了四年，但總是覺得自己沒什麼特別的能力，她的口頭禪就是「我太差了」。可是我幫她深度分析過去的幾段工作經歷之後，發現她其實在兩份工作中曾獨立完成了幾個重要專案，並以創新的方式解決了專案中的障礙。這是一種不錯的可遷移能力，但是她自我批判的習慣讓她感覺不到自己的好，因此非常沒有自信。

自信的一個重要來源就是對自己具備的能力和優秀特質的篤定。當遇到挫折或別人給予負面回饋時，我們很容易忘記對自身所具備能力的自信。尤其是那些因爲過度自我批判而自卑的人，更需要學會持續地練習來鞏固內在對自己能力和特質的篤定。你可以每天重複自己的正面特質和能力，把它們刻入你的記憶，當你受到外部打擊時，就可以迅速想起這些特質和能力，避免陷入自我批判和負面情緒，而能夠以平常心去應對挑戰。這就是記憶體的正向功效。

以下幾種方法可以幫助你迅速想起自己的優秀特質：

方法1　每天早上對自我進行日常肯定

每天不時向自己重複概括你所希望擁有的特質和你已經擁有的特質的肯定性語句。以下是我寫的肯定句：

我是一個善良、坦誠、堅強、聰明好奇、積極樂觀的人，這是我值得存在和被愛、被關心的證明。

我透過創造和幫助別人來獲得社會意義上的價值。

我有一顆愛自己、愛他人、好奇、感恩的心，我能夠給予自己自由和快樂。

我的未來有無限可能。生活也會給我帶來無數的驚喜。

每天定時重複這些句子時，請你感覺自己大聲朗讀時內在的感受。很多人都會覺得自己更有力量了。時間久了，你會發現裡面的一些句子慢慢失去作用。這多半是因爲你已經把這些話內化了，或者不適用了。這時候你需要再爲自己寫一些新的、能帶來內在感觸的句子。

當你陷入自我譴責或低迷情緒時，拿出來大聲朗讀，也能幫助你擺脫負面情緒，堅持對自我價值的肯定。

方法2 提醒卡片

在一張卡片上用大而醒目的字寫下簡短的讚美語句，貼在會經常看到的地方，比如鏡子旁、電腦螢幕旁等，也有人會把紙片貼在冰箱門上，這樣就能經常看見這些語句。你也可以製作小一點的卡片，放在錢包裡，或是在你的手機上設定每天的定時提醒，內容就是鼓勵自己的語句。

方法3 圖像回憶

努力回想自己展現優點和能力的時刻和情形，回憶當時發生了什麼事、你處在什麼樣的環境、別人對你有什麼回饋、你自己的感受又是怎麼樣。

因爲人的記憶是源於一個又一個圖像，所以當你回憶這樣的場景，就很容易被帶入其中，緩解情緒上的緊張和不適。圖像也是最容易讓人產生代入感的方式，如果你經常練習，下次碰到棘手情形時，就很容易再次回憶起這樣的圖像。這些情境會把你帶到當時的記憶和感受之中，你就能以不一樣的態度去處理當下的問題。

有的人會用自己敬佩的對象來代入，比如遇到危機時，我有個朋友會問自己：「如果邱吉爾遇到這種情況會怎麼樣？」這個朋友非常崇拜邱吉爾，對他的事蹟瞭若指掌，因此做這種模擬也得心應手。這其實是透過別人的記憶體來喚醒自己不同的態度和處事方式。

這是我一個學員的例子，她想驗證自己是一個風趣幽默、精明能幹、善於傾聽的人。

風趣幽默：公司的總經理平時很嚴肅，但每次都會因爲我說的笑話而大笑，還常誇我很有幽默感。

精明能幹：我在全公司三百個業務中排名第三，對於才入行兩年的人而言，這成績絕對不俗。

善於傾聽：李麗的朋友似乎並不多，但她碰到煩心事總會來找我傾訴。

她也可以在每個例子裡補充更多細節，比如總經理笑時的聲音、表情和動作是怎麼樣？當她幫助李麗後，對方說了什麼？細節可以強化我們的圖像記憶，讓這些記憶體更能發揮正向作用。

深度案例3
如何透過被遺忘的記憶打開過去的心結

這是一個由記憶體帶來不良潛意識影響的案例。

這位來訪者同樣有著亮眼的履歷：畢業後加入知名影視公司，後來成爲新創獨角獸的高階主管，又自己創立了一家有口皆碑的公司。每每看到這樣的來訪者，我就很有感觸，其實自我剖析、自我探索並不只是失敗者、受挫者的任務。獲得一定成功的人，或是被社會認可的成功人士也會有困惑和盲點，人的認知越高，越了解提升認知帶給自己的價值，也越想尋求新的突破。

正想著，我聽到了敲門聲。

「請進！」我期盼地抬起頭。

「顧老師您好，久仰。我是艾倫，很高興見到您。」說著，他禮貌地和我握手。

「你好，艾倫。」我重新坐了下來，還沒等我調整好椅子，他便直接進入正題。

「顧老師，我想您很清楚我來諮詢的目的，就不用多客套了。我想聊聊我自己的一些行爲，讓您幫我分析看看，究竟是什麼在驅使我一次次做出讓自己後悔的決定。我好像找到了一點規律，但又感覺摸不太透。」

「你是個追求效率的人。」我笑了笑。他直白的開場讓我有些驚喜，不僅是因爲他的坦誠，也因爲他是一個會自我反思的人，並且在見面之前已經自行做了準備。他一進來毫無廢話地切入主題，這告訴我他不會浪費時間。但同時，我也有一絲擔憂：這種對效率的追求如果過度，可能會帶來負面影響。

「那就開始吧，說說你注意到什麼問題。」

「我先講幾件工作上的事。這是最近的事，我剛成立現在的創業團隊，對團隊有很高的期待，要求也相對嚴格。可能是因爲我太過嚴格，對專案進度也催得很緊，讓大家不太能接受，團隊產生了一些反彈情緒，最後導致產品出了錯，接下來當然就是產品短期內口碑下降和用戶退訂。當時我的情緒是比較憤怒的，我無法忍受產品品質下降和用戶體驗變差。剛好我當時不在國內，就傳訊息非常嚴肅地訓斥了他們，然後更嚴格地要求之後的表現，憤怒讓我完全關閉了和他們的交流管道。現在看來，我覺得自己當時的情緒控管非常差，應該更有耐心一些。」

我聽完之後，倒覺得可以理解他當時的心情：「其實這種情況是可以理解的，畢竟直接關係到產品的品質和口碑，而你的公司口碑向來很不錯。我覺得你緊張、發脾氣是正常的反應。不過，這件事能引起你的注意，是因爲經常有類似的事情發生嗎？」

「沒錯。我回想了一下，類似的事其實發生了好多次。有一次技術主管出了錯，我說了一句很重的話要他避免再犯。我後來想想眞是說得不好，我傳達出對錯誤零容忍的強烈訊號，讓他對犯錯產生了很強的排斥。而他作爲技術主管，會把這種心態帶給團隊其他執行成員，反而會扼殺團隊的創造性和嘗試突破的動力。事實上也是，我感覺後來團隊變得有些中規中矩，大家對於回饋新想法都不太積極了。現在想想，我不該那麼衝動地譴責技術主管，應該構建更深的信任和合作，才有利於長遠發展，而我卻差點把關係鬧僵了。」

「還有類似的事情嗎？」我開始慢慢在其中看到一些相同的點，但還不太確定，我想了解更多的情況。

「有，我在新創獨角獸工作時，有一次公司要參加展覽，因爲缺人手，我安排了團隊的區域經理來主導專案。她很早就表達了想鍛鍊行銷能力的願望，加上她過去負責專案時表現也很不錯，我就給了她這個嘗試的機會。不過我當時挺擔心的，因爲這個任務比她之前負責的專案複雜不少，而她又缺乏相關經驗。在之後幾次推進專案的交流中，我發現她缺少整體性的思考，比如，各個分項的目的是什麼，潛在的問題和風險有哪些，這個活動如何和其他行銷媒體配合才能達到最佳效果。我當時很心急，以爲她疏忽了細節，時間上又很緊張，所以我異常煩躁，甚至強迫她按照我的方案一板一眼地執行。我能感受到她的失落，但沒辦法，我很著急。後來有個同事主動提出要協助她完成提案，並且保證我滿意。經過一天的討論，他們給了一個很不錯的提案，我就讓他們去執行。最後這個活動效果絕佳，我們的展位還被評選爲當天活動的最佳展位，吸引了很多大客戶。這件事雖然最後圓滿解決了，但我對當時自己在情急之下做出的決定有很多反思。那位區域經理雖然經驗少，但事實證明她終究以高品質完成了這項任務。我的方案不一定是最好的，我也沒有試著理解她的難處，反而以壓迫的方式嘗試改變她的想法，這對我的合作夥伴來說是一個不被信任的體驗。這幾件事都是因爲我的情緒焦慮差點導致很糟糕的結果，甚至差點讓合作關係破裂。整體回想起來，我有點擔心，萬一以後再出現類似的情況而我沒有控制好情緒，會不會就沒那麼好運了。」

「首先，我想說的是，你能夠這樣去反思總結自己，非常值得肯定，說明你已經慢慢發現自己的問題了。在我開始剖析之前，我想問，你對自己在其他專案上的決定和行爲是否有過類似的感受？」我這麼問是因爲，在一般情況下，對於記憶體的分析需要藉由多個經歷來輔助和總結，才能避免以偏概全。

「我想想……哦，還眞有一個，我不知道是不是直接相關，但這件事讓我印象很深。我之前在新創獨角獸時，負責新產品開發。當時有個年輕人提出一個點子，我回去思考了一下，決定不支持，因爲沒有明確的應用場景。但其實他的點子是有應用場景的，只是我覺得和當時市面上已有的產品沒有太大的不同。後來我又有些糾結，還是決定通過這個專案，但因爲時機有點晚了，導致專案在發布前就被扼殺。現在回想，那個專案其實和國外現在流行的一個產品很相似，理論上前景會非常好。說實話，如果當時我當機立斷推進專案，說不定會爆紅，不過現在後悔也來不及了。我不知道這是否也和前面那些事情很像，但的確一直是我心裡的一個結。」

「謝謝你的分享。我一開始說你是個追求效率的人，但現在我想稍微修改這個評價，你更像是一個有些急躁、不太有耐心的人。你想在第一時間獲得結果，但這樣的急躁往往讓你錯過很多。以我們的談話爲例，你直接進入主題的方式可能在你看來是一種追求高效、爲自己爭取更多時間的方式。可是我們畢竟是第一次見面，你絲毫沒有考慮到這是不是我能夠接受的風格，甚至沒有讓我說什麼話。雖然我不介意，但是你並沒有考慮到這種方式會不會一開始就讓我反感。你說呢？」

「顧老師，您這麼一說，我的確覺得我的開場方式有些不妥，看似追求效率，其實是想趕快得到結果。」

「沒錯，回頭看看你的這些經歷，也是相似的，其實你自己也分析得很到位。我們再試著整理，關於產品品質下降，最初的起因是你剛成立團隊之後就馬上帶入了高壓力、高強度的工作模式。你是不是剛和團隊『打完招呼』，就『直接進入主題』，開始專案，沒給團隊反應的時間？你的急切讓你始終都沒有感受到你的團隊逐漸堆積的反彈情緒，你的急功近利讓你忽略了對身邊所有人的情緒的感知。」

他皺著眉頭，頻頻點頭。

「接著看你說的第二段經歷。同樣地，你說自己說了一些比較重的話，這也是你著急的表現，你的心急讓你無法容忍錯誤，不允許別人影響你心中的『效率』。你對待那位區域經理也是，你去壓迫別人，強制別人，讓他們跟上你的速度，但你忽略了每個人的差異，你直接否決了他們的可能性。」我停頓一下，看到他仍然是用力點頭表示認同，但他身體前傾，幾乎要離開座位，這似乎又向我發出了他開始「心急」的訊號。

「我之所以想聽聽你最後的那個事例，是想看看當事情發生在你自己身上時，你對自己是否也同樣不夠有耐心。事實證明，你對自己的包容度也不高。對於新產品，最初的點子總是粗糙的，需要慢慢打磨，可是你沒有給這個產品機會，也沒有給自己等產品慢慢被打磨出來的機會。你對自己也是比較著急的、苛刻的，想盡快看到結果。雖然你最後改變了主意，發現自己對於一個本來就不完美的產品創意過於心急了，但從整體來看，你的每個決定都像是趕著去做，沒給自己好好思考的時間，也不給別人證明自己的時間。」

他舒了口氣，但馬上又皺眉：「顧老師，您說得沒錯。我也漸漸意識到這些問題，雖然沒有像您這樣系統性地總結，但我其實大概也知道是自己過於著急，包容性不夠。可是當事情再次發生，我往往還是被情緒主導，沒能吸取之前的教訓，過於匆忙地做出判斷。不知道您有什麼建議能幫助我改變？」

「別心急，一步一步來。」

「哈哈，我又想直接跳到答案了。」他放鬆了下來，靠在椅背上，露出若有所思的微笑。

「你會反覆出現同樣的問題，是因爲你並沒有從癥結點去解決。」我接著說，「心急、急功近利，只是最後的呈現形式，我們需要找到這些結果背後的原因，才能根治。」

「好的，我會跟著您的節奏，慢慢找答案。」他把椅子往前挪了挪，露出期待的表情。

「你一直表現得很匆忙、很著急，好像在追趕什麼。能否試著回想，你是否曾錯過了什麼重要事件，或是有什麼事，你覺得是由於你行動不夠快而導致不好的結果？不管是什麼時候發生的，小時候、求學後或工作後，都可以。」

他似乎很努力地想，但很快給了我否定的答案：「沒有啊。我感覺自己好像一直就是個急性子。你也聽了我剛剛分享的個人經歷，其實我也是近期才發現自己有這個問題，之前我一直沒有意識到自己會這樣。等我意識到了，追溯回去，才發現有很多類似的事情和問題，但我也不知道是從什麼時候、因爲什麼事開始這樣的。我做事好像一直都很趕，也沒有因爲行動不夠快而錯過什麼特別的事情。」

「嗯，我能理解，很多時候導致一個習慣或一種行爲模式形成的因素，在很早就生根發芽了，只是當事人不知道。你可能是因爲沒有及時面對並解決某個時候發生的一些事情或是你心中的疑慮，才一直保留了這樣的思維模式、行爲模式。我想聽聽你的成長經歷，可以和我分享一、兩件在成長階段印象深刻，或是對你影響比較長遠的事情嗎？」

「嗯，這個我要想想。」他開始低頭思考，「我覺得好像沒有什麼對我影響特別深遠的事。可能有吧，但我一下子還眞的想不起來。」

有時候，記憶體的起源會被埋藏在潛意識的底層，需要慢慢挖掘或有特殊事件的觸發才能回憶起來。我能理解他突然被這麼一問，可能沒辦法馬上想起。他這個特質也許是潛移默化形成的，而不是一些重大事件促成的。於是我試著把問題問得更細：「沒事，這個問題可能太籠統了。或是從家庭說起吧，可以跟我描述你的家庭、你的父母。」

「嗯，我父母關係不是很好，他們在我小時候就離婚了，我還記得他們會爭吵，後來我就和母親搬出來住。那段時間還滿辛苦的，因爲生活條件變差了。不過雖然是在單親家庭長大，但母親非常愛我，也很呵護我。所以整體來說，我的成長環境還是充滿了愛。」

我覺得家庭的不幸經歷可能會是一個切入點，於是我決定追問：「你說到家庭環境在你和母親搬出來之後變得不太好，你能具體描述嗎？你覺得這個過程中你情緒上有什麼樣的變化？」

「顧老師，我知道您的意思。那段時間雖然在物質上比較貧乏，但和母親搬出來之後，我一直過得挺好的。我也說了，母親對我十分愛護，讓我健康地成長。我倒覺得這段時間自己反而更輕鬆。當時生活條件的確不好，但我也靠著自己的努力而有了現在的生活。雖然我現在不是大富大貴，但完全能夠讓自己和母親擁有好的生活。我不覺得這是我焦慮的原因，畢竟這已經不是個問題了，我母親很滿意現在的狀態，我也很開心能讓她過好日子。」

他沒有描述什麼細節，也沒有具體去回憶那段時間，但他回答時一臉輕鬆，神情篤定，好像自己思考過這個問題，以及父母可能給他帶來的影響，再問下去也不會有什麼結果。他毫不拖泥帶水的回答讓我感到似乎方向錯了，於是我又試探性地詢問別的面向：「看來你也思考過家庭可能帶來的影響，既然你這麼肯定這個坎已經跨過了，我們就找找別的方向，你經歷過什麼特別有挫敗感的事情嗎？」

「嗯，我覺得剛才提到的每件事都讓我有很大的挫敗感，尤其現在回想起來，感覺自己在處理那些問題時如果更有耐心，現在可能會大不相同。但您要是問有沒有什麼事情比那些經歷更讓我有挫敗感，我一下子也想不太出來。顧老師，我知道自己好像沒提供什麼有用的資訊，請讓我再想想。」

「沒關係，不急的，這其實很正常，大部分人都需要爬梳一下才會對過去事件對自己造成的影響有一些概念。你可以慢慢回顧自己的過去，可能是一直埋在心裡的事情，涉及家庭、工作、親密關係、學校等方面的，都可以想想。」

「我明白，我可能要花時間想想。我可以再和您約一次嗎？我想回去系統性地思考，我現在腦子裡想不出什麼。」

很多時候，休息也是很好的方法，能讓人有新的想法和靈感。「沒問題，那我們約下週同一時間吧。」

這一週，我反覆回憶了他分享的故事和後來我問他的幾個問題，以及他給出的答案。我很確定他著急做事的傾向很早就有，早到他可能都沒有意識到是從何時開始的，才會讓他從有意識以來就一直重複著這樣的行為模式。我的目光重新聚焦在他父母離異一事。經歷父母離異，又在母親一人的養育下長大，小時候他必定經歷過一些很重大的事情。這些在他看來已經不算什麼事的經歷，在當時眞的得到徹底解決了嗎？這麼想著，我打算下次交談時無論如何都要再深入挖掘家庭這一塊，讓他多說些細節。

第二次會面時間很快就到了。他笑著走進房間，和我簡短地打了招呼，坐下後拿出一個小本子，上面寫滿了字。「顧老師，這次我可是有備而來。我其實也不太知道哪些故事有用，哪些沒用，但是我把我能回想起來的故事都寫下來了。希望這次的交流能有所突破。」

我看他如此認眞回顧自己的過去，便決定直接從家庭這方面問下去：「那我們還是先聊聊家庭吧，上次你其實沒聊到什麼細節。我知道你覺得這不是造成你那些行為模式的主要原因，但我還是想聽聽。」

「先說說我的成長歷程吧。上次我也說到，小時候我爸媽經常吵架，後來實在是到了無法挽回的地步，他們就離婚了，我跟著母親搬出來。雖然是在單親家庭長大，但從小母親一直都對我很用心，我獲得的愛絕對不比任何人少。白天她上班，晚上回到家已經很累了，她還會用心地為我們做飯，把家裡都打點好。我知道她一直很辛苦，所以隨著我慢慢長大，我開始嘗試著幫她分擔一些。但這始終是微不足道的，畢竟她是家裡唯一的經濟支柱。」

從他的語氣裡，我可以聽出他對母親的心疼，也感受到一些歉意，當然更重要的是，母親在他心中是相當有分量的。

稍作停頓後，他接著說：「我也努力回想了和母親一起生活的那段期間，我印象比較深的其實不是某件事，而是每次和母親一起在餐桌上吃飯時她憂慮的表情。我無法準確地形容，那表情好像是累，又好像是焦慮，似乎又有點失神。當然，她把這些情緒都盡量隱藏起來不讓我看到，但我還是比較敏感的人吧，和她在一起時很眞切地感覺到她一點一點地變老。我內心很難受，但是她不提，我也不敢提。我知道她這麼辛苦都是為了讓我趕快成長，能夠做出一些成績。我心裡都明白，我告訴自己，默默地把自己的事情都做好，不要太過依賴母親，早點幫她分擔經濟上的壓力，這才是最好的解決方式。其實我上高中那幾年，母親眞的老得很快，但她還是把累都放在心裡。」他越說越激動，原本背靠著椅子，說著說著漸漸挺起身，「其實工作之後我更能體會她的累，一邊掙錢，一邊還要撫養我長大。」他的言語中多了一些無奈。

「你的母親爲你付出了很多，看到你現在的成就她肯定會很驕傲吧，現在你可以讓她過上好日子了。」我感覺他性格的源頭露出了一些端倪，他講述這些經歷時明顯變得有些激動。但我知道這背後肯定有更多的故事，光是這些描述，還不足以讓他時至今日仍受困於那種焦急的情緒。

「我眞的是一路狂奔，希望趕快做出成績。上大學時我就花了很多時間去摸索、找方向，這樣才能讓母親安心。一畢業，我幸運地加入了一家很大的影視公司，之後又當上新創獨角獸的高階主管。我當時覺得老天對我挺好的，讓我能夠盡快給母親優渥的生活，不用一直爲我操心。說來慚愧，我創業之後比較忙，沒法經常去看她，但我知道她很爲我現在的成績開心。她已經等了很久，我不想讓她再等了，她值得過上更好的日子，不用再爲我操心，只要享福。」

伴隨著對母親的愧疚，他言語中的那絲焦急又跑了出來。而他分享自己和母親過往的生活經歷，讓我覺得這可能就是他急功近利的根本原因，他眞正著急的是趕快成爲家裡的支柱，不讓母親再操勞。

「在你剛剛的描述中，每當你說到賺錢或是要讓母親過上好日子，你都不自覺地開始緊張，語氣有些急迫，我幾乎能看到你用這樣緊迫的語氣和合作夥伴或員工交流的模樣。以你現在的狀態來看，眞的就像你剛剛說的：一路狂奔到現在，做出了不少成績。毋庸置疑，你對母親的愛是這背後強大的驅動力。」

「你說得沒錯，顧老師。其實在這週重新整理過往的生活時，我逼著自己把過去所有事情都想了一遍，我意識到，雖然我覺得那段經歷對我已經沒有那麼大的影響了，但回顧起來，仍覺得那段時間很艱難。我從大學就一直規畫著將來，想要盡快找到一份好工作。大學畢業時，我雖然對學術也有一些熱情，但我覺得比起讀研究所的效益，直接工作能讓我更快有能力保護母親。」他突然有點哽咽了，「所以我一畢業就找了工作，我覺得在工作崗位上也能夠迅速成長，更快摸索到適合自己的領域。」

「嗯，母親的愛給了你很多力量，也讓你有了很大的優勢。因爲你會比別人想得更早一步，也比別人更有決心和動力。但同時，我有一種感覺：你是否有可能把這種急切的心情帶到了之後的每一份工作、每一個專案上？想要保護母親的渴望讓你成了『衝刺型選手』，事事都想早一步做完，早一步獨立、早一步升職、早一步賺到錢，實現你想盡早保護母親的想法。這種急切可能一開始帶給你不少好處，讓你充滿幹勁，高效地完成目標，就算你因此犯了些錯，但可能都不是不可挽回的錯。於是你漸漸形成了這樣的行為模式，在更多事情上表現得急功近利。而這種行為模式在你帶團隊時開始發酵，因為這時你不再是一個人戰鬥，要快速地完成任務，你得依靠團隊，依靠大家齊心協力合作。但你仍然保持自己一貫著急的作風，並將這種急切的心態強加給你的團隊，影響了他人的工作和能力發揮。你缺乏耐心的問題因此突然被放大，讓你無法逃避了，於是你想尋找突破口，解決這個問題。」

我說完，他看起來有些疑惑：「顧老師，您的意思是，我的急功近利和缺乏耐心，是源於我想要保護母親的決心？」

「我有這樣的猜測，是因為當你說到『保護母親』時，表情、語調都很不一樣。」我追問，「是否有一種可能：這種保護的心態逐漸在變質？你想要保護母親的渴望在潛意識裡讓你想把每件事情都最快、最好地完成。但你沒有意識到或漸漸忘記了，你急切背後的驅動因素是想要保護她，所以現在你可能已經不知道自己在著急什麼了，然而這個行為模式已經潛移默化成你的一部分：你想快速把事業做大，讓自己變強，所以你會去追求社會認可度高的事情；你對那些需要試錯、回報率可能不大的事情缺乏耐心；你沒能及時糾正自己這個特質，是因為你不知道你『著急』的初衷是保護母親，所以你覺得每次驅動你情緒的是事件本身和你的缺乏耐心。在下一次犯相同錯誤時，你可能只會告訴自己寬容一點、耐心一點，但這是沒有效果的，因為讓你不寬容、沒耐心的結沒有解開。如果你不能化解心中最深層的焦慮來源，相同的問題還會再次出現，讓你繼續對自己感到失望。」

艾倫再次陷入了思考，片刻後說道：「好像是如此。我剛剛快速回想了我畢業以來的工作經歷，發現我的確因為『急功近利』在很多關鍵事件上衝在前頭，抓住很多機會，但一碰到長跑型專案，我就比較容易失誤，或者可能不會深度參與。我一直都是匆忙的。的確，當我開始帶團隊，我注意到這問題變得很嚴重。我一直想讓自己更包容一點，但情緒還是會上來。」他皺著眉頭，「我其實也知道有個問題還沒有完全解決。」

「但我心中還有一個疑惑。你在上次談話中提到，你覺得透過自己的努力已經可以保護母親了，那這個問題不應該繼續困擾你，但你剛剛的情緒波動讓我感受到你還有一些心結沒打開。那是什麼？會不會是那個更加根源的因素？」

他若有所思，但沒有說話。

「你覺得現在的你有能力照顧你的母親、保護她了嗎？」

他看著我點點頭。

「其實你早就擁有這個能力了。你不需要成為最富有的人才能保護母親，也不需要成爲社會地位最高的人。但因爲你的盲目，你和你的初心越走越遠，反而讓現在的你有些本末倒置了。你把追求金錢和地位放在首要目標，這變成了你人生的意義和價值。金錢和地位本該讓你能好好陪伴母親，但她在你生命中的比重卻越來越輕。她需要的是更多的陪伴、關懷，是你花時間和她一起享受現在不那麼辛苦的日子，而你卻花了更多的時間去追求更多的財富，忽略了她的需求。那麼你心裡還在害怕什麼呢？你還在窮追不捨是爲了什麼？」

他再次沉默了，這次的時間比之前更久。我們兩個都沒有試圖打破沉默。我知道此刻他心裡應該像播幻燈片一般回憶著小時候的場景。他表情有細微的變化，我感覺到他可能想起了什麼，但是還欠缺說出來的勇氣。

「嗯，顧老師，我剛剛回憶起一些事，也是我覺得已經過去了的事情，但可能還是在我心中留下了印記吧。其實當您說到我急切是因爲要保護母親，我就想到了一些很眞實但又不太眞切的回憶。」他沒有抬頭看我，「我覺得我想要保護母親的衝動不僅來自我們當時生活的辛苦，或是我想盡快給她一個新生活的急切。」他又停頓了。

「可能更多的……是因爲我小時候沒辦法保護她，看著她被我父親欺負，甚至被毆打……」他有些發抖，我深知這必然觸碰到他內心最脆弱的地方。他雙手緊握著放在桌上，還是沒有看我。

「說起這個眞的是……」他苦笑了，「小時候，我只能蜷縮在房間裡，聽著外面媽媽的哭聲，顫抖，但又不敢出去。那時候我什麼都做不了，我恨我父親，但我更對自己的無能感到絕望。太無助了！我想跑出去，我想拉著媽媽一起逃跑。」講到這裡，他的右手緊緊地捏著他的左手手指，表情更加清晰地表現出他的憤怒，但他依然沒有看我，而是看向了桌角。

「我無法再看到母親受一點委屈，無法想像回到過去的那段日子。那段只能束手無策看著母親挨打的日子，我一想到就有一股抑制不住的衝動！我希望我和母親都能完全忘記那段時間受的苦，相比起來，經濟上的困難就不算什麼了。我想，我渴望保護母親的衝動，更可能是源於目睹了父親家暴後的無能爲力和心中的怨恨吧！」他帶著淚光，再次哽咽了。

這時我不用多說，他能夠說出這些是一個重大突破，需要極大的勇氣和決心。他已經開始面對了，面對那段對他影響極深卻被他努力忘記的經歷。

「我在你的分享裡感受到很多力量、很多悲痛，我想這裡的情緒是需要時間消化的。我只想再強調一點，你已經有能力保護母親了，你們再也不會回到被欺負的日子。你已經給了母親一個全新的生活、很好的生活！」

我等他慢慢平靜下來。通常，當強烈的情緒被發洩後，諮詢者會感到一定的解脫。從他輕鬆不少的表情上，我覺得這次諮詢的目的已經達成了。

「今天分享到這裡，我覺得已經向前邁進了一大步。但這一步只是個開始，這個心結似乎並不像你想的那樣早已忘記，只是換了一種形式存在於你的生活中，成爲你的牽絆。如果你需要的話，我們可以再聊幾次，進一步幫助你理解並走出那段時間的痛苦。另外，我覺得你也可以多和媽媽交流。一方面，她需要你更多的陪伴；另一方面，了解她對現在的生活和對你的感受，也更能幫助你擺脫小時候的那段回憶，面對現在的生活，更快地走出來。」

「好的，顧老師。」他抬頭看了看我，「今天講完這些，我的感受很複雜，有痛苦，也有解脫。我還不知道該怎麼去改變這件事對我的影響，但我想這會在之後的談話中慢慢變得清晰。我也會找母親多聊聊，互相了解彼此的感受。」

「嗯，我想再次強調，你能分享這些真的非常不容易，我很敬佩你面對那段生活的勇氣。期待我們之後的談話。」

諮詢後記：在這個案例裡，艾倫的記憶隱藏得很深，這可能是一種自我保護機制。但是，這個記憶體依然潛移默化地影響著他的日常行爲。發掘出被隱藏的記憶是認知突破的第一步，後續需要更多心理上的疏導和對過去事件的重新解讀，幫助他樹立起一個更加客觀的、當下的自我，而不是那個依然肩負著保護母親重擔的孩子。

如果你沒有專業諮詢師，在面臨類似問題時，可以應用突破認知限制的三個步驟，以及關於扭轉記憶體和擊穿信念體的方法。

按部就班教你爬梳過去的記憶

記憶體最常出現在我們的決策過程中。如果能理性統整自己的決策機制，就能有效避免記憶體的干擾。

當你遇到一個重大問題時，可以透過寫日記的方式寫下你考量的因素、你的顧慮，以及最後你得出這個結論的思考。一段時間後，你手中就會有一系列關於重大決策的紀錄，這時你再去對各個決策的紀錄進行分析，就比較容易看出自己重複性的思維模式或盲點。

以下列出了統整自我決策機制可以參考的一系列問題，你可以選一個過往的決定，按照這些問題做統整。後續也可以建立自己的範本，根據具體情境加入更多個性化的問題，並不斷回顧檢視和反思，從大量決策的眞實案例中實現個人的自我更新。

1　問題分析

我要解決的是什麼問題？這個問題是否被清楚定義了？這個問題是眞正需要解決的核心問題嗎？是否有其他更核心或更嚴重的問題我沒有發現？

如果我無法準確地定義問題，爲什麼會這樣？如果我無法找到核心問題，爲什麼會這樣？

2　目標分析

透過處理這個問題，我期望達到的目標是什麼？

我制定的目標是否符合SMART原則？如果不符合，爲什麼會出現這種情況？

如果我在處理問題時發現目標並不具體，爲什麼會出現這種情況？

這個目標是不是唯一的？跳出這個目標來看，是否還有其他值得追求的目標？如果我沒有考慮這兩個方面，爲什麼會出現這種情況？

3 因素分析

與事件相關：這個決策牽涉到哪些相關事件？這些事件輕重緩急的排序是什麼？我對資訊的收集是否完整？是否客觀？是否帶有濾鏡？爲什麼會出現這種情況？我對事件的判斷是否有誤？爲什麼會出現這種情況？做決策時，我是否漏掉了一些因素？爲什麼會出現這種情況？

與人相關：這個問題會涉及哪些人？這些人當中，哪些人的目標和我一致？哪些人的目標和我不一致？哪些人的利益和我一致？哪些人的利益和我不一致？我能影響哪些人？我對人的判斷有哪些是正確的？哪些是錯誤的？如果我沒有影響到那些可以被我影響的人，是因爲什麼？

最終決策時我考慮了哪些因素？排除了哪些因素？排除的因素裡有沒有不該被排除的？考慮的因素裡有沒有不該被考慮的？

4 權重分析

在這些相關因素裡，我分別給每個因素加上多少權重？

哪些因素是我考量太多的？哪些是我忽略的？爲什麼會出現這種情況？

5　決策分析

我最後做出的決策是否根據嚴謹的評估和分析？還是有其他外在情況和因素影響了我？

我在做決策時是否犯了經驗主義的毛病？是否因爲過往的痛苦經歷而干擾了決策？是否有不相干的回憶和假設在其中？

我做出決策時是完全冷靜的嗎？如果不是，爲什麼會出現這種情況？我做出決策後後悔過嗎？爲什麼會出現這種情況？

6　檢視反思

最後的決策眞的是當時我能做出的最佳決策嗎？如果重新決策，哪些步驟我會做得不一樣？爲什麼？

第4章重點整理

❶記憶體是慣性的經驗模式，它操控我們的途徑有兩種：

一種是運用自己過往的記憶和經驗得出的結論，卻沒有檢驗是否適用於當下的特殊場合；另一種是經由對過往事件片面的解讀而形成不準確的記憶，進而誤導當下的決策。

❷盲目應用過往經驗容易犯兩個錯誤：

一個是忽略了在A身上成立的經驗，換成B可能就不成立；另一個是忽略了過去成立的經驗，現在也許不成立。

❸記憶就像我們小時候玩的黏土。

一段記憶最早如果是紅色的，隨著時間推移，會有其他新的資訊摻雜進來，最後可能就變成黑灰色了。換句話說，記憶可以不斷地被外界影響和塑造。

❹要擺脫記憶體有幾種方式：

轉換視角、多方查證、切分法、以人為鏡、自我爬梳法。

❺很多人都有「內在小孩」的記憶。

雖然長大了，卻因為小時候的一些情緒被壓抑、需求沒被滿足、錯誤的信念被內化（例如我很笨，我不會成功），而在心裡留下受傷時的反應。這些受傷的記憶藏在心裡，在成年後繼續發芽，產生各種負面的影響。這些沒有被好好處理的「內在小孩」的記憶和情緒，在後續被觸發時，人們往往找不到情緒的源頭，不明白是什麼刺激了自己反常的行為模式，因而無法解決。

❻自信的重要來源，是對自己擁有的能力和優秀特質的篤定。

當遇到挫折或別人給予負面回饋時，我們很容易忘記對自己所擁有的能力的自信。學會堅持不懈地解碼你的記憶，鞏固內在對自己的能力和特質的篤定。在你受到外部打擊時，這種篤定有助於迅速想起這些特質和能力，避免陷入自我批判和負面情緒，能夠以平常心去應對挑戰。這就是記憶體的正向功效。

第 5 章
破圈法則3：擊穿你的信念體

從外界的眼光裡奪回人生的定義權

法國哲學家尚．布希亞在《消費社會》裡說，一個人在消費社會中，根本沒有所謂的自由。

這個觀點聽起來好像很可怕，但仔細想想，我們的行爲無時無刻不受到外在的宣傳影響。很多人可能認爲自己有權選擇買什麼化妝品、家電和車款，但是你可能無權選擇七夕時不買禮物給女朋友，你甚至可能喪失了不洗澡、不打扮、生活不講究的權利，否則可能會收到旁人不理解或異樣的眼光。

這些都是消費主義在我們思想裡種下信念體的具體例證。

我是個崇尚自由的人，換過五個不同的產業，去過五大洲六十五個國家，不擔心拒絕別人的要求，做著自認爲很有意思的事情。我原先以爲很自由自在，但是後來才發現，我的思想並沒有我想的那樣自由。

我有一段時間會因爲自己年紀大了而焦慮，有一段時間會因爲沒在國內買房子而覺得錯過了很多，也會不時覺得自己的錢還不夠花，頂多是實現了「超市自由」（有能力在超市任意消費）。可是當我靜下心來，我發現那些焦慮、懊惱和無奈的情緒，都是源於外在的影響。

當媒體瘋狂炒作「大齡剩女」時，我好像就自動代入了；看到人們談論炒房時，我就覺得自己好像錯失了良機；當旁人都在談論如何賺錢，我似乎也會被他們帶著走。我的情緒會因此起伏不定，進而影響我的行爲和表現。

我的思想其實是各種外界思潮、媒體和他人觀點的集合，由多條支流匯聚而成，其中很多還彼此衝突。這是因爲大腦並不會刻意去一一辨析這些資訊和想法的來源。慢慢地，我會形成很多原來並不屬於我的觀點及信念，這些就是信念體的來源。

需要說明的是，每個人的思想或多或少都會受到外在的影響，但是這裡有一個區別：你是無意識地受到影響，還是有意識地選擇這種影響。

無意識地受到影響，就像我認爲自己是大齡剩女那樣，直接接納了這個觀點和它所賦予的負面含義，導致自卑等一系列情緒的出現。

我並沒有透徹地思考這些問題：什麼是大齡剩女？我眞的是大齡剩女嗎？大齡剩女眞的不好嗎？這些問題可以挖掘「大齡剩女」一詞背後隱含的價值體系判斷標準，然後再用我自己的價值觀去思考這種觀念是否應該被接納。直到我做完了上述步驟，才能說自己是有意識地選擇了這種影響，並清楚知道它會給我帶來的結果。

一個人成熟的標誌就是對自己的決策深思熟慮，並且有勇氣去接受這個決策帶來的一切結果，無論好壞。

只可惜，我連第一步都沒有做到，就無意識地接受了很多觀點。同樣地，當我對自己的情緒進行分析時，我會發現自己被動地接受了很多外在的信念——精英主義、達爾文主義、功利主義等。甚至，對於自己很在意的「自由」，我也沒有透徹地思考這種想法到底是我眞實想要的，還是之前多年的海外留學經歷被灌輸的。

因此，如果我要擺脫外界的擺布，就必須對自己內在的主要觀點、想法和價值體系做分析，找到每一種思潮的來源，然後重新審視，看我是否應該接納這些。

比如自由，這是我的一個核心價值觀。我對自由的定義是，清楚了解自己的人生使命和方向後，放下不相干的事物。我在審視這個定義的過程中看了不少人對自由的定義，有一部分和我類似，也有很多和我不同。我思考出這個定義時，並沒有讀過很多相關的書，也沒有關於外部資訊輸入的記憶，甚至我當時就知道別人對於自由的定義和我的並不一樣。因此，只要我的記憶沒有欺騙我，那麼我對自由的定義應該是自己想出來的，算是自己的東西。

我回溯童年，發現自己對自由的崇尚已經有些萌芽了。很小的時候我就會好奇人爲什麼活著。因爲這發生在我出國之前，西方的自由思潮還沒影響到我，因此我可以坦然地說，我選擇這種自由作爲自己追求的目標有很高機率是自己的決定。之所以說「高機率」，是因爲我在上一個原則裡提到了記憶的不可靠性。如果我的記憶有誤，那麼這種思想很可能依然是從外界引入的，只不過我現在已經在理性和感性上認同它了。

分析自己的刻板觀點、各種思考的來源，甚至反思自己的價值觀，進而把各種思想從無意識地接納，轉變爲有意識地選擇，這就是擊穿信念體的核心方法。

當然，很多人覺得這麼做太耗費時間和心力了。一個人每天會有無數思緒，一個個分析實在太累了，何況絕大多數人也沒有時間去學習和了解從古到今的各種主義、文化、思想潮流等，更不用說去做精準的溯源。所以，我會建議大家抓大放小，只看最常見的信念體的來源和形式，其中包括社會認同、人設限制和負面暗示。

在探索最常見的信念體之前，先請大家做一個練習，這個練習有助於你發掘自己潛在的信念體。

我是誰？

請拿一張白紙，寫下二十句關於「我是一個＿＿＿＿」來定義自己。

1 我是一個＿＿＿＿
2 我是一個＿＿＿＿
3 我是一個＿＿＿＿
4 我是一個＿＿＿＿
5 我是一個＿＿＿＿
6 我是一個＿＿＿＿
7 我是一個＿＿＿＿
8 我是一個＿＿＿＿
9 我是一個＿＿＿＿
10 我是一個＿＿＿＿
11 我是一個＿＿＿＿
12 我是一個＿＿＿＿
13 我是一個＿＿＿＿
14 我是一個＿＿＿＿
15 我是一個＿＿＿＿
16 我是一個＿＿＿＿
17 我是一個＿＿＿＿
18 我是一個＿＿＿＿
19 我是一個＿＿＿＿
20 我是一個＿＿＿＿

寫完以後，請仔細看你寫的句子，注意以下幾點：

1 是否有很多句子都是對某一種角色的描述？

比如「我是一個丈夫」「我是一個父親」「我是一個公司的老闆」。如果是這樣，請仔細思考：這些角色對你的意義是什麼？哪些角色比較重要？還是同等重要？

每個角色對你來說代表什麼？比如，對於某些人來說，「我是一個丈夫」意味著「我需要把家庭放在第一位，在任何情況下都不能犧牲家庭」；而對另一些人來說，「我是一個丈夫」意味著「我需要承擔起家庭的重任，要賺錢養家糊口，但家庭不一定是第一位」。這兩種意義其實有差別，它背後具體展現的是你對不同社會認同的認可度。

2 是否有很多句子是描述自己特別好的特質或正面的想法？

如果是這樣，爲什麼會缺乏負面的描寫？這是否代表你會以非常樂觀的態度看待事物？或者，這代表你不願意去面對自己身上的不足之處？如果是後者，其中是否可能存在一些信念體需要突破？

3 是否有很多句子描述的是比較負面的特質或悲觀的看法？

如果是這樣，是否代表在日常生活和工作中，你也較爲傾向看到不好的那一面？你是否很容易忽略自己和別人身上的良好特質？你是否有關於自己優點的錯誤信念，比如我沒有什麼特長，我能力不行等想法？

4 你是否寫了幾句後就寫不下去了？

這是否意味著你平時並未深入思考過自己是什麼樣的人？或許你並不想輕易地定義一個人，因爲你覺得在沒有深度了解的情況下草率地定義一個人是不恰當的。但現在你要定義的是你自己，一個理論上你應該很了解的人，爲什麼你會定義不出來呢？這是否顯露出你對評價自我或評價他人的一些信念，比如「我沒有資格定義他人」「我不可能搞清楚我自己」「我太茫然了，我找不到自己」「我永遠不可能得到我想要的」？

另外，這個練習也能發掘出關於自我的其他方面。比如，你是否寫了很多關於興趣愛好的描寫，而忽略了自己的其他方面？這些興趣愛好對你來說意味著什麼？你能否發現這些興趣愛好背後的共同點？也許這些共同點能爲你想要從事的職業提供一些線索。

你是否只有關於工作的描述？如果是這樣，生活中的其他方面對你來說代表什麼，比如你的健康、你的朋友、你的親密關係、你的家庭、你的興趣愛好等？你是否把過多的精力投入於工作，而忽略了人生應該是一個平衡發展的過程？

如果你發現自己的描述過於聚焦在某一面向，這反映了你的什麼信念呢？

你是聽自己的，還是聽社會的？

你是否發現，在「我是誰」練習裡寫下的二十句話中，有些句子和你的社會認同相關？

社會認同指的是我們藉以定義自己是誰的群組成員身分或社會類別。關於社會認同的典型描述就像「我是男人」「我是南部人」等。

著名社會心理學家亨利．泰弗爾（Henri Tajfel）及約翰．特納（John Turner）在共同創立的社會認同理論中指出，我們溝通時，通常不是以個體的角色來進行，而是以我們認定自己是誰的某一個群體的代表來進行。我們所具備的社會身分也是由我們所屬社會團體的行爲準則來確定的。

因此，群體認同也包括我們常見的自我信念。有些時候，群體認同會導致我們產生對自我的偏見，形成信念體，具體表現在以下面向：

首先，如果我們不清楚群體認同所包含的概念，就很容易認同其實並不屬於這個群體特徵的概念。

比如，我曾經讓幾百個人闡述他們心中對於男性和女性的印象，到底哪個群體是強勢的，哪個是弱勢的。然後我發現九〇%左右的人認爲在中國社會裡男性處於強勢地位，還有一〇%左右的人認爲是女性處於強勢地位，而這一〇%的人中有男也有女。所以，如果你是在那九〇%的群體裡，就會發現另外一〇%的人所認同的概念和你完全不一樣。基於這兩種不同的認知，你們就會產生不同的觀點和行爲。比如，你會發現，那些認爲女性處於強勢的男生，對女性常常有羡慕的感覺；而認爲男性強勢的女生，則更可能在男性面前做出妥協。

其次，人們容易因爲對社會的認知而產生相關的期待。通俗地說，就是你覺得這個人應該是什麼樣的，這個人就會是什麼樣的，或者你覺得自己應該是什麼樣的，你就可能表現成什麼樣子。

心理學家曾經做過很多相關實驗。羅伯特・羅森塔爾（Robert Rosenthal）曾經研究學校課堂裡的期待效應，他和助手們挑選了一所小學（包括一到六年級，十八個班）作爲實驗對象。他們首先對全校學生進行智力測驗，接著隨機抽取二〇％的學生。隨後，他們將這些學生的名單交給該班的所有任課老師，告訴老師這些都是經過測試證明值得栽培的學生，並要求保密。於是，被挑選出的這二〇％學生就作爲實驗組，其餘學生則成爲研究的對照組。十八個月後，他們又對該校學生進行智力測驗。結果發現，實驗組的智力測驗分數較對照組顯著提高：實驗組六個年級學生平均智商增加了十二・二分，而對照組只增加了八・四分。造成實驗組學生與對照組學生之間差異的原因，在於這份名單對教師的心理暗示，使得教師對實驗組學生抱有更高的期待。由於這種良好的期待，教師在日常教學和師生互動過程中，會有意無意地對這些學生表現出更多的鼓勵、讚許等積極態度。學生因爲老師對自己的關心、重視和鼓勵而增強了自信，更加努力學習，也表現得更好。

這就是爲什麼你可能會經常看到這樣的故事，某成功人士在描述自己的學習經歷時，會提到自己一直表現不佳，直到遇到了一個特別賞識他的老師，人生才發生了巨大變化。

另外，群體認同不光會影響個人的行爲，也會影響個人在整個小組裡的表現。舉例來說，對於男性或女性占強勢地位的認知，會透過潛意識影響我們在一個群體中的初期感受。如果一個認爲男性占主導地位的女生加入全是男性的團體，她在潛意識裡會扮演非主導型的角色，不太願意擔任領導性的職務，這可能在一定程度上解釋了爲何在一個男性很多的小組裡，男性通常較有可能擔任領導角色。

談完社會認同的影響後，我們來看它的三個類別：

被給予的：外界給予你的，但是你本人不一定認同，比如大齡剩女這個概念。

自我選擇的：你選擇認同這樣的概念，但是隨著心智成熟或心理狀態的變化，你可能會放棄相關的認同。比如我最早特別在意「公平」，但後來就沒那麼在意了，因爲我意識到世界上沒有絕對的公平。

核心的：不變的、最認同的。因爲它是不變的、你最認同的，所以核心認同也會影響你對自我的認知，比如你理想的自我可能就包括這部分的社會認同。

很多時候，人們會把被給予的認同當作自己的核心認同，如果發生這種情況，很有可能導致人們對自我認知的不精準。如何知道在你的理想自我或眞實自我中是否包括了一些被給予的認同？你需要仔細思考自己每一個關於群體認同的認知：哪些是你透徹思考過後，依然認爲是核心的社會認同，哪些只是被給予的，實際上你並不認同的社會認同。把你不認同的剔除掉，就可以更準確地掌握關於眞實自我或理想自我的認知，同時也突破了自己的某些信念體。

我們來做一個練習，檢測你的社會認同是否有偏差。

以下有十個類別的社會認同，前面四個是可見的（別人可以觀察到的），後面六個是不可見的。請你在每個類別選擇：根據你對社會看法的理解，自己是強勢群體中的一員，還是弱勢群體中的一員。比如，關於性別，我認爲自己是弱勢。而在學歷一欄，因爲我有全世界排名第一商學院的學歷，大學也是常春藤名校，所以我確定自己是強勢。

最後，請計算在這十個類別裡，你有幾個是強勢的，有幾個是弱勢的。

可見的：

性別：強勢或弱勢　　年齡：強勢或弱勢

外貌：強勢或弱勢　　身高：強勢或弱勢

不可見的：

學歷：強勢或弱勢　　職務：強勢或弱勢

家庭背景：強勢或弱勢　　出身地區：強勢或弱勢

婚姻狀況：強勢或弱勢　　財富：強勢或弱勢

強勢群體總數______

弱勢群體總數______

最好讓身邊的人一起和你做這個練習，有了對比，你才能發現自己對於社會上一些群體概念的認知偏差。

曾經有學員把自己的學歷認定爲弱勢。他畢業於中國一所知名大學，但是因爲家人都有碩士或博士學歷，而且兄姊都畢業於海外名校，所以他本能地認爲自己在這方面屬於弱勢。他之所以會有這種認知，是因爲他把自己周圍的小圈子當成了整個社會的縮影。當他到外面跟別人打交道時，如果別人的學歷比他高，他就會本能地覺得自己低人一等，形成了「我學歷不夠好」的信念體。但他卻沒有意識到在很多人眼裡，他本身也是一個學霸。

你可以考慮隔一段時間再做一次這個練習。我發現很多人在不同的階段認定的強弱情形會有變化。曾經有個學員一開始認定十項都是強勢，沒有一項是弱勢的。但是當他聽完其他同學的發言，他就自發地改成了五個強勢、五個弱勢。這說明他是一個很容易受外界影響的人。

也有人在整體狀態不好時，會傾向將更多選項認定爲弱勢；在狀態較好時，則會將更多選項認定爲強勢，如果他對一些選項本身強弱感知並不明顯，更容易出現這種搖擺。比如，如果你不是成長於大城市，當你狀態好時，可能會認爲當地發展也不差，爲自己的出身地區感到自豪，在這個選項上認定自己處於強勢；當你狀態不好時，你可能會想，跟其他大城市比，這裡有很多不足，因而在這個選項認定自己處於弱勢。所以，對於強勢、弱勢的認定，也能反映出你本身狀態的好壞。

如果是團體做這個練習，你會發現，強勢選項占多數的個體，通常在團體中比較活躍、勇於發言，或者說他們在團體裡承擔主導角色。而認爲自己弱勢選項占多數的個體，通常在團隊中較爲沉默，或者說更願意服從其他人的領導，也就是說他們在團隊裡承擔的是非主導的角色。

換句話說，這個練習不只能讓你了解自己在社會認同上可能存在的偏差，以及自己在社會認同中的定位，還可以反映出你潛意識裡在團隊中承擔的是主導（強勢）或非主導（弱勢）角色。

主導角色在團隊裡有更大的影響力和更強的自我能動性。很多時候，主導角色是被賦予的，而不是自己選擇的。比如在課堂上，老師就會被自動賦予主導角色。同樣地，學生選出來的班長也會被賦予主導角色。不好的一面是，主導角色經常只考慮自己，不會深入考慮自己作爲小組一員需要承擔什麼責任。

非主導角色通常被視爲群體成員，他們更需要考慮作爲團隊成員應該如何行動，比如配合主導角色，執行他們的命令等。

這個練習的結果，能夠幫助我們理解爲什麼在團隊剛形成時，有些人會自發地擔任主導角色，其中部分原因是這些人在社會群體中先天的強勢認知，而這種認知會讓他們更願意擔起主導角色的責任。如果一個人希望能夠改變團隊裡主導和非主導的角色，以及由此掌握的權力大小，那他可以在後續過程中努力克服這些先天認知上的劣勢，以能夠被團隊成員認可的方式獲得大家的尊重，進而成爲新的主導角色。比如，我們在生活中常常會見到一般院校的畢業生，因爲刻苦勤奮和符合公司文化的表現而獲得他人的尊重和老闆的喜愛，更快得到晉升。

回歸到信念體的主題，當你做完這個練習後，可以從以下幾個面向對自己做進一步的思考：

1在這些強勢或弱勢的選項裡，哪些是你在個人層面上並不認同群體觀點的？

比如，我見過有的學生雖然認同男性占主導地位，但她個人更認同女性需要表現強勢，導致內心產生了矛盾和痛苦。所以，當你發現有這些衝突時，一種解決方式是詢問周圍的人來獲得更多支持，或搜尋能夠打破你對社會認同固執己見的資訊，比如同工同酬的資料、女性高階主管的比例變化等，減輕因爲當下的社會認同和自身價值觀不一致而造成的內心痛苦。

2哪些社會認同可能是錯誤的？

比如，那個明明畢業於好學校卻依然認爲自己學歷是弱勢的人，可以去檢驗自己對於這個社會認同的理解是否準確。如果他了解到，絕大多數人學歷都不高，那他對這件事情的理解也許就會不太一樣，在待人接物時也能變得更加平和、不卑不亢。

3你是否曾經因爲一些社會認同而限制自己？

比如，有的女生年紀大了還沒有論及婚嫁，就給自己貼上「大齡剩女」的標籤，然後在婚姻這一項給自己打上弱勢，在婚姻、親密關係相關的話題上顯得支支吾吾。有的女生卻覺得單身很好，自由又有無限的可能性，於是在這個選項上認定自己居於強勢。前者是因爲她接受了社會認同給自己加諸的限制性思想，而後者沒有這種思維限制，所以對待生活的態度就會更積極。在這種情況下，前者可以借助後者來幫助自己拓寬看待世界的方式，看到不同的社會群體所持有的多元化觀點，把自己從這些束縛型的思想陷阱中解放出來。

你也可以多詢問幾個人外在可見的那四個項目，來獲得不一樣的視角。這些不同的視角也許能讓你放下對於外在事物的執著，更加關注內在的成長。

4 你是否會因爲自己的社會認同而歧視他人？

比如，就出身地區來說，有人可能會歧視來自偏遠地區的人，原因可能是他們沒有充分去了解這一群體。因此，請你看看自己對於社會群體特質的概念和理解是否隱藏了對他人不公的看法。這些看法很容易導致你在接受來自這些人的資訊時，選擇性地傾聽，因而錯過重要資訊，或是在看待他們的行爲時容易有偏向惡意的解讀。

儘管這個練習是了解社會認同對個體認同的影響，但是很多時候，社會認同會以一種標籤的形式展現在個體身上。很多人也會習慣於給自己或他人貼標籤，比如「精英」「學霸」「直男癌」「拜金女」「斜槓青年」等。因標籤而產生相關的認同，並因此束縛了自己，也是一種常見的信念體。

深度案例4
不要讓過去的標籤困住當下的自我

以下案例的主角，就是因爲過度認同社會給予他的標籤，讓自己陷入了困境。

M曾是我認知課程的學生，那時他還在一家網路公司摸索。上完認知課程，他毅然決定在公司內部創業，並獲得了不小的成功。現在，他又邁出了人生中新的一大步：離開公司創業。課程結束後，我們有一段時間沒見面了，得知他放棄穩定的工作決定創業時，我內心有些激動，可能是覺得這對他來說是個巨大的突破。我十分期待和他再次深入交談，想知道我們這次會碰撞出什麼火花。

想著想著，聽到了敲門聲。「請進。」M走了進來，露出傻笑。「顧老師，好久不見！」他說著張開了雙臂。我也露出了喜悅的笑容，給了他一個擁抱，說：「看來你最近狀況很不錯啊，怎麼突然想到要找我談談？」

M收起笑容，搬出椅子坐下來，喝了口咖啡說：「顧老師，你也知道我前陣子離開公司，自己創業了。我其實挺有自信的，找到了很可靠、在業界很有資源的投資人，現在也有一個高效率、相處融洽的團隊。但我最近和身邊的人交流，和他們說我創業的事情，卻得到了大相徑庭的回饋。有的回饋極為正面，有的卻非常負面，讓我很難對我現在的狀態做出客觀的判斷。我一下子感覺自己充滿幹勁，一下子又感覺被活生生澆了冷水，所以想來和你深入聊聊，幫助我認清自己的現狀。」

他這番話倒沒讓我驚訝。在生活中，人們通常很難收到中立而真實的回饋。比較親近的人往往會誇大你的長處，在你出現問題時，也會盡量從積極的角度幫你分析。而不太熟悉的人經常會貿然做出判斷，看你不順眼的人更是以抨擊你為樂。我們其實都非常需要一個可以坦誠交談的朋友。我相信M很清楚這點，而且在之前的認知課程裡，我們也談過真實回饋的重要性，所以他來訪的原因應該不只是收到了極端的回饋，想從我這裡聽到比較中肯的建議，而是肯定有讓他更加困擾的深層原因。我便順著這個思路開始發問：「是什麼樣的負面評價？」

「負面評價大多比較類似，比如說我還是有書生氣、像個學院派、感覺沒什麼野心，性格也比較溫和，最後往往會得出我不太適合創業，或者不像一個創業者之類的結論。」

乍聽這些詞，我覺得並不能得出他不像創業者或不適合創業的結論。創業者可能需要具備一些特質，但因為「性格溫和」「書生氣」這種特質就草率地下結論，那些給予負面評價的人顯然並不了解M。不過讓我更在意的是，M自己對哪個部分的評價比較介意。

「你知道這些評價都很片面，但我比較好奇，你覺得讓你感到被冒犯的，是他們給你的這些評價，還是他們最後得出你不適合創業的這個結論？」

M認眞思考了一下，說：「我試著分析我的想法。首先我挺討厭『學院派』『書生氣』這種形容，這給我最直觀的感受就是說我不夠成熟，不夠有城府。」他喝了口咖啡，「我其實一直會收到說我沒有野心、性格溫和的評價。記得以前在學校時也有同學這麼形容我，我可能就是會給人這樣的感覺吧。其實我倒不太介意別人對我有這樣的印象，我在意的可能是很多人會從對這些特質的分析中得出我不像創業者的結論。每次這樣的談話結束後，我就會反思創業者應該是什麼樣的。當我看向身邊那些比較成功的創業者，再把他們的性格、經歷和自己做比較，發現有很多差異，好像那些評價也沒錯，這讓我有點不知道該如何看待自己的狀態和創業者這個身分了。」

「你對於創業者的理解是什麼呢？」我有些驚訝，他思考過後竟然認可了這些負面回饋的內容和邏輯。有時候，分析內在感受對於一種角色的定義，就可以解決一些困惑。

「我覺得有兩個層面吧。一個層面，從做的事情上來說，我覺得創業者是那個把產品從零到一做出來的人。有一個產品的想法，自己成立團隊，然後帶領團隊一起朝一個方向努力，直到把這個產品從想法變爲現實，並不斷更新。另一個層面，我覺得創業者需要能夠掌控大局，有野心，做關鍵決策時，即使別人反對，也要對自己的想法充滿自信。但是我給別人的感覺，似乎並不具備這些特質。我目前在創業過程中好像還沒有碰到這些情形，我不知道碰到的時候，我是否會表現出一個優秀創業者的特質。」

給某個人或某類人貼標籤往往是最危險的事情。「擁有狼性，才是成功的創業者」「只有如何如何，才能成功」，其實都是一種過於簡單的表述。單一歸因的方式會讓人形成線性思維，而忽略事物往往是複雜而多樣的。很多時候，這甚至變成了人們不思進取的藉口，比如「我就是這樣的人，無法改變」「我就是沒有留學背景，所以不行」。如果我們運用第二章「如何做到透徹的思考，直擊問題本質？」一節的方法，就可以發現其中包含了大量的假設和武斷之處。世間沒有那麼絕對的事情，每種情形都可能有黑馬或黑天鵝的存在。而標籤容易讓人忽略多元的解決方案和視角，只聚焦在被標籤化的點上。深入挖掘這些標籤是如何形成的，有助於我們發現更深層的原因和潛在的解決方法。

「你剛剛說觀察了一些成功的創業者和你自己過往的經歷得出這個結論，可以聊聊過往經歷嗎？」

「當然可以。當初來上認知課時，我還在原來那家網路公司工作。那時我處於中階職位，來上課，是希望能找到一些突破口。我很高興課堂內容對我有實質的幫助。上完課回公司之後，我和主管在某個專案的發展上有些不同意見。我們對專案的前景和發展方向看法不同，我當時覺得他的說法不太合理。如果沒有上你的課，我可能會爲了避免衝突，讓這件事情就這麼過去。」

我想到他剛來上課時的樣子，露出了理解的笑容。

他接著說道：「但是因爲我在課堂上也和幾個同學爭執過，甚至起過比較直接的衝突，而這並沒有讓我和同學們的關係破裂，坦誠表達自己的觀點，反而使我們充分理解對方的眞實想法，化解彼此心中的不滿。這給了我很大的信心，讓我對人際關係有了新的認識。」說到這裡，他露出了自信的微笑。的確，如果有了成功解決糾紛的經驗，一個人就會建立起相關的信心。

「所以當我和主管意見相左時，我沒有退讓，並且非常坦誠地表達自己的疑慮。最後我們的確起了爭執，互相說了一些不太好聽的話，但最終我的執著讓我爭取到獨立負責這個專案的機會。剛接手時，這個專案虧損很大，幾乎要被公司放棄。於是我便自己組了一個國際化的團隊，重新構思產品。我和團隊一起努力了近一年，最終讓這個專案轉虧為盈。這是一次成功的內部創業，而且是在手邊資源並不多的條件下獲得成功，我還是感到很自豪的。從這件事來看，我覺得自己擺脫了別人給我的標籤。」他稍作停頓，我深深地感受到他的興奮，也替他能有這樣的突破而開心。「但我現在的創業經歷好像沒有給我同樣的感受，我沒有去 fight for something，去為一個東西爭取和奮鬥，好像一切有些過於順其自然，過於順利，這樣的情形彷彿讓那些標籤又回來了，讓我又縮回了殼裡。我不知道是不是我沒有去努力爭取，是不是應該更加激進，不知道自己算不算一個合格的創業者。」

聽到這裡，我好像有點明白他感受上的落差從何而來了。他在心裡給創業者貼上了很多標籤，而這些標籤一方面是從他以前那次成功的內部創業經歷中總結出來的，一方面可能也受到了一些外界的影響。由於從創業到現在並沒有出現特別嚴重的問題，他心裡的這些標籤並沒有給他造成太大的困擾，可是當他和別人交流之後，這些快被遺忘的標籤又重新來到眼前。他開始將自己和這些標籤一一對比，發現自己當下的創業狀態和他之前被人認可的、稱得上十分成功的內部創業的狀態並不一樣，這兩者的不相符，以及目前創業不溫不火的狀態，讓他開始對自己產生懷疑。其實，信念體也可能是自己創造了一個角色，然後自己又代入這個角色。

我覺得最好還是從頭開始爬梳這件事：「當時你決定離開公司創業，是抱著什麼樣的心態？」

「當時在原來的公司，我接手的專案已經比較穩定了，我帶著團隊把產品從零到一做了出來，在市場上也得到極大的認可。工作逐漸變得平穩，沒有從零到一那麼有挑戰性了，我感覺自己進入了舒適區。加上內部創業終究會用到公司很多資源和名氣，我覺得這是站在巨人的肩膀上，我無法知道自己眞實的程度。所以我想，乾脆脫離舒適區，這樣我才能成長，也才能獲得更大的成功。」其實，這裡也有一個邏輯上的跳躍，就是在公司內部依然可以有所成長，只是可能要花點時間去尋找。

「你怎麼定義更大的成功？」

「首先當然是財務上的回報。其次，我希望能從零到一做出更成功的產品，影響更多的人，同時也讓我團隊的成員感受到自己在其中的價值，讓團隊中的每個人都有歸屬感和榮譽感。」

「你反覆強調從零到一做出一個產品，這對你來說十分重要？」

「嗯，我覺得在內部創業那段經歷中，這個從零到一的過程是最有價值的，不僅是對自己的多重挑戰，還要有全面性的觀點，要掌握技術，要理解市場，要帶領團隊等等。這是能讓團隊和我自己最能感受到榮譽和自身價值的部分。」

他的回答進一步驗證了我之前的猜測——不管是對成功的定義，還是對創業者的定義，他都過度依賴之前那次成功經歷。我試著拓寬他的視野。「你覺得當時一起上認知課的同學裡，誰是成功的創業者？」我很期待他的回答。

「每個都是。深入了解他們之後，我覺得他們每個人都值得敬佩。」

「你覺得他們哪些特質值得你敬佩？」

「他們很眞實，有血有肉，有感情，有熱忱。那是我第一次那麼深刻地感受到創業者群體的溫度。他們做著不一樣的事情，有的人失敗了，有的人甚至失敗了好幾次，但他們身上都有一種鍥而不捨的精神。我還深深記著當時一位分享者說的話：『創業者投入在這個行業裡的一切也許是渺小的，但他們選擇了這個行業，就成了這個行業的書寫者和貢獻者，不分大小。』從長遠意義上來說，他們都是成功者。」

「沒錯，這句話很精采，你有沒有發現你並沒有用你的成功定義去衡量他們的價值？」

他笑了：「哈哈，是的，我說完那個答案就意識到你的意圖了。這似乎輕易擊碎了我自己對『成功』和『創業者』的定義。」

很多時候，人們對於一個概念的初步印象可能源於外界，這時就要深度描述自己腦海中的概念，才能擺脫外在的影響。「我記得你來上課時，一直懷疑自己是不是夠資格上那堂課，因爲其他同學的創業經歷都更豐富，很多還有過成功經驗，有些同學雖然經歷很曲折，但也算是創業老兵了，只有你剛從國外讀完書回來。你還記得第四天晚上發生了什麼事嗎？」

「哈哈，當然記得，那天我算是『爆發』了。」

我回想起那次課程的第四天，其中一位創業者質疑M作為一個「打工仔」，為什麼要浪費時間來上一堂為創業者設立的課程。在他提出質疑之後，另外三個創業者也提出了相同的質疑，稱他為一個沒有實力的「中階管理者」，說他不值得被投資，說他看似激進地學習，其實並沒有學到什麼……面對這些質疑，M一直保持沉默，又或是在刻意壓抑自己的情緒。但這個被觸發的情緒終於在那天晚上的課程總結時一併爆發了出來。

那天晚上，M是最後總結自己感受的學員，所有人都盯著他，等待他的回饋。我還記得M當時是這麼說的：「我有三個感受吧。一是累，一開始那些不痛不癢的交流讓我感到心累，接著又有四個人接連質疑我，這其實對我產生了很大的影響，而我忍了一下午，也感到很累。」他的聲音聽起來有些疲憊，但語氣卻很尖銳。「第二個感受是疑惑。說實話，我從上課第一天起就想過我到底屬不屬於這裡，我不是眞正的創業者，我不知道大家是怎麼想的。」他突然掃了所有人一眼，問道：「你們誰認為我不應該參加這次課程？你們誰認為我不應該和你一起出現在結業的回憶錄裡？我是不是根本就不屬於這裡？」他看向大家，全身緊繃，似乎在等待一個答案，但又快速接著講了下去。「第三個感受是不爽。對，我的確只在中階，我也想以高層的身分來參加這課程，給大家帶來更多的價值。可是我很珍惜這個機會，我不希望這個寶貴的訓練機會溜走。也許大家說得對，我的水準就只是中階，這真的觸發了我很不好的感受：是的，我太弱了。但我又不願意面對自己真實的水準。我的欲望超越了我的能力，可是，即使在職場，我也想帶領好我的團隊，我也希望做好我的產品，讓它不被砍掉。我也希望我能夠帶著我的團隊升職加薪，而不是遺憾地走掉。我也想學習領導力，想學習企業家精神！」

他幾乎用吶喊的方式結束了這段總結。說完之後雖然他看似鬆了一口氣，但看得出身體依舊處在很緊繃的狀態。

出乎他意料的是，做完這段分享之後，他馬上收到很多正面回饋，很多質疑他的人表示，他們直接提出問題，是想幫助他面對自己的心結，能有更大的突破。大家也對他表達了更全面和更深入的看法，來回幾次眞誠的交流之後，M漸漸平靜下來，也感謝夥伴們的支持。

M那天晚上的發言，讓我看到了一個敢於面對自卑的人勇敢跨出第一步，也讓我看到了他的潛力、爆發力和想要突破自我的決心，所以那晚的對話一直讓我印象深刻。我從思緒中漸漸回到當前的對話中……

「是啊，我也記得很清楚，我覺得你那時很勇敢。你說出了很多心中的不安，尤其讓我記憶深刻的是，你說自己的水準普通，但你很希望帶著自己的團隊做好產品，你的欲望超越了你的能力，但你也不想再像個老好人一樣隱藏了，於是你把你對大家的不滿，或更多的是你內心的恐懼，吶喊了出來。」

M聽著有點不好意思了，看他的表情，他顯然對那段經歷還有著很深的印象。

「讓我嘗試著把這些點連成線，來分析你困惑的來源。」

M點了點頭。

「你和當時的公司主管起了爭執並因此拿下專案，然後帶領團隊從零到一完成了成功的產品，這個經歷對你來說意義重大，某種程度上完全消除了你對自己的焦慮：能力不夠、水準一般、欲望超過能力等。在這個過程中，你打破了自己老好人的形象，你不再嘗試取悅每個人，而是勇敢地和主管據理力爭，並證明了自己的價值。這讓你徹底擺脫了以前的『非創業者』特質，比如性格溫和、不夠激進等。於是你把那段經歷塑造成你心中的成功典型案例，那個成功案例中的你是一個近乎完美的角色，不管商業決策上還是團隊管理上，你都處於最佳狀態。那段經歷便成了你對『成功』『創業者』的唯一定義。而現在這段創業經歷不像之前那麼『刺激』，不需要你去拯救一個虧損嚴重的專案，也不需要你去和一個權威起爭執，並在這個過程中堅持自我。這次創業沒有那麼多大風大浪，這種比較平靜的創業過程讓你有些不安，它不太符合你對創業的宏大敘事，沒法讓一個激進的你再次出現在舞臺上，你因此開始質疑自己是否能被稱爲創業者。這也是爲什麼那些原本應該無關緊要的負面評價，卻對你產生了深遠的影響，因爲那恰好擊中了你的痛點。你的內心也覺得你不完全符合創業者或成功創業者的標準，因而更加動搖。」

他微微點頭，緊抿著嘴，沒有立即給我回應。短暫沉默之後，他說：「顧老師，你總是那麼犀利。我還沒有完全理順思緒，我需要好好反思，不過你剛剛那段話的確讓我有不少共鳴。我對『成功』和『創業者』的理解是單一的，在很大程度上是基於我那次成功的內部創業經歷。我會好好思考一下的。」

「別著急，你也知道我的風格，不光給出建議，還必須有可執行的改變計畫，不如就從重新定義『創業者』開始。」

他突然笑了：「這下可難倒我了，我得好好思考。我知道每個人對創業者的定義都不同，每個人對這個詞的感情也不同，我覺得我之前的定義包含了我當時對創業和創業者的理解和情感，一下子不知道怎麼去推翻。」

「我不否認每個人對創業者都有自己的定義，但一定也要意識到這不是唯一的定義，而且這個定義應該是不斷變化的，會隨著你的經歷、你的認知、你對生活中事物優先順序排列的變化而產生變化。但你並沒有根據這些變化去調整你對成功、對創業者的定義。你已經邁出了新的一步，脫離了以前的環境，嘗試找到新的突破口。不論是你現在所處的行業、你身邊的人，還是你做的事，都是新的，都變了，但你卻依舊在用上一個階段對成功的定義來定義你的現階段，嘗試衡量你現階段的得失。或許你現在不需要過去的『驚心動魄』，或許你的能力已經能夠很從容地建立團隊，把產品做出來。因爲你已經歷了從零到一的過程，而現在對你更具有挑戰性的是，怎麼讓業務持續地長期發展，怎麼從一走到一百，從一百走到一千。」

他聽得非常專注，並說：「是的，你說得很對，我之前的想法並沒有充分考慮我所處的新環境，讓自己跳出已有的框架，可能是想複製自己過去的成功。但這個想法不太可取，我和我做的事情都變了。」

「很好，你已經認識到這點了，這是很重要的一步。那你回去後可以接著思考你對成功的定義是否受到了過去經歷的限制，是怎麼被限制的，然後好好更新你的人生字典吧！」

「謝謝顧老師，又是一次受益良多的談話，聽你這麼說，我意識到自己雖然從上次創業中大幅提升了自己的能力，卻沒有認眞進行認知上的自我更新，或者說沒有更新完善吧。是時候再好好地審視自己了，我會再來和你『彙報』的！」

說到這裡，我們會心一笑。

M的領悟力不容小覷。過了幾天，我便收到他的訊息，深入剖析了他對部分事物的理解為什麼還停留在過去，也分享了他對於自己現階段的思考和對那些正負面回饋的分析。其中一個很有意思的點是，他這些「老好人」「書生氣」標籤的背後還有一個核心標籤──儒商精神。

M從小生長在文化氣息很濃的環境，他有一個事業上非常成功的長輩，這個長輩對他影響極大，而這些影響慢慢塑造了他對於商業應該如何運作的理解。在他的理解裡，儒商精神，或者說溫文爾雅、聲譽優先的信念在他的心裡慢慢發芽。因此，當他接觸到網路這個新興產業時，他發現這裡的文化氣息與儒商精神很不一樣。而「儒商精神」的標籤表現，也就被旁人認為是「老好人」或「書生氣」。所以，在M對於自我認知的掙扎背後，其實是兩種商業文化的相互衝擊。在很多傳統生意環境適用的「儒商精神」，在發展迅速、日新月異的網路創業中可能就不太適用了，而M沒有清楚認知這兩種應用場景和時代的不同，導致自己被過往的核心標籤困住。

要擺脫這種情況其實很簡單，首先，M需要建立更多元的世界觀和價值觀，意識到過去的標籤有其特殊的應用場景和對象，而自己如今所處的環境需要新興的行為和思維模式，這些是他之前不具備的，但並不表示他做不到。

很多人會犯一個認知上的錯誤，認爲自己的標籤是不可改變、不可進化的。其實完全不是這麼回事。標籤只是人在某個階段爲了簡化認知而賦予的描述性詞語，如果你把它當成對自己人格不變的表述，其實是過分放大了標籤的力量，使其成爲一種信念體。

標籤可以很輕鬆地被撕下、被自我更新、被修改。就像M，當他回到家族中和長輩交流時，他依然可以應用「儒商精神」，因爲在那個環境裡，這相當合適。而當他回到網路創業環境中，就需要他之前成功創業經歷所賦予自己的標籤，而不去在意那個「儒商」標籤。

當然，這一切都是基於M的努力，如果他不想要新的標籤，也可以守住舊標籤，只不過在那種情況下，也許回歸家族的生意，或換一個更注重「儒商精神」的環境，他會更如魚得水。有時，處在一個不適合的環境，原本的信念就可能變成禁錮你的信念體。無論M的決定是什麼，當他意識到自己過去的核心標籤所帶來的影響時，就已經邁出了解決問題的第一步。這就是擊穿信念體帶來的好處。

我期待著未來一顆儒商新星冉冉升起！

你是為自己而活，還是為人設而活？

人設，指的是對人物形象的設定。我們看娛樂新聞時，經常會看到某某明星人設崩塌了。其實不光明星有人設，很多普通人也有人設。人設如果應用不當，就會成為你的信念體，對你的行為決策和思考造成很大的限制。

在我接觸的學員中，我發現了以下幾種常見人設，如果應用不當就會出問題。

彪悍者：有些人信仰彪悍的人生，這無須解釋。我自己也有這種人設，我認為自己是極度堅強獨立的人，以前的我會拒絕接受別人的幫助，也不會去尋求他人幫助。我不太會展現自己脆弱的一面，為了掩飾這一點，有時我甚至會故意和他人保持一定的距離。這種人設雖然一方面讓我擁有獨立處理問題的能力，但另一方面也讓我在面對自己無力承受的困難或關卡時，找不到方法去突破，還會讓很多人覺得我是一個很有距離感，甚至比較冷淡的人。

受害者：有些人因為過往經歷而給自己編織了受害者的人設，認為自己很可憐，在極端情況下甚至會認為外面很多人想要加害自己。這種受害者的人設在處理人際關係時往往會帶來很棘手的情況。後面我們會用一個案例來闡述這種人設所帶來的信念體及其後果。

眞實者：有些人經常把眞實掛在嘴邊，目的卻是方便自己。比如，有的人會故意標榜自己是所謂的直男，就可以不考慮別人的感受，拒絕學會共感。這種人設會成為妨礙自己進一步成長、學習深層人際互動技巧的藉口和障礙。

控制者：有些人認為一切都要在自己的掌控之中，當事情沒有按照他的預期發展時，就很容易失態。在人際關係中，這種人通常也會讓另一方沒有自由成長的空間。

依賴者：有控制者，必然就有依賴者。依賴者通常把自己看成是弱者，需要借助外力才能生存下去。在這樣的信念中，他喪失了自我成長的能力，很難有意願學著自己面對現實並解決問題。

討好者：討好者雖然不像依賴者那樣需要別人，但是他會極其擔憂自己和對方的關係。有的討好者因為擔心對方忽然離開自己，會不惜犧牲自我來維持這種關係的穩定性。

完美者：有的人認為自己不可能犯錯，因為自己是完美的。完美者對錯誤的容忍程度接近零，所以一旦自己出錯，他要不是不惜任何代價去掩蓋這個錯誤，就是會陷入極度的自責、自卑。同樣地，完美者通常也不允許別人犯錯。

有時，人們還會根據這些人設，在潛意識裡給自己編織出很多故事，然後按照這些故事去生活。也就是說，他們根據人設編寫了自己的人生腳本，將預言變爲現實。比如，有受害者傾向的人可能會習慣性地從「我是一個受害者」或「旁人都對我不懷好意」的角度去收集資訊，因而得出很負面的結論。而沒有這種傾向的人，對同一件事情則會有不一樣的解讀。比如，對於別人的笑，有受害者傾向的人可能會認爲是嘲笑，對方不懷好意；而沒有這種人設的人就不會編出這種故事，只把它當成普通的笑。這些選擇性的資訊輸入和內在對於記憶的編織，會加深有受害者傾向的人對這一人設的信念，進而讓「我想看到什麼，就會看到什麼；我覺得會發生什麼，就會發生什麼」的自我預言變成現實。

發現自己的人設是第一步，我們還需要分析出它適合的應用場景，然後透過不斷練習來讓其爲己所用。畢竟，人的心理之所以會產生人設，和電腦有不同運行模式類似，是爲了更妥善地應對生活和工作中的複雜場景。當你能夠隨心所欲地按照意願去應用你的人設時，就具備了對自我的極大掌控度。

要掌握自己的人設，我們需要透徹的思考和持續的實踐。重點是透過不斷的練習，把無意識的人設控制變爲有意識的自我主導。首先分析出自己在什麼情形下會被這種人設控制，具體的行爲和表現是怎樣的，然後找到合適的人設替代品或新的信念，最後透過刻意練習，讓它成爲你新思維模式的一部分。我們並不是要完全擺脫人設，而是要學會控制它們出現的場合，讓它們在恰當的時機出現，爲我們帶來想要的結果。

比如，除了「彪悍者」，我還有另外幾個人設，其中一個是智慧的老師。這個人設通常在我授課、爲別人做諮詢或幫別人解決問題時自動上線，它對我完成需要完成的工作極其有用。但是在跟朋友聚會時，這個人設就不會出現，不然大家會覺得和我聊天有壓力，破壞聊天氛圍。

深度案例5

做自己人生腳本的編劇

在這個案例裡，主角最早是想解決公司管理的問題，卻沒有料到，這問題背後是她根深蒂固的人設在作怪。

「在準備解決問題時，我一般會採取三個步驟來判斷我的切入點應該是什麼：第一步，我對這件事情是否具備相關知識？第二步，我對這件事情重視嗎？第三步，如果我重視這件事情，又具備足夠的知識，而它還是出了問題，那麼可能就是因為我的認知存在一些問題，我對這件事情的認知有盲點和誤區。」在一個恬靜的下午，我受邀為一些創業者和企業家舉辦工作坊，分享關於認知的方法論。

「老師，那團隊管理出現問題怎麼辦呢？」

我轉頭望向發言人。一件合身的白色針織衫顯出她瘦削的肩膀，時尚的耳環隨著她的動作跳躍。時髦大氣是我對 Amy 的第一印象。

「Amy 對嗎？你對團隊管理有什麼顧慮嗎？」我問。

「是的，我是新創公司的執行長，但是一直有件事情困擾著我，就是我覺得我的團隊成員們都少了什麼……」她微微皺著眉，「就好像他們都沒有創業需要的那種衝勁。發現問題後，我也試了很多辦法，團隊建立活動啊，培訓啊，但最後效果都很普通，沒有什麼特別大的變化。」

「那麼先用剛剛我講的方法爬梳一下吧。你對團隊管理的知識掌握度如何？」我問。

「身為執行長，我深知團隊管理非常重要，自學過很多管理方面的知識，像這樣的工作坊和課程也參加過不少。」

「第二步是關於重視度。我認為你對這方面顯然也很重視，不然不會花這麼多時間去學習管理。你剛剛還說曾經試過團隊建立活動、培訓等方法，那麼剩下的可能性就是你對這塊有一些盲點和誤區了。」我一邊說，一邊開始回想她在這個工作坊的行為表現。

雖然Amy給我的整體感覺很外向，肢體語言非常豐富，但是她表達的內容很多時候卻是很內斂的。與她豪邁直爽的外在形成鮮明對比的，還有她的細膩，身邊有人表現出焦慮和不安時，Amy總是第一個發現，也會去幫助身邊同學舒緩心情。想到這裡，我突然感覺抓住了什麼，問道：「你說員工缺少狼性，那你自己有狼性嗎？」

Amy一時語塞，顯然這個問題把她問住了。她猶豫了一會兒說：「其實這件事情，我感覺自己一方面是很有衝勁的，不然也不會選擇創業，而且做得還不錯。但是另一方面，我覺得我對現狀很滿足，沒有什麼能再逼著我向前衝了。」她停了一會兒繼續說道，「我自己是喜歡靜心修行的，也覺得這對我有很多好處，但是修行做多了，就很容易滿足於當下。」

「那你覺得這種矛盾心態帶來了什麼樣的結果呢？」我問，「如果一個執行長本身是恬靜無爲的狀態，那麼他手下的人會很有衝勁嗎？」

Amy 突然愣住了，然後很開心地笑了起來。「哎呀，原來如此。我本來覺得，我的團隊有問題，只是因爲我沒有找到最合適的方法，但是經你一說，我發現其實我並不需要很多管理方法。我之前的確學了很多，但是如果我自己都無法以身作則，即便實踐了這些方法，恐怕也不會有什麼好的效果。」她一邊快速地在筆記本上記錄，一邊說，「我回想了我們團隊的人，其實我找的很多人跟我性格都挺像的，都比較安逸，我想在這樣一群人裡找到狼性，完全是不切實際吧！」

「對的。」我肯定道。看到她的樣子我也很欣慰，繼續幫她分析：「所以很多時候你覺得公司有管理問題，這可能只是表象。造成團隊管理問題的原因是非常多樣的。很多時候，管理者在徵人的過程中，不管多麼努力地不帶個人情緒、客觀地做決定，都不免會按照自己的喜好和風格來找人。現在你期望的團隊風格和你已經實行的徵人風格產生了矛盾，這才是管理問題背後的原因。」

Amy 聽了頻頻點頭，覺得自己得到了啓發，很開心。但是我不得不潑她一點冷水，因爲很多人容易有一點收穫就停滯不前，錯過了深度分析自己的機會。「我很高興你有了這麼大的收穫，但其實我們還可以更深入挖掘。你剛剛說自己一方面很有衝勁、野心勃勃，希望做出一番大事業；另一方面又安於現狀，希望保持平靜悠閒。這兩個方面的訴求非常不一樣，甚至是激烈衝突。比如，我們剛剛分析的情況，你在徵人時遵循的是安於現狀的自己，但是在執行管理時，占據上風的卻是野心勃勃的你。不妨思考，爲什麼你會有這樣兩個相互衝突的價值觀，可能讓你有更大的收穫。」

Amy陷入思考，這時另一個同學剛好舉手詢問：「顧老師，我也有些管理上的問題很想得到解答。我是做技術出身的，本來離開學校是想投入高科技產業，但是現在做醫美也還算不錯。」

我注意到他說這句話時好像有些勉強，手也有些緊張地握在一起，但是我沒有打斷他，繼續聽他說下去。

「我覺得這個產業雖然可能在社會上比較受人詬病，可能的確不夠光鮮亮麗，但是這不應該成爲員工不盡心盡力工作的藉口。我現在很煩惱的就是，我感覺下面的人都不是很努力，隨隨便便地應付工作。」

「你說社會上覺得醫療美容這個產業不夠光鮮亮麗，你自己也是這麼認爲嗎？」我問。

「這個……」他猶豫了一下，「這也有一定的道理，畢竟醫美的確比較膚淺，面對的對象多是些只看重外表的人。」

「你看，其實你是從非常單一的角度去定義醫美這個產業，你把它定義爲『外貌協會』、愛慕虛榮。但是你完全可以從創造美的角度去定義它，也正是因爲醫美的發展，很多有生理缺陷和心理障礙的人，或因爲意外導致外貌有缺陷的人，才能自信地面對人生。如果你不拓寬眼界，一直陷在醫美就是膚淺的、不入流的眼光裡，那麼你在從事這個產業時，心理上就會非常不舒服，這種不舒服也會反映在公司管理上。」

我幫他分析著。雖然他臉上有淡淡的被說中的心虛，但顯然他聽進了這番話。

「人忠實於自己是非常重要的。雖然在公司裡，你自以爲將這種『表面追求、心裡鄙視』的態度隱藏得很好，甚至蒙蔽了自己，但是你周圍的人仍能感知到。儘管我是第一次見到你，但我也能感知到這一點。正因爲你是這個態度，所以你公司的員工很容易產生負面情緒，而這可能就是他們不願意盡力工作的原因。」

「你說得對，我以爲我可以裝得很好，但是我……我知道了，我內心可能的確存在一些相互衝突的東西，我還需要思考。」

這時候 Amy 湊了過來，問道：「顧老師，我剛剛也在思考，我是不是也可能有類似的問題。我內心也存在相互衝突的東西。你看我其實很重視享受，喜歡去高級餐廳吃飯、買漂亮衣服、戴時尚的首飾。一方面我覺得舒服的生活很重要，而另一方面也覺得奮鬥和成就很重要。我自己也能意識到這兩者是存在一些衝突的，但是我現在還不知道該怎麼協調好。」

「我建議你去做一個練習——價值觀排序，這能幫你好好釐清眞正在意的東西。」

「價值觀排序？」Amy 很疑惑。

「對。」我說，「在這個語境裡，價值觀是指廣義價值觀。狹義的價值觀較強調人們對於好壞、善惡、美醜、得失等具體價值的立場、看法和選擇，但是廣義價值觀是指我們每個人心裡最在意的東西。通俗地說，廣義價值觀就是我們心裡的天秤。比如，有的人特別在意公平，有的人特別講究效率。如果一件事觸發了你相互衝突的價值觀，你就會特別糾結。例如我曾有個學員，他的公司規定同事之間不能談戀愛。可是有一次他發現與他一起創業的合夥人和剛加入公司的技術總監談起了戀愛，於是陷入兩難。他需要決定到底要爲了效率和公司的利益，讓兩個人同時留在公司，犧牲自己的規則；還是遵守規則，『天子犯法與庶民同罪』，損失一名得力部屬。」

聽到我分享的例子，Amy 也皺起了眉頭。我笑了笑：「這個故事其實沒有標準答案，每個人都會根據自己內心的天秤做出不同的選擇，最終結果就取決於你的廣義價值觀排序。如果你把效率排在公平之前，就會選擇效率，放棄遵守自己的規則；如果你把公平排在效率之前，就會選擇公平，開除一名員工。

「這個執行長糾結了很久後，最後還是選擇了公平，他讓那個技術總監出了局，後來幫助他加入另一家公司。雖然這麼做對公司的效率和利益造成了一定的損傷，但爲他贏得了內心的平靜。很多時候我們做決策最在乎的，不就是問心無愧嗎？

「進行廣義價值觀排序練習的價值在於，在你冷靜時，透過一系列練習，把自己價值觀的優先順序排列出來。這樣，當你心情激動、情緒戰勝了理智、無法冷靜地判斷時，就可以透過自己的價值觀排序，做出更理性的決定。很多心理學研究都表明，人的決策都是偏感性的，因爲理性充其量只能分析出不同因素的好與壞，但是眞正給每個因素加上權重的，是感性因素。這就是廣義價值觀排序非常有用的原因。」

「原來是這樣！」

「對的。所以你接下來需要做的，就是廣義價值觀排序練習。」我對 Amy 說，「這個練習其實很簡單，你可以回想從小到大給你帶來最多感觸的事情：讓你最開心、最生氣、最驕傲、最傷心的事……分析這些事情背後有哪些因素是類似的，這些可能就是你的廣義價值觀。」

「好的，我回去就做這個練習，如果排不出來，還是要找老師幫忙啦！」Amy 開朗地笑了起來。

工作坊結束之後，我很久沒有聽到 Amy 的消息，就在我幾乎要忘了我們的約定時，我收到了 Amy 的邀約，想請我對她的廣義價值觀排序做些指點，交流心得。來訪時，

Amy依然穿得很美，她遞給我一張紙，開心地跟我說：「顧老師，我排好啦！」

那張紙上寫著她的價值觀排序：自由、愛情和家庭。

我看了不由得覺得挺有意思，因爲這一點都不像我之前接觸的那些創業者，尤其是公司年收入好幾千萬的創業者會寫的東西。我不禁問她：「在這些價值觀裡看不到你事業的部分呀，我記得你之前說過想擁有一些成就？」

Amy愣了一下，像是做了個重大決定的樣子：「其實……唉，我分享一件對我影響很大的事情吧。多年前，我還在讀書時就協助很多的美術館做展覽，累積了一些口碑，沒畢業就小有名氣。畢業時我還當畢業生代表致辭。畢業後，我參加了很多大型活動，大家見到我還會叫我老師，我的起點算是很前面。」這段描述非常有感染力，Amy說話時眼裡都帶著光，我彷彿能看到那個二十出頭意氣風發的她，穿梭在活動開幕式、媒體見面會、酒會上的樣子。

「一切都很順利，我受邀參加非常高級的展覽。在第一個完整的作品系列面世後，不到半年就有各種主流媒體來採訪，都是頭條的人物採訪，我還登上一些媒體的封面人物。現在想想，那時剛好搭上了潮流：中國藝術在崛起，需要自己的代表，所以我是在對的時間點做了對的事情。與其說自己眞的有多好，不如說我趕上了好時機。但那時候我太沉浸於那種感覺了，彷彿活在《大亨小傳》或《欲望城市》裡，紙醉金迷的。」說到這裡，Amy頓了頓，接下來的話好像比較難以開口。

「就在幾年前，我作爲新銳策展人，受到一個業界口碑很不錯的單位邀請，去辦一個藝術家個展系列。我當時還沉浸在自己的光環裡，但實際上那時國內已經有很多非常優秀的新策展人，各種流派風格都有，都非常、非常優秀，競爭已進入白熱化。當時這個邀展單位的負責人在藝術圈深耕多年，很有聲望。他希望借助這次的藝術家個展系列，打造一個爲中國藝術發聲的平臺。他邀請我，是希望我透過這次個展來宣傳自己，提升公司品牌。其實，當時我完全沒有承辦這種個展的經驗，但是我沒有做任何研究，就自以爲是地辦了。」

Amy又頓了一頓，眼角有淚。「結果可想而知，非常糟糕。從展廳的設計，到燈光、設施與展覽的搭配，都做得非常不如預期。真的是外行看熱鬧，內行看門道。對普通觀衆來說，這次展覽還是很成功的，有很多大牌明星來捧場，場面看起來還算過得去。但是內行的人一看就知道，這是一個沒有經驗、沒有準備，各個環節都很稚嫩、很糟糕的展覽，跟其他同系列的藝術家展覽相比，差距非常明顯。那是我第一次有非常強烈的挫敗感，而且因爲對這次展覽感到失望，好幾個合作方跟我們終止了之前已經談好的合作。」說到這裡她又有些哽咽。

她緩了緩，接著說：「我一度認爲自己的事業也許會因爲這次的失敗而告終，焦處第一次席捲了我。我連續好幾晚睡不著覺，第一次開始為自己的未來擔憂，也不知道如何去宣洩這種壓力。」她停頓了一下擦去眼淚。

「謝謝你跟我分享這段經歷，我想這一定很不容易。」我耐心地聽她說完，「這次經歷肯定給你造成了很大的負面影響。」

「是的，我感覺自己就是一個徹頭徹尾的失敗者。你別看現在我們做刊物、做什麼都很好，市場反應也不錯。但我覺得幾年前那場失敗，對當時的我有著毀滅性的打擊。我不能想像自己怎麼可以那麼無知，一個完全可以避免的問題卻成了我職涯中一個無法消除的污點。」

這撲面而來的負面情緒讓我感到震驚，我不得不打斷她：「我注意到你在描述這段失敗經歷時，用的詞語都是比較強烈的，比如『徹頭徹尾的失敗者』『毀滅性』『污點』等。這些詞會帶來很強烈的心理暗示，如果你日復一日地告訴自己『我做得很糟』『我已經失敗了』『我在業界的形象已經毀了』，就很難從這段失敗的經歷中走出來。」

「可是這段經歷的確是特別、特別失敗，我真的很難走出這個打擊，也沒有能力在事業上有任何突破了。」她顯然不太同意我的說法。

有時，人們會因為一個打擊而直接全盤否定自己，甚至可能改變價值觀排序。我想，如果沒有那次失敗，事業或成功也許會在Amy排名前三的價值觀占據一席之地。

「這裡我們要做個區分，事情失敗並不能定義人失敗。不能因爲你做的一件事情在某個方面反應不好，就將你定義爲失敗的人。」

很多時候，一個人對自己的負面暗示就是從一件事情開始的，然後慢慢衍生到自我的各個方面。

我接著說：「我感覺你對事業還是有一定的期許，只是一直難以擺脫那次失敗的陰影，感覺自己無力改變現狀，對嗎？」

Amy點點頭：「是的，我還是期望有所成就，可是我太害怕了。」

「害怕什麼呢？」

「……我害怕我沒辦法再次證明自己。」沉默了一陣子，Amy最後說道。

「爲什麼會這麼認爲呢？你之前都是很成功的，爲什麼會擔心無法證明自己？」

「因爲……我一直是個沒人關愛的人。如果我不能證明自己，就更得不到別人的關注了。」她突然蹦出了這麼一句話，美麗的大眼睛漸漸泛紅。

原來，Amy童年時雖然衣食無憂，但是父母長期不在家，只會在物質上滿足她。她很渴望能得到疼愛，可惜一直得不到。於是，她把注意力轉向學習和事業，她的成功讓她得到了眾人的矚目，但是她知道，這些都是建立在自己的成就上。然而，女強人的形象並不會給她帶來親密關係中她期望的那種疼愛，所以在親密關係裡，她通常會在開始依賴對方之前，選擇主動離開。這些在她眼中都是一次次失敗的經歷。

「我就是個可憐的人。」Amy 悲傷地說。

我也陷入了深思，我可以感覺到 Amy 已經把自己禁錮在一堵高牆後，好像沒有什麼能把這堵牆打破。

我突然有了一個靈感：「你聽說過人生腳本這個概念嗎？」

「這是什麼？」Amy 不解地看著我。

「人生腳本是心理分析的一個概念，指的是人在小時候，容易基於自己對世界的理解而對自己的人生做出過早的定義和規畫。比如，一個常見的人生腳本就是：我是一個失敗者，我什麼都做不好。聽起來，你給自己寫的人生腳本是『我是一個可憐的人』。」

我提出這點，是因爲有的人生腳本會讓人高估自己，比如我見過有人認爲自己是「天選之子」而自視甚高。有的人生腳本則會讓人低估或嚴重限制自己，於是這個人生腳本就變成了一種信念體，就像 Amy 陷入的慣性信念。

「你還記得我們初次相識，你問我如何提升團隊狼性的問題嗎？你相互衝突的價值觀背後，其實是這個人生腳本在作怪。」

我頓了一頓，讓 Amy 有時間思考。

「啊，我明白了。」Amy 恍然大悟，「我找的團隊成員，一直都是那種很好的人，是因爲我在潛意識裡希望自己周圍都是關愛我的人，這樣我就不會覺得自己那麼可憐！」

「對的。所以，如果你可以改寫人生腳本，就能擺脫這種潛意識的影響了。」

「但是我該怎麼改寫腳本？」Amy 偏著頭，還是不太確定。

「我們來試試。你對自己的童年不太滿意，也有一段慘痛的失敗經歷。但是從旁觀者的角度來看，你覺得他們會怎麼描述你？」這是用外在回饋幫助Amy重塑自我認知。雖然有時我們需要拋開外在影響，但有時我們也需要外在回饋來校準我們的認知。

「他們會說，我聰明又漂亮，不僅自己開公司，在業界也小有名氣。父母事業有成，而且感情也不錯。」她有點害羞地說。

「是的。而你之前把自己描述成一個可憐的人，那麼你就很容易在腦海裡建立這種劇情走向。你遭遇的每一次失敗，都會成爲你對『我好可憐』腳本的驗證，進而更讓你覺得自己很可憐。但是在我看來，你的人生應該是一個『創造者』的腳本，你創造了很多美好的作品和展覽，也爲自己創造了很多機會和機遇。在失敗之後，你也可以去創造新的成功。你說對嗎？」

Amy看起來被誇得有點害羞：「還眞的是。現在想想剛剛跟你描述的這些，我好像著魔似的，只看到了自己多麼可憐。」

「對的，這是因爲你同時在做另一件事情，那就是你在爲自己預言未來。你預言自己會失敗，所以會在生活中不停地找出自己的確很失敗、很可憐的跡象。這叫自證預言。當你心裡對事情的發展有了預期，預言自己很可憐時，這個預言不僅會加深你對再次嘗試的恐懼，還可能促使你之後眞的越來越可憐。」

「天啊，我眞的是這麼做的！我仔細想了想我們之前做的兩個專案，好的那個我基本上沒什麼印象了，壞的那個我一下子就想到了，然後就覺得好難過。包括我的很多段感情，我總是沒信心，最後也眞的告吹了。」Amy恍然大悟。

「剛剛說到的人生腳本，與其說是『童年經歷決定了選擇』的產物，不如說是『回溯式因果』思維的產物——如果有了結果，我們總能找到解釋這個結果的原因，並因此覺得這個結果早已註定。想要打破這個命中註定，你需要重新定義你的經歷，重新書寫你的人生腳本。我們很多時候會說『命運早就做出了安排』，這本身是沒有問題的，也許還能幫助人們獲得內心的平靜。但在這些年的諮詢過程中，我發現這種『認命』的想法有時很致命。說到底，人生腳本還是需要自己去書寫，一個人得到的生活材料總是複雜多樣的，有積極的成就，也有消極的挫折，如何組織材料才是最大關鍵。」

「我明白了，」Amy堅定地說，「我本質上是一個創造者，我會創造出屬於我的一片天地的。」

一週後，我偶然看到Amy發的新動態，九宮格的圖片裡Amy燦爛地笑著，似乎在跟同事討論工作，發文是：重新啓航，新的展出還請關注。

負面暗示的最大危害，是變成一個藉口

在生活中，我們的負面暗示有四種來源。

自我暗示

第一類負面暗示來自自我暗示。我曾參加一個很成功的女企業家舉辦的活動。活動上，那個女企業家問了我一個問題：「我現在已經很成功，可以考慮把事業交給別人了，但是我很想知道，年輕人還會認可我嗎？我年紀這麼大了，他們會希望我是什麼樣子呢？」

我說：「先不考慮你的問題，你好像特別在意你的年齡。」

她點了點頭說：「我總覺得自己年紀大了，年輕人好像不會認同我。」

她先生從旁補充：「我們是一家有三十五年歷史的傳統企業，她一直是企業的代言人。我們之前的客戶都是年紀和我們差不多大的，她作爲這個領域的專家，能夠吸引很多信任專家的顧客。我們現在打算拓寬客群，但有點擔心，如果她繼續當代言人的話，可能對年輕人沒有任何吸引力。」

我說：「無論外在看法如何，現在是你自己不斷對自己灌輸『我已經很老了』的自我暗示。我們可以對人群做切分：哪些人需要專家？哪些人有其他需要？需要專家的可能是年輕人，也可能是老年人，這和年齡沒有關係。你關於年齡的自我暗示會導致你在評估與企業品牌相關的決策時，只會想到把客群按照年齡劃分，而看不到其他劃分標準，於是喪失了很多選擇。」

她恍然大悟，覺得很有收穫。

在生活和工作中，這類負面暗示經常發生。這多半是一個人因爲害怕被傷害、被拒絕、失去面子而採取的自我保護機制。這種機制背後的原理是期望值管理：當你給自己很多負面的自我暗示，就會下調自己對某些美好事情發生的期望值，那麼當這些事情未如預期發生，你就不會感到失望。如果這些事情眞的發生了，你會有極大的欣喜感。

比如，一個女生暗戀一個男生，但不確定對方是否喜歡自己，她很容易給自己灌輸「我不夠好，他怎麼可能看上我」的負面想法。這樣，即便她去跟那個男生表白遭拒，她也可以回歸到這些負面想法來安慰自己：你看，我就知道這一切會發生。如果剛好這個男生也喜歡她，那麼就超出了她的預期，美好的感覺也會更加乘。

這類負面自我暗示很容易影響一個人的自尊。雖然很多習慣性的自我暗示不是一朝一夕可以改變，但我們可以不斷分解這類思維，比如逐條反駁、分析其來源和利弊等，進而形成新的思維習慣和思維路徑。

對我來說，自我認知突破最大的挑戰就在於，如何突破我過去不斷給自己灌輸的負面想法。平時這些想法不會出現，但是一旦出現不順利的情況，這些想法就會跳出來，比如，沒有人關心我。沒有人愛我（除了我媽）。永遠不會有人愛我或喜歡我。每件事情都很糟糕。我什麼都做不好。我的生活沒有意義。

前面幾項涉及人際關係，後面幾項是自我批判。當我寫下這些想法，從第三方的視角去審視，會發現這些都不是事實，很多都只是假設。但是我的思維經過多年反覆練習，早已形成了自動模式，在遇到不確定性或負面情況時，這些想法會自動跳出來幫助我降低期望值，避免我受到更大的傷害。但實際上，如今這些負面想法常讓我更加受傷，因為它們容易引發我的情緒體，讓我喪失動力，不去解決問題而任其惡化，甚至在情緒主導下做出糟糕的決定。所以，我運用拆分法做了很多理性的拆解和反駁，輔以持續的驗證和實踐，最後把這些想法重塑成以下的信念：

意識到生活就是不容易的。無論是《心靈地圖》這類書籍，還是各類解釋生活的著作和文章，其實都是想說明這點。而我似乎一直拒絕接受生活中的困難其實是常態，以為只有自己才會那麼不幸。當我後來從各個管道發現家家都有本難念的經，有著痛苦經歷的自己並不獨特，很多人也有類似的經歷，自己並不孤單時，才開始接納生活中這些困難和不幸的發生乃是常態。

意識到自己是可以犯錯的，不可能每個決定都能獲得完美結果。這一點是我口頭上願意承認，但理性和感性上一直沒有接受的事實，因此我經常陷入無盡的後悔和自責，老是不斷地想如果重來可以怎樣，給自己增添了無數的痛苦。後來很多人告訴我，「每個人都可以犯錯，包括你」，被這樣的資訊反覆灌輸形成新的信念體後，我才慢慢接受這點，從抑鬱和自責中走出來。

意識到自由和快樂只有自己能給自己。這一點對於依賴性很強的我是很難做到的。我似乎有種童話般的天真，以為只要有了愛情，王子和公主就能永遠幸福。後來我才意識到現實不是這樣，並不是沒有完美的愛情，只是一切都需要努力維護。而人的情感其實很不可靠，也很容易被操縱，因此依賴情感很容易讓情緒大起大落。但事實上，自己的快樂和他人無關，完全是自己能給自己的。

我現在的體會是：喜悅的閥門是可以降低的。快樂可以很簡單地獲得，而不需要很多外在的條件。有興趣的讀者可以參考《少，但是更好》和《像哲學家一樣思考》。

意識到每段經歷的不可磨滅性和不重要性。這句話似乎像「生命中無法承受之輕」一樣有點矛盾，但這是我讀完許多歷史和哲學書後的總結。不可磨滅性是指坦然接納這些經歷塑造了我，都是我人生中有意義的一部分。每段經歷都是過去，都是自己的一部分，都可以被賦予正面的意義（只要我們願意尋找）。精神上的超越、人性的光輝、意志的挑戰，以及對愛的期望和渴望等，都能成為一個人活下去的意義。

而經歷的不重要性具體展現在兩個方面。一方面，每段經歷都可以被定義為有意義的、重要的，因此也就沒有一段經歷是有意義的、重要的了。或者說，這些經歷的存在本身就可以是我們人生的意義，不需要再額外被賦予重要性。另一方面，只要我們願意，就能抹去關於任何經歷的記憶。在第四章「過去無法改變，但記憶可以」一節裡提到，人經常會不由自主地篡改記憶，更不用提我們會習慣性地尋找證據來證明自己相信的觀點了。因此，過去的經歷只有我們想讓它重要時才重要，我們想忘記時就能忘記，想修改時就能修改。也許這些聽起來很主觀，但它展現了人巨大的改變能力和自癒能力。我父親在我上大學時去世了，對我打擊很大，但是當我意識到自己完全可以從記憶中創造出一個繼續關心我的父親時，我就從痛苦的情緒中解脫了。

自我對話

第二類負面暗示來自自我對話。當你遇到讓情緒出現波動的事情時，潛意識裡的你會和自己對話。自我對話和自我暗示的區別在於，自我暗示是單人灌輸，而自我對話是雙人對話，會有來回討論，甚至爭論的過程。就好像腦子裡有兩個人，A和B。

A說：「我不可能完成這個。我不行。」B說：「別想太多，沒人說你不行。」A說：「可是你看他們看我的眼光。」B說：「可能是你太敏感了。」A說：「肯定不是。」最後，其中一人放棄爭論，然後你就按照爭論勝出那一方的想法去做。

有時自我對話甚至會以外在表現形式展露出來。我教過一個學員，當她把一件事情做得很好時，她會以第三人稱的口吻表揚自己：「你做得眞棒！」有時候還會無意識地要別人直接肯定她。可以想像如此頻繁地正向自我對話的人，她對自我的肯定程度會比經常負向自我對話的人高出不少。

更多的時候，自我對話是以負面形式進行的，這會帶給當事人不好的影響。我教過一個學員，他在前兩天的課程說話很散亂，沒有條理。第三天，我們突破了他的關鍵盲點，幫他撫平了一段痛苦經歷所帶來的情緒創傷。第四天，我們驚奇地發現他說話清晰多了。原來，之前的事件導致他腦中一直有兩個人在進行自我對話，A想說的可能B不同意，而B想說的A又會有很多顧慮，在這種狀態下，他在表達時就無法表現得流暢或是有條理。在他把這個事件所壓抑的情緒抒發出來，並做到一定程度的自我接納後，其中一個小人就消失了。沒有了自我對話機制的限制，他就可以暢通無阻地表達想法。

平時你可以做發現自我對話的練習，寫下你常有的自我對話，思考這些對話帶你的感受：熱情、感激、愛、煩心、討厭、無聊、激動、生氣、憤怒、孤獨、害怕、擔心、好奇、失望……

這些感受可以幫助你深度挖掘自我對話背後隱藏的情緒體、記憶體或信念體，從而了解它產生的原因，找到解決的方法。

要消除自我對話的不良影響，有三種常見方法：

方法1　換位思考

首先，想像當你一位親密朋友感覺很糟糕時，你如何回應他？請寫下你會做哪些事，說哪些話。請留意你會以何種語調與朋友談話。

然後想像那些你感到糟糕、痛苦的時刻，你會如何回應自己？請寫下你會做哪些事，說哪些話。請留意你對自己說話的語氣。

你注意到兩者之間有區別嗎？如果有，問問自己是什麼原因讓你對待別人和對待自己如此不一樣。

方法2　刻意練習

記下你常見的自我對話，找到關鍵場景和提示性語言，比如在遲到的場景下，出現「我不行」這類關鍵語句，然後列出可以終止它的新思維活動，每天早上反覆提醒自己，同時每晚反思自己是否做到了。

方法3　第三方視角

嘗試以第三方視角觀察腦子裡對話的兩個小人，放下對其中任何一個小人的執念，嘗試用愛去接納彼此。或者告訴自己，這兩個小人都不能代表你，你可以超越這些。

過往創傷性事件

有些負面暗示是源於過往的創傷性事件。很多人可能聽說過創傷後壓力症候群（PTSD），並且認爲可能只有上過戰場或經歷過地震等天災人禍的人才會遭遇這種心理創傷。其實，創傷後壓力症候群比我們想像的更爲常見。

精神科醫生貝塞爾．范德寇在《心靈的傷，身體會記住》中提到，美國疾病管制與預防中心的研究顯示，五分之一的美國人在兒童時期被性騷擾；四分之一的人被父母毆打後身上留有傷痕；三分之一的夫妻或情侶經歷過身體暴力；四分之一的人在有酗酒問題的親戚身邊長大；八分之一的人曾目睹母親被打。在我幫助過的人中，也有一部分人經歷過家庭暴力、性侵犯、持槍搶劫、親人自殺等事件，在精神上受到嚴重創傷。

更糟糕的是，很多經歷過創傷的人會出現記憶喪失，尤其是兒童性虐待事件的受害者，據報導，記憶喪失的發生率高達一九％到三八％。有的受害者會出現記憶閃回現象，就好像時間被折疊起來，過去和現在融爲一體，現在的很多事物都可能喚起過去的痛苦經歷。我有些學員在上課時會因爲外在的一些情形突然回憶起一件讓自己受到極大創傷的事件，但之前卻完全不記得，這種現象也是由相同契機所導致的。

不過創傷性事件帶來的不只是負面的影響，如果你能從事件中恢復過來，它會讓你用嶄新的方式對待自己的生活，也是一些人改變周圍環境甚至整個社會的深層動力。美國著名主持人歐普拉、南非前總統曼德拉和心理學家維克多．法蘭可都經歷過非常沉痛的個人創傷，但是從他們的著作和成就中，能看出他們經歷這些創傷並從中再次崛起後所形成對生命的深刻洞察和熱情。我很多學員也是透過治癒創傷而突破了自我的盲點，發生了持久的轉變，甚至有的人認爲自己「重生」了。

研究心理和精神創傷三十多年的范德寇醫師把治癒的方法概括爲三個途徑：

1 自上而下，透過談話重新與他人建立連結，進而了解自我，處理與創傷相關的記憶。

2 服用藥物，關閉腦中不適當的警報，或以其他方式改變大腦組織資訊的方式。

3 自下而上，讓身體深刻經歷與創傷帶來的無助、狂怒或崩潰完全相反的體驗。

對每個特定的創傷倖存者來說，哪種方式最好，視經驗而定。范德寇醫師的實際經驗表明，大多數人需要綜合使用上述方法來治癒創傷。另外，瑜伽和戲劇表演都有助於療癒這類人的心靈創傷。

處理精神和心理上的創傷是長期過程，需要綜合性的療癒方法。如果你覺得自己有心理創傷，我會鼓勵你去尋求專業心理治療師的幫助；另一方面也請注意，如果一個治療師或某種治療方式不適合你，可以多嘗試其他方式。

你也可以閱讀《心靈的傷，身體會記住》，這是完整論述心理創傷形成原因和治療方法的佳作。

自我道德批判

還有一部分負面暗示源於對自己的道德批判。道德是一種社會意識形態，是調整人與人、個人與社會之間關係的行爲規範的總和，如眞誠與虛僞、善與惡等都屬於道德範疇。

單獨談道德批判的問題，是因爲我在剖析自己和幫助別人成長的過程中，發現很多人有強烈的自我道德批判傾向。比如我自己，雖然做著老師的工作，也有日常生活開支的需要，但是我似乎有一種潛在的想法，覺得當老師就不應該賺錢。如果我和別人聊天，談到課程需要收費，就會覺得很不好意思，好像當老師就應該是清貧的、無私的，不然就不那麼道德。

對於道德標準的要求，只是一個人許多欲望和要求中的一種，因此它的重要性也只占一部分。但是很多時候，人們會因爲小時候嚴格的道德教育，過度放大道德在生活中的重要性。我並不是說不應該有比較高的道德標準，如果你的道德標準只會讓你稍微不舒服，但有助於規範你的行爲，而且不會在你內心形成極大衝突，是沒有任何問題的。但是，當習慣性的道德批判經常帶給你強烈的負面情緒，而你自己也不是完全認可它，那就需要重新調整認知。我在當老師和賺錢之間的掙扎，就是一種因爲道德批判而引起的無謂的情緒負擔。

如果你羨慕有錢人，這種羨慕的情緒本身沒有問題。但是有些人，包括我在內，都會在這種羨慕的情緒之外，心生一種對自己羨慕之情的道德判斷，認爲羨慕有錢人的行爲本身就不夠道德、不夠高尚。這是因爲在我們的道德價值觀裡，認爲人不應該追求錢。於是原本只是小小的羨慕之情，在這種情況下可能會誘發更多由道德批判帶來的情緒，比如自責、慚愧、羞恥等。這就造成自我極度負面的感受，比單純的羨慕之情強烈很多。但我們如果理性地分析，會發現這些多餘的情緒是沒有必要的。

要化解這些多餘的情緒，可以用透徹的思考來拆分這種心理活動。一種解決方法是意識到羨慕別人有錢是一種很正常的心理，無須對其進行道德批判，那麼負面情緒就會很容易化解，不會長時間沉溺於痛苦自責的情緒中。

類似的道德批判還有很多，比如對一些有極度老好人傾向的人來說，拒絕別人在道德上似乎就是不好的舉動；有人會因爲接受幫助的人沒有道謝而覺得對方不夠尊重人。這些其實就是道德上過度的批判。

平時不妨做些練習來控制對自我的道德批判，建議從以下三點來進行：

1 列出五種你認爲不道德，卻不時會去做的行爲。思考你爲什麼會這樣做？你眞的認爲那些行爲是不道德的嗎？

2 詢問周圍的朋友，看他們是否覺得那些行爲是不道德的。如果他們的觀點和你不同，那麼請了解他們的理由，思考其中是否有值得借鑑之處。

3 思考：如果別人的意見和你不一樣，你是否會調整自己原先的標準？如果是，你會調整到哪種程度？利用外在回饋來校準你的道德意識。

按部就班教你重建自我價值體系

在生活中，你是否遇過這種人：他們平時說話有氣無力，行爲動作畏縮，常常說自己不好，但又說不清楚哪裡不好，總是說著說著，聲音越來越小，給人很沒有自信的感覺。

一個人平時的狀態是自信平靜、焦慮緊張或是自卑，很大一部分取決於他的自我價值感。如果自我價值感穩定，就不太容易因外在的情形而引發情緒，更能保持平穩的狀態。

內在的價值感就像一個水庫，水庫有蓄水功能，需要有水不斷地注入，也會在需要的時候放水。所謂放水就是指當外在環境打擊到你時，你需要用之前儲存的堅定自我價值感來抵禦。平時你就需要有意識地注入更多的水（自我價值感）來作爲儲備。如果水儲存得不夠，當外在衝擊來到時，儲存的水可能一會兒就放完了，你的自我價值感還沒有充沛到可以幫助你抵禦突如其來的重大打擊或一系列的打擊。

那麼，自我價值感到底源自何處？我分成四個階段來分析。請注意，這些階段沒有好壞之分，只是根據我的觀察，大多數人的自我價值感源自第一和第二個階段，而極少數人的自我價值感源自第三、第四個階段。

在第一個階段，自我價值感源自**外在的認可和肯定**。外在認可有很多種，有些是過往經歷中取得的成績，比如上了好學校，去了好公司，工作獲得了成就，賺到了錢財，獲得了影響力等；有的源於旁人的回饋；還有的則源於接收到的關注和愛。

這些外在肯定可以幫助一個人建立起關於自我價值感的初步概念。如果這些來源比過去缺乏，可能就會造成自我價值感降低，進而造成狀態的惡化。

我有個朋友近期就特別焦慮，對自己需要面對的各種挑戰極爲不安。當我們要分析一個人的狀態爲什麼突然不好時，需要從內在因素和外在因素來進行。對於這個朋友來說，外在因素就是他所處情形的劇烈變化，他正在經歷從純粹以工作為最優先的狀態，轉變為以家庭為最優先的狀態，而且因為他婚後很快就有了小孩，所以他需要迅速完成從執行長到丈夫再到爸爸的角色轉變。這些變化都在短短的一年中發生了，而這種外在環境的快速變化就容易誘發負面情緒。

當我們看到這種變化時，需要給自己一定的諒解，這有助於緩解我們焦慮不安、擔憂甚至恐懼的情緒。很多時候，你所感受到的負面情緒並不完全是由當下情形引發的，其中有很大一部分情緒是後續出現的。如果你擔心自己會一直焦慮下去，焦慮自己無法處理這些情緒，就會衍生出更多的焦慮和擔心，而你的情緒只會更糟糕。因此，如果能把這種衍生的情緒制止住，就能消除很大一部分的負面情緒。

還有個方法是立刻去做一些其他事情，透過外在的干擾來停止衍生情緒，不再因為擔憂自己會持續焦慮而引發更進一步的焦慮；不再因為擔憂自己失眠而更加睡不著；不再擔憂工作做不完而導致情緒超載，反而更難以完成工作；不再因為批判自己為什麼陷入了抑鬱，因而導致進一步的抑鬱。

當我們能夠屏除外在因素導致的衍生情緒，需要面對的情緒就不多了，這時候就能開始理性分析。

我請這個朋友回顧他最開心、自我價值感最高的人生階段，並分析當時這種快樂的狀態來自哪裡。他說他當時有很多愛，能夠感受到家庭給他的愛，以及朋友們給他的愛。而現在，雖然他妻子給了他很多愛，但是他不太和朋友連絡，也沒有跟其他家庭成員保持良好關係，因此自我價值感來源少了很多，導致他的整體自我價值感降低，負面情緒乘虛而入。

在這種情況下，他能做什麼呢？首先，他可以找回那些當下不存在，但過去帶給他很多快樂的關係。比如，更常和父母及兄弟姊妹互動，更主動聯絡朋友，而不是把重心只放在工作和妻子身上。

他也可以讓自我價值感的來源更多元化，比如嘗試不一樣的活動，或培養興趣愛好，從中獲得成就感，進而增強自我價值感。此外，他還可以嘗試拓展不同階段的價值感來源。

在第二個階段，自我價值感主要來自**自身的條件**、**聰明才智和內化了的能力**。擁有這種價值感來源的人，內在狀態會比處在第一階段的人更穩固，因為這類價值感不太容易受到外在回饋的影響。過於依賴外在回饋，容易導致一個人忽而自信、忽而自卑。我觀察到，有些人即便遭遇了生活中的逆境，依然充滿自信。這是因為他們知道憑藉自己的聰明才智和能力，完全可以走出這個逆境，再度達到他的目標，獲得他定義的成功。因此，如果一個人的自我價值感包括了第二階段的來源，他就不太容易因爲外在情形的變化而在心境上出現變化。

這一部分也包括了因爲身體和外貌條件所帶來的價值感，比如一個人很漂亮或眼力很好，也能成爲一種價值感的來源。

要做到這一點，我們需要對所有過往的經歷進行分析和爬梳，從中提煉出自己的特質、專長和能力。可參考前文「如何找到自己終身的職涯方向？」和「如何做到隔行不隔山？」。

在第三個階段，自我價值感的來源較難獲得，能讓一個人拋棄了外在肯定、自身條件、內在能力和聰明才智之後，依然有穩定的自我價值感。那麼，這種自我價值感來自哪裡？——**對自己品性所具備價值的堅信不疑**。

我做過一個實驗，我問自己，除了聰明才智、名校光環、成功經驗，甚至外貌身高外，我還有什麼。一開始，我根本想不出答案。後來才突然意識到，我還有善良。

於是，我建立了以下的三段論：

一是，我堅信（眞的百分之百相信，沒有任何懷疑）善良的人值得活在這個世界上；二是，我知道自己是個善良的人；三是，我值得活在這個世界上。

這個三段論看起來非常簡單，但是對於當時身處抑鬱之中、不知爲何活著的我，是非常有用的助力。如果你能夠對自己品性的價值有所篤定，你的蓄水池裡就總會留存著一部分的水。

在第四個階段，自我價值感的來源是**「我存在，所以我值得」**。換句話說，你相信自己存在就夠了，你就是世界上最偉大的奇蹟，無須任何證明。要達到對這種狀態的理解，需要一定的機遇和契機。對我來說，有兩次契機讓我感知到這個狀態。

第一次是我在進行上述的思維實驗。當時我試著把自己對品性的依賴，對於聰明才智、能力、外在肯定、過往經歷的自豪全部拋開，看看自己還有什麼。因為我特別在意獨特性和意義感，我甚至告訴自己：我並不獨特，我做的事情也沒有意義，那我還剩下什麼？一開始，我感到無盡的黑暗、恐慌、悲傷和無助，後來慢慢生出一絲希望，雖然我不知道那是什麼，但我隱隱覺得好像還有些東西是有價值的。第二天我出門，看到外面世界車水馬龍，無比繁忙，我突然覺察到澎湃的生命力。我感悟到我是體內無數個細胞的結合，城市是無數個人的結合，城市匯聚成了國家，國家匯聚成了地球，星星匯聚成了宇宙，生命力從最微小的原子衍生到最無涯的宇宙，我突然感覺到了生命的奇妙。在那一刻，我對自己存在的價值堅信不疑，無須任何證明。

第二次則是我在一次學習中坦誠面對最底層的生存恐懼，因而突然獲得一種解脫，覺得自己什麼也不用做就很美妙。整整一天，我坐在教室裡，既不記筆記，也不理會老師講課的內容，臉上掛著一抹永恆的微笑。那是因為我內心有無盡的喜悅感，它讓我根本不在意周圍發生的一切，卻又對周圍發生的一切瞭若指掌。

但很可惜，那種狀態不太能持久，我的信念還是會被外在的刺激打破，回到第二、第三階段，甚至是第一階段。這種現象也很常見，我們只需要慢慢地堅定自我價值，讓自己蓄水池注水的來源越來越多元化，就能建立起持久的自信。

請你做這個練習，列出你自我價值感的所有來源。當你困惑、迷茫、對自己產生懷疑時，請回顧這個練習的答案，也許你就會對自我存在的意義越來越篤定。

1 外在的證明和肯定

以下每項依0到5評分，0為不能從該方面獲取價值感，5為可以從該方面獲取非常充沛的價值感。不妨製作成表格，這樣會更直觀。

學歷；職場成就；非職場的成就，比如參加義工、大學社團等；榮譽和獎項；透過興趣愛好獲得的外在正向回饋；同事的正向回饋；老闆的正向回饋；父母、兄弟等非兩性關係的正向回饋，包括感受到的關注、關心和愛意；親密關係中的正向回饋，如積極的互動，感受到的關注和愛意等；朋友的正向回饋；其他。

2智力、內在能力和具體特質

以下選項參考了美國心理學家霍華德．嘉納在《發現7種ＩＱ》中提出的九種智力類型。每項依0到5評分，0為不能從該方面獲取價值感，5為可以從該方面獲取非常充沛的價值。建議同樣製作成表格。

智力（聰明才智），包括：

語言智力：對語言的掌握程度，以及靈活運用語言進行溝通或表達的能力。

邏輯智力：對於邏輯結構關係的理解、推理和相關表達的能力。

空間智力：對於色彩、形狀、空間、位置準確感受和表達的能力。這方面能力強的人通常很會看地圖，也不太容易迷路。

音樂智力：感受、辨別、記憶、表達音樂的能力。

運動智力：身體的協調平衡能力，以及用身體表達思想情感的能力和動手能力。通常在需要運用身體或者四肢的活動中表現較佳，也可能傾向透過實踐來學習。

人際智力：對他人的表情、話語、手勢、動作的敏感程度，以及對此做出有效反應的能力。

反省智力：認識、洞察和內省自身的能力。這也是我在這本書中希望幫助大家培養的能力。

觀察智力：辨別週邊物體和自然世界特徵的能力。比如擅長看出不同鳥的個體差異，或幾個相似酒杯的差異。

存在智力：陳述、思考有關生與死、身體與心理、世界的存在、宇宙最終命運等傾向性的能力。傾向從哲學層面來觀察周邊，對生命的終極問題十分敏感。

基礎的可遷移能力：溝通力、想像力、共感力、觀察力、執行力、推理力、分析力、表達力，會有一部分和上面重疊，因爲能力其實是內在智力的外化。

具體特質：如外貌、身高等。

身體其他特質：眼力、肢體協調能力等。

3 內在特質

你的特質，可以是你的核心價值觀（參考「透過情緒來分析出你的價值觀」），也可以是你平時行爲所反映出的特質。如果你不清楚，可以問身邊的人，讓他們用幾個詞語來描述你的特質。列出來後，從0到5評分，檢視你是否認可自己這些特質的價值。

4 我存在，所以我值得

你有過這樣的體會嗎？是在什麼情況下發生的？你覺得如何才能重現這種情況？

這個來源無須評分，因爲有就是有，沒有就是沒有。

第5章重點整理

❶人的思想其實是各種外界思潮、媒體及他人觀點的集合體。

很多內在的思想會衝突，因為大腦並不會刻意地一一辨析這些訊息和想法的來源。慢慢地，人就會形成很多原來並不屬於自己的信念，這些就是信念體的來源。

❷擊穿信念體的核心方法：

透過分析自己的刻板觀點、各種思想的來源，甚至反思自己的價值觀，從無意識地接納一種想法，到有意識地選擇這種想法。

❸最常見的信念體來源有：社會認同、人設限制和負面暗示。

❹社會認同，指的是我們用以定義自己是誰的群體成員身分或社會類別。

群體認同會影響我們對自我的信念。有時群體認同會引發我們對自我的偏見，形成信念體，具體展現形式有：

①如果我們不清楚群體認同裡包含的概念，就容易認同並不存在於這個群體特徵裡的概念。

②人們容易因為社會認同而產生相關的期待。意即，你覺得這個人應該是什麼樣子，這個人就會是什麼樣子；你覺得自己應該是什麼樣子，你就可能表現成什麼樣子。

③群體認同不只會影響個人的行為，也會影響個人在團體中強勢或弱勢的表現。

❺我們把社會認同分成三類：被給予的、自我選擇的和核心的。

❻容易形成不好的信念體的常見人設：

彪悍者、受害者、真實者、控制者、依賴者、討好者、完美者。

❼人生腳本是心理分析的概念，指人在小時候，容易基於自己對世界的理解而對自己的人生做出過早的定義和規畫。

其原理是，如果一件事有了結果，我們總能用過往的人生定義和規畫來解釋這個結果，並因此覺得這個結果早已註定。想要打破命中註定，就需要重新定義你的經歷，重新書寫你的人生腳本。

❽常見的負面暗示來源：

自我暗示、自我對話、過往創傷性事件和自我道德批判。

❾人的自信程度和自我價值感息息相關，而自我價值感有幾個階段的來源：

外在的證明和肯定；智力、內在能力和具體特質；內在特質；我存在，所以我值得。

總結

升級心智，終身成長

認知邊界突破後的維護

綜觀整本書的思路：我先從自己認知突破的故事講起，引出認知破圈的基本原理和突破認知限制的三個步驟，並在後續的三個法則裡不斷重複這三個步驟的應用，輔以真實案例和應用。相信讀者對於認知破圈的方法論、原理和法則都有了清晰的認識。

認知破圈包括兩個部分：

一**是極度誠實，不被非我掌控**——你學到透過深刻的體驗、透徹的思考和持續的實踐來打破情緒體、記憶體和信念體的掌控，擺脫自我認知的局限。

二**是升級心智，勇於活出自我**——當你擺脫之前的局限性，可能還是會對自己到底要什麼感到迷茫，或發現之前想要的已經因爲認知盲點和限制的突破而變得無所謂了。這時候，你就需要透過認知整合來找到眞正想活出的自我，讓這個自我成爲你的定海神針，穩定你突破的境界，成功完成認知破圈。

而接下來，你就要面對一個問題：當你破除認知的限制，還能做什麼？

答案是：自我認知整合。

這聽起來是一個很大的主題，但指的其實就是「定義你想如何活著」。

很多人會好奇為什麼自己一直找不到人生的方向和大目標，或者不太知道自己想要的是什麼，活著是為了什麼。其實要找到這個問題的答案，需要循序漸進的過程。

我們在出生時，還處於無意識、無能力的狀態，後來慢慢地獲得了各種能力、成就、認可，但也在過程中形成了各種情緒體、記憶體和信念體。在這些慣性模式、心結和盲點的操控下，我們的內心好像被蜘蛛網包裹著，看不到最底層的訴求。這就是為什麼我們需要完成認知破圈的第一部分——不被非我掌握，才能剝去外面的蜘蛛網，讓內在的自我顯現出來。這時我們才能確認這些人生目標是我們有意識想要的，而不是無意識被外部影響，或是在慣性模式指示下去做的。

我是幾年前才開始思考這個議題的，之前也是懵懵懂懂地被外界影響和慣性模式綁架著。當我經歷了一段深刻的抑鬱體驗之後，這個議題變得更重要。我讀了很多書，一點一點寫下讓我自己有感覺的話。在飛往布拉格的飛機上，我讀了一本《時代》雜誌，裡面報導了在各個領域突破既有限制的女性先驅。我看著她們各自的經歷，望著窗外山峰的皚皚白雪，此刻雪和滿天白雲都在我的腳下，突然靈感來了，我寫下四個如何定義活著的步驟。在後來幾年的不斷實踐中，我擴充爲如下幾點：

1 **找到主要的盲點和誤區**：擺脫慣性模式對自我的操控，排除原生家庭的負面影響、心理創傷和自我限定的暗示。

2 **定義自己**：定義關於自己的所有信念。

3 **定義生活**：定義在人生中自我眞實的需求，並設定相關的目標。

4 **建立屬於你的時間觀**：時間觀可以改變你對事物的態度。

5 **建立屬於你的金錢觀**：了解你與世界交流的物質貨幣。

6 **重塑你的核心價值觀**：理解你決策背後的深層判斷標準。

7 **創造嶄新的行爲模式**：用積極的情緒幫助你創造新的行爲模式。

自我認知整合第一步：找到主要的盲點和誤區

關於第一點，我們在三個認知破圈法則裡已經做過很多闡述。如果想深度了解如何化解原生家庭問題和心理創傷，可以參考《父母會傷人》《心靈的傷，身體會記住》和奧爾馬．馬涅瓦拉博士的《與自我和解》等書。當然，我也會推薦你閱讀阿德勒的書籍。

當你了解到自己的主要盲點和誤區，並且不再受到情緒體、記憶體和信念體的掌控，就可以進行後面幾步。

首先請試著做我在認知課程裡經常用到的這個練習，雖然表面上看起來很簡單，卻能由淺到深挖掘出自我深層的一些邏輯。

請花一點時間寫出以下十七個問題的答案。請相信你的第一直覺，如果其中有些問題很難一下子回答出來，正說明了你在這方面還需要更多的探索。

第二天再仔細回顧你的答案，對於每個答案都問自己：眞的是這樣嗎？看看哪些答案保持不變，哪些因爲深度思考而發生變化。我在每個問題後面備註了相關知識點，不妨看看哪些是你目前沒有考慮到的，哪些你已經有了既定答案。如果還有想得不夠透徹的地方，可以回顧相關的內容。

1 最讓你感到驕傲的一件事是什麼？（自我特質、能力、價值觀）

2 最讓你感到快樂的一件事是什麼？（自我特質、能力、價值觀）

3 最讓你感到痛苦的一件事是什麼？（情緒體、記憶體、價值觀）

4 你最喜歡什麼樣的人？（社會認同）

5 你最討厭什麼樣的人？（情緒扳機、記憶體）

6 你最大的優點是什麼？（個人特質、思維盲點）

7 你最大的缺點是什麼？（個人特質、思維盲點）

8 你最擔心發生的事情是什麼？（情緒體、人生腳本、負面暗示）

9 你最容易表達的一種情緒是什麼？（情緒體）

10 你最難表達的一種情緒是什麼？（情緒體）

11 你希望你的墓誌銘上寫什麼？（自我整合）

12 如果你有一億元，你會做什麼？（金錢觀、價值觀）

13 如果你身無分文，你會怎麼辦？（金錢觀、價值觀）

14 多年後，你覺得這個世界會因爲你的存在而有什麼不同？（自我整合）

15 你的家人或朋友曾因爲你的所作所爲發生了什麼樣的改變？（自我整合）

16 哪個人對你影響最深？爲什麼？（價值觀、社會認同）

17 這輩子對你來說最重要的是什麼？（自我整合）

你可以做被人羨慕的「少數人」

自我認知整合第二步：定義自己

要學會定義自己，第一步是放下過去。

某次，我和一個認識很久的朋友吃飯，他說：「你曾經有好幾年看起來都不快樂。」

他的話勾起了我的回憶。幾年前，經歷了一連串打擊後，我給自己一個回顧反省的作業，主題是「定義自己」。我寫了很久很久。第一次是按照人生主線寫的，分解出九件對我來說很重要的事：讀書、學習、工作、教書、諮詢、旅遊、博物館、理解愛、接受自己。但是寫著寫著就覺得我是在敷衍自己，明明對自己來說最痛苦的是過去近一年的日子，我卻不願意釐清這些痛苦，想用這些表象來迴避眞正的問題。於是我又重新整理，把自己的經驗提煉爲幾點：

學會接受孤獨；學會接受幫助；學會不盲目相信別人；學會認同自我價值；把事

和感情分開；學會從他人的角度看問題；學會活在當下；學會自我關愛。

當我重新寫完前面兩點，還是覺得沒用，我只是回顧了遙遠的過去，抽象地面對了最痛苦時學到的經驗，依然沒有狠狠地剖析自己的痛苦和失敗。

一個朋友告訴我：「去讀阿德勒的書吧。」他說完的第二天，我正好讀到一篇相關文章。我突然明白自己為何走不出來。對過去的回憶引發了更多情緒，我慢慢習慣於那種絕望、後悔、悲傷的情緒，如同進入了一個舒適區，不想走出來。情緒成了我不做任何事的藉口，讓我不需要努力就能獲得他人的關心和同情。

所謂以史為鑑，需要有個當下的事件去參照學習，而在沒有當下的情況下，一味地回顧、反省過去，就陷入了閉鎖的迴圈。於是，我不再去分析過去的失敗，也不再去分析為何自己當時那麼自卑、那麼孤獨、那麼抑鬱，畢竟我已經分析了這麼多次。

情緒是一種工具，過去的故事也是一種工具，都是用來解釋我想要解釋的，至於這些解釋是否符合真正的現實，完全是由我自己的思維局限和想像空間而定的。

之前的抑鬱，也是因為沉溺於對過去的糾纏和情緒，拒絕自己失敗的可能性，拒絕接受現實。再深入挖掘，我在和自己過不去的糾結中有自傲的成分，有太在意別人想法和看法的成分，也有對自己能力的不信任和對不確定性的害怕。

阿德勒說：「你並不是為了滿足他人的期待而活著，別人也不是為了滿足你的期待而活著。」不必畏懼他人的視線，不必在意他人的評價，也不需要尋求他人的認可，儘管去選擇自己認爲最好的路。

於是我做了個決定，我告訴自己，過去的一切失敗已經被濃縮在我腿上那條蜈蚣狀的傷疤上。它只是一個印記，會伴隨著我，但是對我的未來沒有任何影響。它會提醒我珍惜我還擁有的：還能自如行走、環遊世界的雙腿，可以欣賞藝術和書籍的一雙眼，能夠獨立養活自己的聰明才智，不能完全理解我但愛我的母親，幾個在我最無助時不離不棄的好友，旅途中遇到的好心陌生人，未來我能幫助的人。

未來是不可知又令人驚喜的，放下過去，我們才能看到未來。

當你可以放下過去的負擔時，就可以眞實地定義自己了。定義自己包括定義自我意義感和價值感的來源，可以參考「按部就班教你重建自我價值體系」的內容。以下是對我定義自己的過程的描述。

我做過一個練習，思考我除了過去取得的成就，各種名校、大企業光環，甚至自己的聰明才智、外貌、健康等特質，還剩下什麼。這個問題我一開始居然回答不出來。

我是一個不看重成就和光環的人，這讓我一直很謙虛，但同時也讓我失去了可以讓自己引以爲傲的憑據，因此不太有自信。

去除成就和光環後，就到了第二層保護區，也就是我的聰明才智，這是我一直依賴的支柱，讓我覺得自己是個有用的人。如果去除了這個，我還有什麼能讓我的人生有意義呢？

我回想起一些事，小時候我爲被欺負的女孩出頭，結果被欺壓者打，但還是會繼續打抱不平。看見路邊的老奶奶擺攤賣東西，我會很受觸動，覺得她好辛苦。看到電影裡正直的人爲了自己的信念而犧牲，就忍不住哭。很多時候全心全意信任別人並願意吃虧去幫助別人。被問到是否需要更多獎學金時坦誠地說夠了，可以把錢讓給更需要的人，雖然自己也很缺錢。爲了父親的病打了無數電話請求別人。

我最後寫下了這麼一段話：我是一個正直、坦誠、善良、堅持的人。

因爲這些，我就值得好好活著。寫完後我有一種非常釋懷的感覺，好像在黑暗中不斷墜落，最後落到一塊柔軟的草地上——我是安全的。原來那些我原本很依賴的東西，比如聰明才智、別人的關心，都不是那麼重要。我一直擁有的是身爲一個人的耀眼特質，也因爲這些，我有能力給世界帶來善意和美好，而這些就是最基本的身爲人的意義。

著名心理學家維克多．法蘭可在《活出意義來》提到一個觀點：人的拯救是透過愛和被愛實現的。當我有能力去愛別人，我就有能力拯救自己，而愛別人不需要做很多，只要願意爲別人無條件付出。

但是我不希望只把自己定義爲這些，我還有一些好的習慣和希望擁有的特質，比如對寫作等創造性活動的喜愛，比如樂觀，我也想把這些包括進去。

於是，我定義自己的價值爲：創造和對他人深度的幫助。

我對這句話很滿意。當然，每個人對人生會有不一樣的定義，比如精神上的不斷超越、品德上的不斷提升、給社會不斷帶來價值、做到最好的自己等，我覺得自我價值的定義是很私人的事。哥白尼在中世紀被認爲是異端，而後來則被認爲是捍衛科學的先鋒。衆口難調，歷史又通常是迷霧重重的，對一個人的評價永遠不會絕對客觀。因此，與其去介意外人的評價，不如在有生之年享受自己所做的事。

創造一些東西，無論是寫文章、寫書，還是教課，都是我能控制並且能從中感受到滿足的。而對團隊和業務等問題的解決和優化、諮詢和幫他人分析人生中重要選擇的利弊等對他人的幫助，也能因爲立刻得到回饋而讓我感覺良好。這些就是我意義感和價值感的來源。

自我認知整合第三步：定義生活

當你定義了自己的意義和價值後，就可以選擇出與其相關的活動和事物。在這個基礎上，你可以定義你的生活，或者釐清你在生活中想要做的事。不妨把生活分成幾個面向，職業、家庭、人際關係、興趣愛好、身心健康等，分別進行定義。

你可以借助自己的廣義價值觀，排列不同事物的優先順序。如果和職業相關的價值觀排名比較優先，比如成就、成功、財富等，在定義生活時就可以多加上這方面的目標；如果和家庭或人際關係相關的價值觀排名比較優先，比如和諧、親情、愛情等，在定義生活時就可以多加入有助於維護這些關係的活動和事物。

對我來說，我特別在意的是自由，所以確立了創造和幫助他人會給我帶來意義感和價值感後，我會尋找既有更大自由度，又符合我意義感和價值感的活動和事物。因此，我基本上放棄了創業或是爲大公司工作這類責任很大的選擇，而是更傾向於自由工作者、諮詢顧問這種在時間上較有彈性的工作，以及寫文章、教課、錄製影片等自由度比較高的活動。

釐清生活中想要做的事情時有一個原則：少即是多。我是過去幾年才慢慢意識這點的重要性。

我對自己最滿意的一段經歷是在大學：成績是系上第一；在課外活動擔任過主席和副主席，負責近十萬美元的學生活動經費的分配；每週打工二十個小時，參加過六個國內外的學生會議；談了戀愛，也參加社團；拿到了四家投資銀行的錄取通知，而且都是在提前一年半畢業的情況下拿到的。在充分活出潛力的同時，我還承擔著父親癌症晚期的壓力。

但父親的突然去世讓我失去了信心和對人生的期待。我後來急著申請商學院的一個理由是，我覺得大學這段經歷和成就是我這輩子都不可能複製的，也就形成了似乎只有這些老本可吃的信念體，變得很怕輸，什麼都想要。

我越是沒有自信和安全感，就越會對很多事物抓著不放。我後續遇到的人生重大打擊和這個心態不無關係。每個都想要，但不會去思考這些對我是否眞的都那麼重要，因此沒有完全投入，反而顧此失彼。

而在上大學時，我是非常聚焦的，一切都是爲了父親，所以做的事情不多，但每件事都非常投入，做到讓自己滿意。這種狀態是後來我在受外界影響和信念體操控時很難達到的。

少是爲了更專注、精進，獲得更高的效率。那麼，所謂的「少」到底是多少？我列出以下幾點：

工作上做對他人有幫助的事，比如諮詢和教書；保持對他人的善意，但只在我關心的人身上花大量時間和精力，尤其是父母和幾位長輩與好朋友；去至少九十五個國家，繼續參觀有意思的博物館和藝術展覽，體驗有創意的表演和活動；每年讀一百本書，保持寫作的習慣，出一本書（就是你目前看的這本了）；控制飲食和睡眠，定期運動；身外之物只留自己眞正喜歡的，保持優雅大方的自我形象；保持對外界事物的好奇心、對簡單和美好事物的欣賞力，以及對生活的感恩之心。

我這輩子要做的事情並不多，所以我可以自己掌控生活的節奏。身後的虛名太遙遠，我過好這輩子就行了。

當你定義完生活的方式，還需要做一件事，分析利弊。任何選擇都有利弊，包括你選擇活出的自己。以下就是我對自己選擇的利弊分析：

過去八年去了五大洲的六十五個國家遊玩，過去三年每年閱讀超過一百本書，還做著自己認爲很有意思的事情——教人如何提高自我認知。

我在想通自己眞正想要什麼之後的經歷，讓我在一部分人眼裡成了「少數人」。

我喜歡閒雲野鶴的狀態，因此，有著時間和空間上的自由，能讀書和旅遊，做著很有成就感的事情還能賺取生活費，是一種在我自己聽來似乎都非常不可思議的生活方式。

但這一切都是有代價的。首先，我會不被理解、不被接受。我的很多決定，甚至連母親都不理解。爭取到去新加坡念高中的獎學金，小小年紀就一人在外生活。在貝萊德投信最厲害的小組升上管理階級時去念書。放棄矽谷舒服的生活和綠卡申請，拿原本薪資的二〇%回國創業。以投資銀行背景，從零開始，轉到矽谷最精實的遊戲公司做產品經理。很多事無法找人傾訴，需要自己默默扛下。

其次，風險很高。很多時候一個決定就會奪走我的一切。在古巴船潛，下潛到十米處時眼鏡帶子鬆了，海水一下子湧了進來，我睜不開眼，但又不敢立刻往上浮，怕撞到船的螺旋槳。打了手勢後感到有同伴拉住了我，在他的引導下我才安全上船。在格陵蘭島沿著冰川的岸坡走了五個小時後折返，因爲一念之差沒走一條捷徑，躲過了因幾百米冰川突然崩裂而造成的數十米高大海嘯。這樣的經歷我有過多次，我在爲自己感到慶幸的同時，也更感恩當下。

最後，需要有取捨，要放棄很多別人眼裡有價值的東西。我把錢都花在旅遊、書籍和有趣的經歷上，沒有買過名貴的包包和衣服。有一次航班被取消後我被換到商務艙，因爲衣著休閒，美國航空還查了我的票。

從十五歲起，我幾乎每年都會搬一次家，現在在北京也買不起房。所謂自由，很多時候只有在沒有牽掛和羈絆時才能達到。沒有固定工作，沒有固定的住所，安頓好父母，才能自由地出去探索。

但是如果重來，我仍會選擇這條少有人走的道路。這條路的第一個美妙之處是驚喜。在南非潛水看籠子裡的大白鯊，牠兩米長的大口在我面前張開，鋒利的牙齒咬得鐵籠喀喀作響。在墨西哥金字塔旅遊時突然下起傾盆大雨，我無處躲藏，攔下了一輛車，裡面的老夫婦只會講西班牙語，卻熱情地繞了一個多小時的路程，把我送回飯店。

在外國小鎮裡，爲我指路的當地人熱情地帶著我玩了大半天。在埃及遇到投緣的背包客，乾脆兩人一起改變行程共行。這條路的第二個美妙之處是它帶來的成就感。我換過五個產業，並在短短一、兩年裡就在這些產業裡做出了不錯的成就，這樣快速的成長是其他道路無法比擬的。

看清利弊以後，你才能做出 informed decision（明智的決定）。

有一個小練習可以幫助你定義生活的必需品：請你列出生活中的必備活動和事物。如果是事物，請盡可能量化你的目標和需求，比如，我需要賺一百萬，我需要買一間房子。請不要列出超過十項。如果超過了，請仔細分析是否眞的需要這麼多。

「量身訂製」三觀，就能重塑自我

接下來我們會深入探討自我認知整合的核心問題——你的三觀：時間觀、金錢觀和廣義價值觀。

這個「三觀」並未包括很多人會聊到的事業觀、人生觀和世界觀，因爲事業觀和人生觀的形成主要取決於一個人的時間觀、金錢觀和價值觀，而世界觀則取決於一個人過往的經歷。如果能釐清塑造事業觀、人生觀和世界觀的重要元素，我們在爬梳或重塑時就會容易很多。

自我認知整合第四步：建立屬於你的時間觀

我要談的第一個就是時間觀。其實沒有所謂正確的時間觀，只要它能幫助你合理分配最稀缺的資源——時間，並幫助你達到人生的重要目標，那就是適合你的時間觀。如果沒有形成或者刻意思考自己的時間觀，你很有可能會付出很高昂的時間成本。

美國心理學家菲利普．金巴多在《你何時要吃棉花糖？》提出了七種時間觀，兩種關於過去，三種關於當下，兩種關於未來。這些時間觀分別是：關注過去的消極時間觀；關注過去的積極時間觀；關注當下的宿命主義時間觀；關注當下的享樂主義時間觀；關注當下的整體主義時間觀；關注未來的時間觀；超未來的時間觀。

具有關注過去的消極時間觀的人，每次回憶起過去就會有很負面的想法，卻又經常沉浸於痛苦回憶中，無法眞正面對當下。如果你發現自己經常會沉迷於痛苦回憶，可以嘗試做前述打破過去回憶的練習，包括重構過去、圖像法、與內在小孩和解等。

具有關注過去的積極時間觀的人，會覺得過去是非常積極、美好、溫暖、充滿愛的，但也正因如此，會覺得當下不是那麼令他們滿意，而不太願意去享受現狀，反而希望能夠保留或者重新恢復過去好的事物和做法。如果你有這樣的傾向，可能會妨礙你享受當下、創造更美好的未來。不妨試試第四章「破圈法則2：扭轉你的記憶體」提到的方法，讓自己不要過度沉迷於過去的美好回憶。

有關注當下的宿命主義時間觀的人會認爲，一切都已經被命運控制，自己無法改變任何事。很多人是從以宿命論爲中心的宗教信仰中學到了這種時間觀。

具有關注當下的享樂主義時間觀的人，會傾向於享受當下能帶來快樂的東西，迴避會引起痛苦的東西。這種人通常很享受生活，但是可能在某些方面缺乏目的性、使命感和責任感。如果你有這種傾向，不妨閱讀與情緒體相關的內容，調整迴避或逃避痛苦事物的心態。

關注當下的整體主義時間觀，更像是宗教和冥想的核心概念，指的是要全身心地關注當下發生的事，而不去思考對過去的悔恨，或對於未來的擔憂或渴望。

具有關注未來的時間觀的人，經常會積極主動地制定目標、做計畫、爲未來做打算。通常這種人也會更有行動力，在獲得世俗成就這條路上走得更加專注，也更加成功。如果你是這類人，本章中關於整合自我的內容可以幫助你確立長期的人生目標。

具有超未來的時間觀的人，可能是因爲對於宗教或神秘學的信仰而相信人的靈魂是永遠不滅的，因此會基於靈魂能跨越好幾輩子的理念，來思考應該如何對待自己的當下人生。

在眞實生活中，每個人在不同情況下可能會採取不一樣的時間觀。以上分類只能大致概括最常見的行爲傾向，比如願意享樂或沉迷於過去。類別較多，所以很難讓人找到著力點去改變，因此我採用了另一種分類方法，把時間觀分爲三種：

1 節約性：在某些事情上盡量節約時間、提高效率。

2 樂意性：在某些事物上，我願意花多久就花多久，我願意浪費多少時間就浪費多少時間。

3中立性：不設限、不評價，不抗拒時間的流逝。

每個人會歸類到這三種時間觀裡的活動和事物都不一樣，比如，對於一個愛好學習的工作狂，他對自己的活動分類是：節約性：家務，吃飯，娛樂時間，興趣愛好；樂意性：學習，工作；中立性：和他人交流溝通，家庭，健康。

而對於一個喜愛動漫的國中生，他的分類是：節約性：上課，寫作業，課外輔導；樂意性：動漫，遊戲，和他人交流動漫，看動漫相關知識；中立性：其他類型的交流，吃飯，運動，其他活動。

請你列出平時會做的事情和行爲，至少二十種，然後依照上類別歸類。接下來你就能看到你生活的重心在哪裡，你是否認同這種時間觀。我做完這個練習以後，對自己的時間觀產生了新的認知，甚至發現了自己的一個盲點。

以下還有兩個練習，幫助你分析是否把時間都安排在自己眞正想做的事情上。

練習1

請在下面圖表的四個象限裡，塡滿你平時符合這個要求的活動、事物或行爲。不局限於興趣愛好，而是指任何你會做的任務和事情。有的人可能會寫具體工作，比如銷售、營運、商務；有的人可能會以任務區分，比如會議、記錄、彙報；有的人可能會填做飯、吃飯、睡覺、散步；有的人可能會寫很多興趣。

這四個象限是按照自信程度和興趣程度來區分，其中自信程度是指你在這方面的能力和滿意度。

填完後，請思考以下問題：

1 你可以做些什麼，讓左上角的活動拉到右上角？

2 你爲何還需要在左下角浪費時間？你需要做什麼來減少這部分的時間投入？

3 你爲什麼對右下角不感興趣？

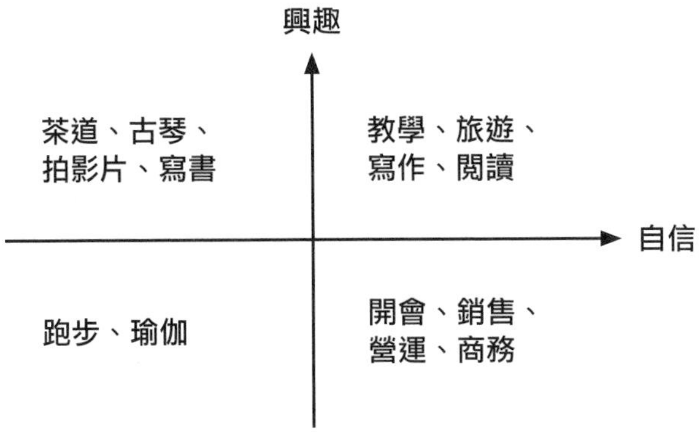

▲ 興趣與自信象限

練習 2

雖然時間是有限的，但是透過掌控專注度，我們可以更善用有限的時間。專注度分爲聚焦程度和專心程度。聚焦程度是指你在一段時間內是喜歡做一件事還是很多事。專心程度是指你在做一件事時，頭腦和身體是否經常飄走。

請思考你平時一天的狀態屬於以下四個象限裡的哪一類，各占比多少。塡寫完後，請思考：

1 你可以做些什麼，讓左上角的活動拉到右上角？

2 你爲何還需要在左下角浪費時間？你需要做什麼來提升專注度？

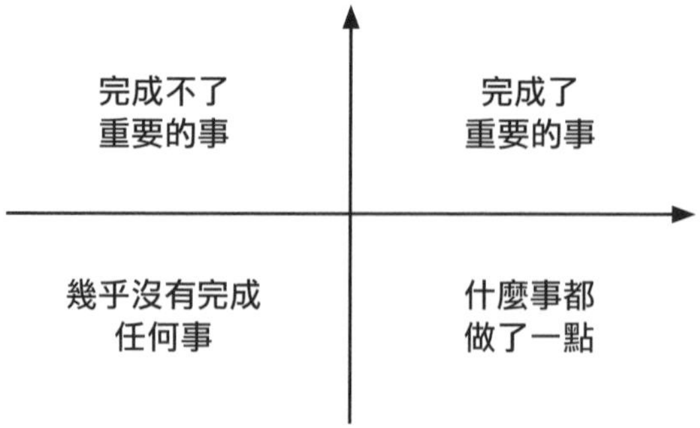

▲ 一天當中的狀態

自我認知整合第五步：建立屬於你的金錢觀

金錢觀指的是人們對於金錢的看法和態度。通常這是大家不太願意提起的話題，但我認爲它非常重要，因爲除了時間，金錢是我們生活中另一個重要資源，而很多人對它的認知卻是不全面，甚至帶有偏見的。在這種金錢觀的引導下，人的價值觀也會被扭曲，會繞很多遠路，即便很有錢，仍無法獲得內心的平靜，或爲了一點小錢就做出衝動之舉。

我們先談有什麼會影響一個人的金錢觀：（此處參考了張明星主編《樹立正確的金錢觀》裡的一些觀點）

1 通常上一代，尤其是父母長輩的花錢方式會影響下一代的金錢觀。

2 外在社會的發展變化，尤其是經濟、政治和文化制度改變時，金錢觀也會改變。很多六、七年級的金錢觀，和九〇後年輕人的金錢觀差異很大。前者可能更希望不斷地省錢、存錢，而後者可能會以更開放的心態看待個人負債。

3 一個人因爲過往經歷而形成的世界觀、人生觀和價值觀，也會影響他的金錢觀。但要注意的是，三觀是可以互相影響的。扭曲的金錢觀也可能會扭曲一個人的其他觀念。

很多人因爲週邊因素的影響，對於金錢會有負面的自我暗示，或是不確信的地方。比如：錢是骯髒的；有錢就有一切；我只有賺到很多錢才能快樂、自由、幸福；我不可能既做自己喜歡做的事情，又賺到錢；有錢的人都是透過不當手段才獲得財富的；錢是節省出來的，不是賺回來的；有錢的人都很小氣。

如果你有上述情況，可以透過認知破圈法則來改變這些負面的自我暗示。

人們對金錢觀的態度通常可以分成三個面向：一、對金錢代表什麼及其意義的理解；二、怎樣可以賺到錢？方式手段有哪些？三、如何消費？如何花錢？

這是一個關於態度的討論，所以我不想把自己的觀點強加給讀者，只想在此提示幾個常見的認知盲點：

一、錢代表了我的存在價值。金錢應該是一種工具和手段，不能代表你所有的自我價值，也不應該是你所有自我價值的來源。如果你有較強的賺錢能力或很多的財富，對於你實現自己的人生目標肯定有好處，可是金錢並不能決定你的人生價值。

還記得嗎？在自我整合的那十七個問題裡，有一個是：如果你身無分文，你會怎麼辦？我在這裡再追問一個問題：如果你身無分文，你會怎麼看待自己？如果你覺得自己沒有錢就沒有底氣、沒有價值，請參考前文關於建立自我價值感來源的章節，努力建立起金錢之外的價值感來源。

二、錢是骯髒的或錢是萬能的。就像前文對於優缺點的描述，我們也會盡可能地用中性的詞語來描述金錢。金錢是一種工具，取決於你要達到的目標是什麼，以及你如何獲得它，它才會被賦予一個正確或錯誤、骯髒或高尚的定義。比爾．蓋茲賺了很多錢，他把九〇%以上的財富都捐給基金會用於做慈善。以他花錢的方式而言，我們不能說錢是骯髒的。

從這個角度看來，金錢其實是中性的。我們不需要過分誇大它作爲工具的重要性，也不需要人爲地加上標籤或定義。近朱者赤，近墨者黑，金錢的標籤到底是什麼，取決於你。

三、遠高於或遠低於自己經濟能力的花錢方式。我曾聽朋友說，他的親戚在北京二環有兩三間套房，身價上億，但每天只吃最簡單的麵和排骨，捨不得花錢買任何東西或改善生活品質。他也不在其他方面花錢，就喜歡看自己存摺裡的九位數字。雖然我不知道他本人是怎麼想的，但是光從其行爲看來，有一種可能性是，這個人沒有意識到金錢是改善生活、實現人生目標的工具，而把金錢當成了最終的目標，成了金錢的奴隸。與其相反的是，有些人爲了買奢侈品會刷爆多張信用卡，甚至不得已借高利貸，失去信用。

這兩種情況都是遠高於或低於自己經濟能力的花錢方式。有些人可能事實上很有錢，但在心理上卻是個窮人。有人可能在事實上是個窮人，花錢的方式卻好像永遠不需要擔憂未來。這兩種方式都過於極端，背後驅動的原因可能是深層的不安全感，以及因而產生的對於物質享受和炫耀的需求。如果是這種情況，我建議透過打破認知限制的三個步驟來進行深度挖掘。

四、忽略對於孩子金錢觀的培養。雖然我教學的對象的主要是成年人，卻也經常遇到他們面臨的教養孩子的問題。有些人習慣富養，孩子想要什麼伸手就來，時間長了，孩子的金錢觀就比較薄弱，也不一定能體會到賺錢可能會面臨的挑戰。等到這些小孩成年，發現自己沒有足夠的經濟能力支撐固有的消費方式時，就可能慢慢變成依賴父母的啃老族。

還有的孩子會因爲父母教導說金錢是邪惡的，不要錢是高尚的，長大後可能在應該堅持自己利益的情況下也不會爲自己爭取利益，而被不公平地對待。

各國都有適合當地文化和經濟發展水準的金錢觀，在此我簡單說明猶太人的金錢觀。之所以以猶太人爲例，是因爲他們不僅重視教育，還非常重視對孩子金錢觀的培養。

猶太人認爲，讓孩子盡早接觸金錢，對其財商的培養很有益處。在猶太家庭中，孩子幫忙做家務，父母是要付費的，而且採取同工同酬，孩子的薪資標準視工作難易而定，與年齡無關。

從三歲起，猶太人就開始爲孩子制定金錢意識的培養計畫：三到四歲，孩子在父母的幫助下，學會辨認錢幣種類，認識幣值；四到五歲，孩子在父母的監護下，學會用錢購買簡單的商品；五到六歲，父母應教育孩子知道錢得來不易，必須付出辛苦勞動；六到七歲，孩子會數五千美元以內的錢，能用存錢筒存錢，培養「這是我的錢」的意識；七到八歲，孩子可以看懂商品價格標籤，能判斷自己有無購買此商品的能力；八到九歲，孩子可以自主在銀行開戶存錢，能自己工作賺零用錢；十到十二歲，親身體驗到賺錢絕非易事，建立節儉觀念，不忽視一分錢的價值；十二歲以後，可以像成人一樣參與任何商業活動。

看了上述不同的觀點和常見盲點，請你列出自己的金錢觀：

1 金錢代表什麼？對你來說有哪些意義？

2 怎樣可以賺到錢？手段有哪些？

3 如何消費？如何花錢？什麼東西應該花錢？什麼東西不應該花錢？

4 如何定義一件事物的性價比？怎樣是划算的，怎樣是不划算的？

5 在花錢時，你是否考慮非金錢事物的價值？比如，花一百元搭計程車而不用曬太陽，請清潔阿姨而不用自己花時間打掃等等。你如何衡量這些東西的價值？

6 你是否會在小錢上斤斤計較，反而在大錢上隨便？或者，在特定事物特別計較，而在其他事物特別大方？

自我認知整合第六步：重塑你的核心價值觀

在「透過情緒來分析出你的價值觀」裡，我已經對廣義價值觀做了較多闡述。在此我想聊一聊，當你發現你的核心價值觀與你想要活出的自我產生矛盾，你應該怎麼辦？

這是我定義的自我：

1 核心原則：少即是多

2 品格定義：我是一個正直、坦誠、善良、堅持的人

3 人生追求：探索宇宙和人類存在的奧秘和眞理

4 價值體現：創造，幫助他人解決人生中的重要問題

5 核心價值觀：自由、平等、效率、有趣。

我們需要檢驗每一項是否會與其他項目產生衝突，是否會因此導致不好的結果。否則你若按照這個模式去活出自我，肯定會遇到很多挑戰。而提前推演出潛在的負面結果，就可以對這些定義的利弊有更好的覺知。

在這些項目中，「少即是多」符合我對「自由」的定義。我的品格定義和我的價值觀沒有衝突，我的人生追求和其他項也沒有明顯衝突，但是我對「平等」的執著會讓我對某些教條反感。「效率」這個價值觀可能會阻礙我長期價值的具體展現，比如我可能在待人接物上因爲過分追求當時的效率而變得沒耐心，那就會妨礙我幫助他人的意圖，所以我需要提醒自己，著重長期效率而不是短期效率。

我的自我定義整體看起來好像沒什麼大問題。這是因爲在核心價值觀裡我故意忽略了一點：公平。這是我一直以來非常看重的價值觀，但是在我想要活出的自我中，這個價值觀不是那麼相關，而且在現實生活中還經常帶給我各種內在的掙扎。

比如，我以前很不喜歡會撒嬌的女生，覺得出一張嘴就能讓別人付出很多，憑什麼？我覺得不公平。

後來我才發現，自己對於公平的定義過於狹窄了。如果對方潛意識裡有透過展現自己的強大而獲得自我價值感的需求，會撒嬌的女生剛好滿足了這種需求，這種「交易」對於雙方來說都是公平的。我只是看不到除了聰明才智之外，其他事物對於別人的價值而已。但是，我卻會因爲自己之前比較狹窄的公平定義，而本能地討厭會撒嬌的女生，甚至過於極端地不太願意和她們打交道，導致我曾經很久都沒有較爲女性化的女生好友。

公平的另一個問題是它的主觀性，我可能認爲我的諮詢服務值三千元，你可能認爲它值一千，而另一個人願意花五千，那麼誰的意見可以代表公平的標準呢？這麼分析下來，我大量應用的「公平」是個謬論，因爲它永遠會受到主觀的限制而無法做到客觀公平，而在我看來，主觀公平不是眞正的公平。

因此，如果你的價值觀經常帶給你一些問題，那你可以重新定義這個價值觀的內涵，或擴充它的內在維度，使它更吻合你當下的需求。我在第五章「不要讓過去的標籤困住當下的自我」一節提過這種方法的應用。對於公平這個價值觀，我一方面刻意選擇不同的公平定義，比如世俗約定的公平，而不是絕對數量上的公平來減少其主觀性。另外，我也努力拓寬視野去看到事物其他方面的價值。比如，我花好幾天免費去一個學校做分享，收穫的是他人的善意和感激，而這些感情是無法用金錢衡量的。

還有一種方式是透過長期的刻意練習來弱化這個價值觀。其原理和「把認知內化爲能力的高手會做這樣的實踐」和「解碼你的思維記憶，提升自信」等章節裡描述的過程類似。如果我想弱化「公平」這個價值觀，就需要做一個簡單總結，概括我透過透徹思考「公平」後得出來的結論——沒有客觀的公平，只有主觀的公平，而且有不同維度的公平。

當我發現自己的潛意識依然按照「公平」這種標準行事或產生情緒時，我就會重複告訴自己：公平沒有客觀性。這個總結就會讓我回憶起之前的分析，從而打消我按照「公平」行事的念頭，重新思考其他合適的模式。

換句話說，我需要透過刻意練習來弱化我原先的價值觀，讓它不再主導我的判斷標準。只有這樣，我才能突破這一不合理信念的束縛。

善用情緒驅動改變

自我認知整合第七步：創造嶄新的行爲模式

有位學員原先非常討厭自己的工作，我幫他爬梳過後，他才發現，這份工作其實符合他的人生目標和價值觀，只是他因爲過去的情緒扳機和局限性的信念體會不由自主地產生情緒。之後他嘗試著改變自己的態度，一段時間後，他問我：「我早上起床時，時常對這份工作帶著不確定和厭惡。但白天工作起來，完成一些事情時，還是會有滿足感，覺得還不錯。這是怎麼回事？」

我們重新制定自我的三觀和對於生活的定義之後，就需要相關的行爲模式來鞏固它們。但是，就像這位學員遇到的情況，舊有情緒會干擾他新的行爲模式。

我已經透過許多案例探討過如何改變你的慣性行爲模式。在此再補充一個重塑情緒記憶的方法，透過整合情緒體和記憶體的特質來鞏固新的行爲模式。

神經語言學（NLP）專家安東尼．羅賓《引爆潛能》一書中，引用心理學家南茜．曼恩的一個研究，選取三組實驗對象來對比不同的戒毒方法。

第一組實驗對象用的是強制戒毒，藉由外部壓力幫助他們不接觸毒品。但是外部壓力的影響不夠持久，通常很多吸毒者結束實驗以後，沒過多久毒癮又犯了。這是因爲外部壓力一旦消失，內在又沒有建立起相對應的驅動力，人就會很容易屈服於固有的習慣。

第二組實驗對象是用非常強大的決心去戒毒。爲了戒毒，他們願意竭盡全力，所以這些人戒毒的時間比第一組要長不少，大約超過兩年。但是，如果外在情況帶來過大壓力時，他們又會靠吸毒來逃避壓力。他們戒毒失敗，是因爲沒有找到替代舊有習慣性模式的新模式。

第三組實驗對象找到了替代毒品的好模式。他們發現在家庭生活、工作或社會互動中有些行爲帶來的感覺比吸毒更好，所以其中絕大部分人從此再也沒有犯過毒癮，即便有少數人再犯，也維持了至少八年的戒毒紀錄。

如果你沒有建立起一個自我整合的體系，在生活中就可能像第一組的吸毒者一樣，很快回到固有的行爲模式。而透過前文所述的六個步驟，你確定了眞正的自我信念、價值感和三觀，以及你希望達到的生活目標，就發掘了自己更強大的內在驅動力。但是，如果要像第三組這樣不再回到舊有的模式，你還可以重塑你的情緒記憶，用強烈的情緒幫助你去創造新的行爲模式。

不妨把之前制定的目標和我們希望改變的行爲模式一一列出來，針對每一個模式，我們需要進行以下步驟。

首先，消除內心潛在的糾結。很多人知道自己需要改變，可是不知爲何就是無法採取實際行動。究其原因，可能是我們內心對改變充滿了矛盾的想法。比如對於肥胖的人來說，這其實給了他絕佳的理由，讓他把生活中不好的事情歸咎於自己的肥胖，尤其是人際上的挫折；而一旦他減肥成功，他在人際上眞實的弱點就會暴露出來，沒有任何藉口可以讓他逃避自己身上的不足，以及由此帶來的深刻自卑感。這種潛意識的想法，就足以讓一個肥胖的人拒絕減重。

一種有效消除這種糾結的辦法，就是讓你經歷的痛苦到達臨界點，這樣你就會逼著自己意識到，如果不立刻行動就會遭受極其巨大的痛苦，與之相比，改變所帶來的痛苦就變得無足輕重了。我個人曾經三年半沒有運動，雖然下了無數次決心，依然沒有實踐。直到我有一天睡覺時手腳完全麻木，感到血液不暢通、胸悶氣短，這才意識到運動對身體的重要性，第二天就立刻開始運動了。可見生理上的痛苦能有效幫助人產生改變的動力，當然我並不希望你在生理上虐待自己。你也可以問一些能夠引發強烈負面情緒的問題，比如如果你不做這種改變，會產生什麼糟糕的後果。如果這種後果帶來的痛苦會強烈到你不敢也不願意再拖延下去，那麼你就會做出改變了。

有時儘管我們願意改變，還是會受到過去的記憶體所困。雖然這些記憶體還沒有強大到產生情緒扳機，但仍會使我們內心不斷湧現負面情緒。這時候可以運用安東尼．羅賓提到的簡單技巧來幫助你改變。方法如下：

1 觀察腦海中那件讓你很困惑的事情。注意裡面的每一個細節和過程，就像看一部電影。

2 把這一幕轉化爲一部動畫。想像你坐在一張椅子上，臉上帶著笑容。盡可能快速倒帶這部動畫，所有事情就反了過來，說話的人彷彿把話吞了回去。接著再把整件事情倒放回去，以更快的速度播放一遍。完成這個過程後，再去改變動畫裡人物的色彩，把裡面的人變成各種顏色，越奇怪越好。尤其是那些讓你特別不順眼的人，可以把他的耳朵弄得像米老鼠，或者把他的身體變成氣球。就這樣來回反覆十幾遍，你可以不斷地變化其中人物的形象，同時在腦海裡配上喜歡的音樂。盡量把音樂和之前讓你不快樂的圖像連結在一起，這樣就會改變你之前的感受。整個過程中的關鍵節點是倒放的速度和改變這些人和事的扭曲或誇張程度。現在再想想之前讓你不快樂的場景，你的感受是什麼？

3 如果第二步有效，你就已經打破了之前習慣性的情緒模式。你會發現，自己已經不容易回到先前消極和低落的狀態。如此反覆加以調整和練習，那些情緒就很難出現了。

當你能夠消除所有的糾結和內心的負面情緒，還需要清晰定義那些可以替代你固有模式的新行爲。比如，如果你想戒菸，可以在短期內先找菸草的替代品，或其他能讓你感到放鬆、緩解壓力的行爲。不斷調整和練習這些新的行爲，直到成爲習慣。在調整過程中，你需要不停給予自己正向的激勵。比如，如果三天不抽菸就給自己一個小獎勵。也可以把自己希望改變的模式告訴身邊的人，請他們在你完成改變時給你獎勵。

透過上述步驟，你就可以重塑情緒記憶，用這種強大的驅動力來創造出新的行爲模式，取代你固有的行爲模式。

生活是由一個個行爲組成的，當你用符合你的自我定義的行爲來生活時，也就活出了想要成爲的自我。

什麼才是生而爲人的眞正自由？

作爲結語，我想聊一個問題：什麼才是生而爲人的眞正自由？

這似乎是一個很龐大的問題，但是大道至簡，龐大的問題通常只需要一個很簡單的回答。

我的回答是：透徹明白自己存在的價值和意義，放下無關的事物，活出自我。

這個答案基於一個信念：一個人實際上能掌握的東西很少，能知道什麼是自己可以改變的，什麼是自己不能改變的，並且能區分這兩者，就已經是莫大的智慧。

人能掌控的事物有三層：第一層是你完全無法掌握的，比如明天的天氣；第二層是你以爲可以掌握，但其實並不能完全掌握的，比如你無法控制自己的心跳，也無法預測伴侶的想法和行爲；第三層是你完全能夠掌握的，那就是你對待事物的態度和信念。所謂的認知破圈，只是幫助你意識到哪些是第二層、第三層的事物，並且教你如何掌控第三層的事物。

有限制的自由，才是生而爲人的自由。

附錄

提升思考能力書單

在此介紹幾本自我成長類書籍中，與思維方法相關且比較經典的作品，感興趣的讀者不妨參考。

《心態致勝：全新成功心理學》，卡蘿·杜維克著。這本書描述了定型心態和成長心態的差異，很值得害怕失敗的人閱讀。

《看穿假象、理智發聲，從問對問題開始》，作者是美國的尼爾·布朗和史都華·基里。很多人並不是沒有分析問題的能力，而是他一開始定義的問題就是錯誤的，而沿著錯誤的問題去分析是不會得到正確答案的。

《實用思考指南：批判性思考及創造性思考的訓練》，作者是文森·芮基洛。這是美國大學生必讀的一本書，作爲批判性思考的入門書當之無愧。

《批判性思維：帶你走出思維的誤區》（*Critical Thinking*），作者是布魯克·諾埃爾·摩爾和理查·派克。這本書文如其名。

《決策的智慧》（*Making Great Decisions in Business and Life*），作者是美國的大衛·R·德森和查理斯·L·胡珀。這本書從經濟學的角度講述了人們思維上的很多誤區和決策上的盲點，案例比較多。

《思辨與立場：生活中無處不在的批判性思維工具》（*Critical Thinking: Tools for Taking Charge of Your Learning and Your Life*），作者是美國的理查·保羅和琳達·埃爾德。本書詳實講述了思維的要素和理性思考的標準，內容很全面。

Eurasian Publishing Group
圓神出版事業機構
用心與你對話・視野無限寬廣
先覺出版社
Prophet Press

www.booklife.com.tw reader@mail.eurasian.com.tw

商戰 219

破圈：撕下標籤與人設，人生原來眞的有捷徑

作　　者／顧及
發 行 人／簡志忠
出 版 者／先覺出版股份有限公司
地　　址／臺北市南京東路四段50號6樓之1
電　　話／（02）2579-6600・2579-8800・2570-3939
傳　　真／（02）2579-0338・2577-3220・2570-3636
總 編 輯／陳秋月
資深主編／李宛蓁
責任編輯／劉珈盈
校　　對／劉珈盈・李宛蓁
美術編輯／蔡惠如
行銷企畫／陳禹伶・黃惟儂
印務統籌／劉鳳剛・高榮祥
監　　印／高榮祥
排　　版／莊寶鈴
經 銷 商／叩應股份有限公司
郵撥帳號／ 18707239
法律顧問／圓神出版事業機構法律顧問　蕭雄淋律師
印　　刷／祥峰印刷廠
2022年3月　初版

原著作名：《破圈：如何突破認知局限並實現終身成長》
作者：顧及
本書由天津磨鐵圖書有限公司授權出版
限在全球，除中國大陸地區外發行

定價360元　ISBN 978-986-134-408-9

透過對自我認知的不斷剖析、反思，並實踐新的思維、情緒和行爲模式，不需要刻意獲取外在的認可，或者盲目追逐外界定義的成功，你可以專心致志做好自己眞正在意的事情，踏上人生的捷徑。
這才是認知破圈的核心價值。

——顧及，《破圈》

國家圖書館出版品預行編目資料

破圈：撕下標籤與人設，人生原來真的有捷徑／顧及著. -- 初版. -- 臺北市：先覺出版股份有限公司，2022.03
400 面；14.8×20.8公分 --（商戰系列；219）

ISBN 978-986-134-408-9（平裝）

1. 成功法　2 認知學習　3. 自我實現

177.2　111000262